디자인씽킹, 비즈니스를 혁신하다

디자인씽킹,
비즈니스를 혁신하다

지은이	패트릭 반 더 피즐, 저스틴 로키츠, 마아르텐 반 리에샤우트,
	리사 카이 솔로몬, 에린 반 더 프루이즘, 조나스 루이스
옮긴이	김시내, 김종옥, 김현주, 이경숙, 이유종, 정선미

이 책의 교열과 교정은 양은희, 출력과 인쇄는 꽃피는청춘의 임형준,
제본은 은정문화사의 양현식, 종이 공급은 대현지류의 이병로가 진행해주셨습니다.
이 책의 성공적인 발행을 위해 애써주신 다른 모든 분들께도 감사드립니다.
틔움출판의 발행인은 장인형입니다.

초판 1쇄 발행 2018년 9월 17일
초판 2쇄 발행 2019년 10월 1일

펴낸 곳	틔움출판
출판등록	제313-2010-141호
주소	서울특별시 마포구 월드컵북로4길 77, 353
전화	02-6409-9585
팩스	0505-508-0248
홈페이지	www.tiumbooks.com

ISBN 978-89-98171-70-4 03320

잘못된 책은 구입한 곳에서 바꾸실 수 있습니다.

틔움은 책을 사랑하는 독자, 콘텐츠 창조자, 제작과 유통에 참여하고 있는 모든 파트너들과 함께 성장합니다.

비즈니스 전략과 혁신을 위한
새로운 도구와 스킬, 그리고 마인드세트

디자인씽킹, 비즈니스를 혁신하다

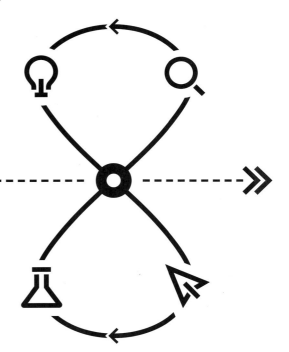

패트릭 반 더 피즐, 저스틴 로키츠, 마아르텐 반 리에샤우트, 리사 카이 솔로몬,
에린 반 더 프루이즘, 조나스 루이스 지음

김시내, 김종옥, 김현주, 이경숙, 이유종, 정선미 옮김

틔움

이 책의

8개 챕터

48개 사례 연구

20개 도구

7개 핵심 스킬

29명 디자이너

36개 집중 탐구

150개 이상의 비주얼

사용법

이 책은

디자인 전문가와 리더 29명의

경험과 이야기를 바탕으로

구성되었다.

스티브 블랭크
창업가, 작가, 강사
243쪽

도로시 힐
ING은행 전략 팀 부사장
63쪽

롭 피츠패트릭
〈더 맘 테스트〉 저자
89쪽

도구 아이콘 범례

♡ **개인**
개인적 성격을 요구하는 도구

✋ **제작**
만들 때 사용되는 도구

✥ **일반 옵션**
옵션 개발을 돕는 도구

⊕ **포커스**
결정과 선택을 돕는 도구

⌄ **일반 세션**
일반적인 작업 시간

🍲 **압력솥**
고강도 작업 시간

👥 **팀 규모**
팀원의 수

↻ **재 논의**
재검토 빈도

필자들은 독자를 염두에 두고

이 책을 디자인했다.

이 책은 다양한 방식으로

읽을 수 있다.

각 챕터가 긴밀하게 연결되어 있어

처음부터 끝까지 읽어도 되고,

관심 있는 특정 부분을

따로 읽을 수도 있다.

'새로운 도구와 기술'에 관심 있는

독자라면 해당 부분을 먼저 읽어도 좋다.

아니면 인트로에 나온

패스트 패스(FAST PASS)를 참고하여

단시간에 특정한 항목을

빠르게 익힐 수도 있다.

자 이제 시작하자!

불확실성: 당신의 비밀 병기

우리를 둘러싼 세상과 우리의 비즈니스 환경은 불확실성으로 가득하다. 불확실성이 높을수록 게임의 규칙을 새로 디자인할 수 있는 기회는 많아진다. 기회는 주변에 널려있다. 그러나 기회는 노력하는 사람에게만 주어진다.

세상은 변한다. 고객의 습관, 기술, 유행 등 시장 전체가 변하고 불확실성이 증가하고 있으며, 지금의 네트워크 경제도 예측 불허다. 흥미롭게도(어떤 부분에서는 화가 날 만큼), 지금의 변화를 선도하는 기업 대부분은 20년 전에 존재하지조차 않았다. 이렇게 새롭게 출현한 기업이 그저 운이 좋거나 똑똑하고 능력 있는 직원을 고용해서 성공한 것은 아니다. 그렇다면 이들 기업은 다른 기업이 얻지 못한 기회를 어떻게 발견했을까?

바로 디자인이다.

디자인이란 기본적으로 세상을 바라보는 관점을 향상시키는 것이다. 디자인은 누구나 학습과 반복 및 단련 과정을 통해 독창적이고 검증된 가치를 창조할 수 있게 한다. 디자인이 기존에 있는 프로세스와 도구를 갖다 버리라는 것은 아니다. 오히려 그 반대다. 많은 스타트업이 디자인 방법론을 이용하여 새로운 비즈니스 모델과 시장을 만들었던 것처럼, 디자인은 어떤 도구를 언제 사용할 것인지 판단하는데 도움을 준다. 결국 디자인은 새로운 것을 학습하고 새로운 도구를 사용하도록 설득함으로써 비즈니스 혁신을 위한 보다 나은 의사 결정을 하게 만드는 것이다.

무엇보다도 디자인은 불확실성과 변화하는 세상에서 비즈니스가 성장할 수 있도록 돕는 환경을 만들어낸다. 이런 상황에서는 기획과 예측에 초점을 맞추기보다는 문제를 새롭고 체계적인 방식으로 접근하고 구현하는 것이 더 나은 결과를 만든다. 비즈니스의 성장과 변화를 주도하려면 디자인과 전략을 결합하여 기회의 동력으로 삼아야 한다.

이 책은 불확실한 환경 속에서 더 나은 비즈니스를 디자인할 수 있도록 새로운 도구와 스킬, 마인드세트를 제시한다. 이 책은 디자인의 핵심을 파악한 사람들이 실생활에서 디자인을 적용한 사례, 그리고 변화를 만드는 데 있어서 디자인을 기반으로 의사결정을 내린 사례 등을 다루고 있다. 또한 이 책은 디자인이란 반복적인 과정이라는 점을 고려하여, 독자를 디자인 여정으로 안내할 뿐 아니라 현재 독자들이 진행하고 있는 프로젝트와 제품 개발을 넘어 디자인을 적용하고 스케일링 하는 데 도움을 줄 수 있도록 구성되었다.

당신이 필요로 하는 모든 것이 바로 여기에 있다.

디자이너가 되자

왜 디자인을 강조하는가?

디자인이라는 단어는 '혁신'만큼이나 많은 사람의 입에 오르내리는 유행어가 되었다. 디자인이란 단어는 사용하는 사람들에 따라 서로 다른 의미로 쓰이며 명사, 형용사, 동사로도 쓰인다. 궁극적으로 디자인은 세상을 보고 접근하는 관점을 향상시키고, 더 나은 해결책을 이끌어내기 위해 새로운 가능성에 불을 붙이는 것과 같다.

디자인은 곧 프로세스인 동시에 마인드세트다. 디자인이란 변화와 불확실성으로부터 새롭고 지속 가능한 가치를 열어주기 위한 일련의 의도된 실습이다. 디자인은 지속적으로 변화하는 환경에서 개인과 조직이 더 유연하게 대응하고 더 빠르게 문제에 대처할 수 있도록 돕는다. 그래서 디자인을 제대로 이해하지 못한 사람들은 미리 예측하지 못한 변화에 허둥대곤 한다.

디자인의 힘

그나마 다행인 것은, 어느 순간 우리는 이미 디자이너라는 사실이다. 비즈니스 전략을 세우거나 어떠한 분석을 바탕으로 결정을 내릴 때, 우리는 이미 디자이너의 역할을 수행하고 있다. 유감스러운 점은 우리가 결정을 내리기 위해 사용했던 여러 가지 도구가 그 자체로는 더 이상 유용하지 않다는 것이다. 그렇다면 더 나은 결정을 내리기 위해 디자이너는 어떤 행동을 하고 어떤 도구를 사용해야 할까?

반복

디자인과 디자인 도구를 사용하는 데 있어서 중요한 것은 반복적인 프로세스다. 반복적인 프로세스는 디자이너가 자신의 관점을 바탕으로 관찰을 통해 얻어진 사실을 공유하고, 문제 해결을 위한 옵션을 만들며, 옵션을 검증하여 최적의 실행 계획을 만들어내는 과정을 말한다. 디자이너의 최종 목표는 단순히 옵션을 만들고 조정하는 것이 아니다. 디자인은 지속적이고 반복적인 과정으로, 장기간에 걸쳐 모호성과 변화에 대처하기 위한 것이다.

**디자인이란
탐색하고 검증하며 가치를 발견하고 확보하기 위한
훈련된 접근법이다.**

디자이너: 이유 있는 반항아

7가지 필수 스킬

**모든 것은
고객으로부터 시작한다.**

**생각과 일을
시각적으로 구현하기.**

**단독 비행은 금물.
한 사람의 아이디어보다
여러 사람의 아이디어가
항상 뛰어나다.**

**스토리로 말하고
경험을 공유하기.**

고객을 관찰함으로써 고객에 대한 이해를 돕고 새로운 고객 니즈를 꿰뚫어 볼 수 있다. 질문이 적절해야 올바른 답을 얻을 수 있다.

생각과 작업을 시각적으로 보여주면 아무리 어려운 주제라도 명료하게 전달된다. 시각화를 잘하면 아무리 어려운 주제의 회의에서도 참석자들은 그 내용을 한눈에 파악할 수 있고, 활발한 토론도 가능해진다.

여러 사람과 협력하면서 각기 다른 견해를 교환하자. 같은 업계와 동일한 시장에서 일하고 있는 사람들의 생각을 연결하면, 숨겨진 새로운 기회를 발견하는 데 도움이 된다.

모든 스토리에는 시작과 끝이 있다. 그리고 스토리에는 누구나 연상할 수 있는 영웅이 등장한다. 멋진 스토리는 머릿속에 오래 남고 입에서 입으로 전해지며 빠르게 퍼진다.

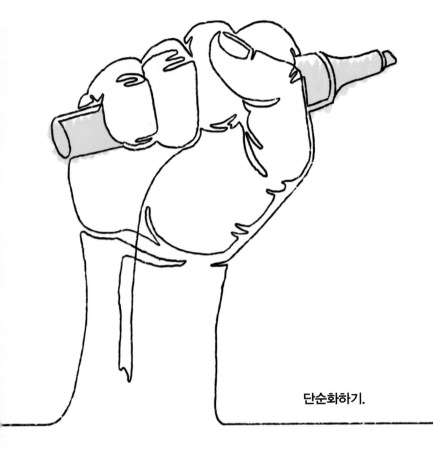

단순화하기.

**작은 실험을 반복하고
실수를 통해 배우기.**

**불확실성을 수용하기.
생각에 활력을 준다.**

일단 작업을 시작하자. 제품의 최종
결과물에 초점을 두기 보다는, 문제
해결에 도움이 되지 않는 특징을 제
거하는 것으로 시작하자.

아무리 사소한 것이라도 반복적인
시도와 테스트를 하면, 작업 초반에
는 알지 못했던 새로운 것을 통찰할
수 있다. 현실은 예측과 전혀 다르다.

비즈니스의 가장 확실한 특징은 유동
성이다. 변화를 수용하고 불확실성으
로부터 기회를 찾자.

디자인으로 비즈니스를

혁신, 비즈니스, 전략의 연결

이제 우리는 디자인으로 비즈니스를 혁신하자는 목표를 세웠다.
비즈니스를 혁신한다는 것은 과연 무엇일까?
디자인으로 어떻게 비즈니스를 혁신할 수 있을까?

대중에게 많이 알려진 기존의 수많은 기업들은 대부분 원가를 낮추고 이익을
높이는 데 집중한다. 이들 기업의 전략은 보통 내부 자원을 활용한 사업 계획
과 실행이라는 직선 구조를 갖고 있다. 이들은 종종 고객 니즈 충족을 목표로
제품과 서비스를 만드는 디자이너와 개발자를 고려하지 않고 전략을 수립한
다. 그리고 거래의 최종 대상인 고객을 배제하기도 한다.

관점 46쪽

반면 디자이너는 항상 고객을 생각한다. 디자이너는 아이디에이션, 프로토타
입, 검증과 같은 특별한 디자인 도구를 통해 발견한 사실을 기반으로 객관적
인 관점을 유지하며 고객과 문제에 접근한다. 디자이너는 다양한 학습을 토대
로 인간 중심의 도구와 스킬을 사용하고, 무엇이든 끝까지 탐색하고자 하는 마
인드세트로, 새로운 가치를 제안하고 비즈니스 모델을 만든다. 또한 디자이너

혁신하자

는 이를 지속적이고 반복적으로 수행하면서 불확실성으로 가득한 안갯속에서 기회를 발견한다. 이 책은 새로운 방식으로 표현된 디자이너의 여정을 보여준다. 디자인 프로세스의 핵심은 사물을 보는 관점이고 디자인 프로세스는 이해하기, 아이디에이션, 프로토타입, 검증으로 구성되어 있다. 이 같은 프로세스는 반복되고 순환된다.

을 다른 이에게 전달하는 것도 디자이너의 역할이다. 비즈니스 혁신을 위해서는 일상적인 업무 수행보다 새로운 도구와 스킬, 마인드세트를 활용한 디자인 정신으로 무장하여, 이를 비즈니스 의사 결정에 적용하고 사업 성과로 만들어내야 한다. 비즈니스 혁신은 일상적인 업무 실행에 치중하는 것이 아니다.

 **이해하기** 82쪽　　 **아이디에이션** 124쪽　　 **프로토타입** 152쪽　　 **검증하기** 180쪽

그렇다면 비즈니스 혁신이란 무엇인가? 한마디로 인간을 중심에 두고 디자인 도구와 실습, 그리고 프로세스를 연결하는 것이다. 비즈니스의 실행과 스케일링을 통해 지속적으로 새로운 고객, 가치 제안, 비즈니스 모델을 탐색하는 것이다. 디자이너는 다양한 요소를 연결함으로써 비즈니스가 지속적으로 성장할 수 있도록 새로운 기회를 제공한다. 또한 자신이 가지고 있는 독특한 관점

이러한 작업을 통해 미래에 가능한 옵션을 더 정확하게 찾아낼 수 있게 되고, 불확실성이 가득한 곳에서 더욱 확실한 기회를 발견할 수 있다. ≫

더블 루프

디자인 여정

더블 루프(Double loop)란 모든 프로젝트, 제품, 기업, 변화, 혹은 아이디어는 바로 한 가지 관점에서 시작한다는 간단한 명제에서 시작한다. 이는 사실(fact)에 기반할 수도 있고, 가정(assumption)에서 출발하기도 한다. 더블 루프는 지속적인 변화와 목표에 도달하기 위한 움직임을 만들어내는 데 활용된다.

더블 루프는 관점을 고려하며, 디자인 프로세스에 엄격함과 지속성을 더한다. 즉, 관점을 이해함으로써 자신의 견해를 알게 되고 이러한 이해는 새로운 아이디어를 촉진할 뿐 아니라 더 나아가 관점을 향상시킨다. 이를 통해 생성된 아이디어는 그 효과를 시험하고 평가하기 위해 프로토타입과 검증 프로세스를 거치게 되며, 그 결과 관점에 대한 이해도가 더욱 높아지고 아이디어를 성공적으로 실행에 옮길 수 있다.

디자인 여정에도 시작과 끝이 있다. 디자인 여정은 디자인 루프의 '준비'에서 시작한다. 자기 자신과 작업 팀, 작업 환경, 그리고 작업에 필요한 도구를 준비하는 것은 성공적인 디자인 여정을 위한 필수 과정이다. 디자인 여정의 최종 목표인 '스케일(Scale)'은 두 가지를 의미한다. 첫째, 아이디어의 실행 규모를 확대하여 적용하는 것으로 이는 관점에서 시작한다. 둘째, 디자인 프로세스 자체를 확대·적용하는 것이다. 결국 이 책은 비즈니스 혁신의 디자인 방법을 다루고 있으며, 디자인이 바로 핵심이다. 스케일링이 바로 디자인을 의미한다.

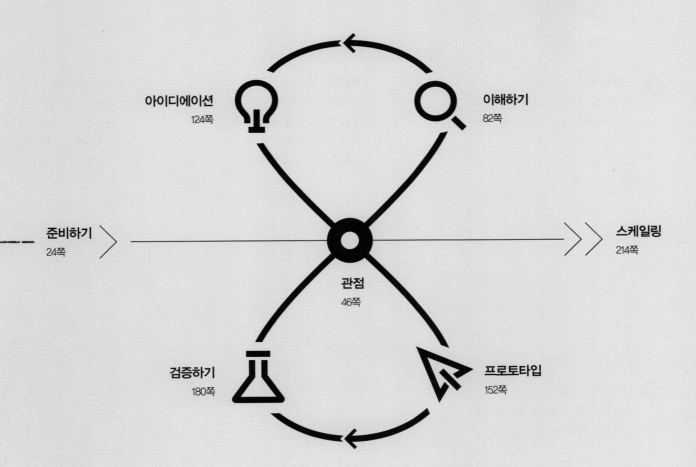

더블 루프 한눈에 보기

관점 46쪽
디자인은 사람이다. 디자인 여정은 우리의 관점이 나아갈 방향을 알려 준다.

이해하기 82쪽
모든 디자인 여정은 고객, 맥락, 비즈니스를 염두에 두고 시작된다. 비즈니스 혁신 디자인을 위해서는 이런 요소들을 이해하는 것이 핵심이다.

아이디에이션 124쪽
모든 문제의 해결책이 한 가지만 있는 것은 아니다. 아이디에이션을 통해 팀원들과 서로의 아이디어를 발전시키고 문제를 해결해나갈 수 있다.

준비하기 24쪽
디자인은 팀 스포츠다. 좋은 결과를 위해서는 많은 준비가 필요하다.

19

스케일링 214쪽
디자인 여정은 반복과 순환이며, 작은 프로젝트가 조직 전체에 걸친 문화 규범으로 스케일링할 수 있도록 디자인하는 것이다.

프로토타입 152쪽
어느 시점에 이르면 아이디어는 구현되어야 한다. 프로토타입을 통해 아이디어는 생명력을 얻게 되며, 더 나아가 개선할 부분을 파악할 수 있다.

검증하기 180쪽
아이디어는 가정에 근거한 생각에 불과하다. 아이디어의 실제 가치를 알기 위해서는 아이디어를 테스트하고 그 결과를 평가해야 한다.

당신이
이 책을 보는 것은
뭔가 새로운 것을
창조하기 위해서다.

도구

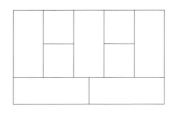
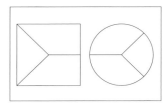
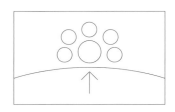

디자이너의 첫 번째 사명은 자신을 가두는 한계에서 벗어나 새로운 세계와 고객을
있는 그대로 관찰하는 것이다. 모든 선입견을 버리고 고객이 얻고자 하는 것은 무엇인지,
세상은 어떻게 돌아가는지를 보고 듣자.

첫 번째 도구는 누구나 갖고 있는 능력, 바로 관찰이다. 한 걸음 물러서서 고객을 관찰하고 그들의 이야기를 들어본 적이 언제였는가? 지금 당장 시도하자. 분명히 뭔가 새로운 것을 발견할 것이다.

영향력 만들기

고객을 지켜보고, 그들의 소리에 귀 기울이며 전혀 예상치 못했던 행동과 이벤트 및 새로운 패턴을 찾기 위해 노력하자. 어쩌면 제품 개발 뒤에 숨겨진 에피소드가 하나의 재료가 되어 회사 상사나 다른 팀원을 그곳에 빠져들게 할 수도 있다. 아직까지 프레젠테이션에서 이런 종류의 고객 에피소드나 스토리를 활용해보지 못했다면, 꼭 시도하자. 아마 깜짝 놀랄 것이다.

대부분의 사람은 스토리에 관심을 보인다. 데이터 분석보다는 스토리가 담긴 발표에 더 흥미를 느낀다. 청중에게 스토리를 효과적으로 전달하여 당신이 원하는 영향력을 만들어내는 방법이 다음에 나온다.

낡은 것은 안 된다

고객을 관찰하고 경청하는 작업이 익숙해지면, 새로운 디자인 도구를 사용할 때다. 안심하자. 이미 익숙해진 도구를 계속 사용해도 좋다. 무엇이든 하루아침에 바뀌지 않는 것처럼, 많은 사람이 유용하게 사용하고 있는 도구를 모두 바꾸라고 설득하기란 쉽지 않다. 아니, 지금 사용하고 있는 도구들이 여전히 유용할 수도 있다. 다만 어떤 작업을 할 때 새로운 도구를 사용해보는 것은 의미가 있다. 집수리를 할 때 새로운 연장을 써보는 것처럼 새로운 디자인 도구 몇 개를 추가하는 것으로 시작하자(벽 크기를 재는데 드라이버를 쓰는 사람은 없을 테니 말이다).

유용한 디자인 도구

우선 관찰이란 도구를 사용해 사람들이 원하는 것과 니즈, 문제점, 포부 등을 이해하자. 이제는 질문과 문제 구성에 필요한 도구를 추가하자. 무엇보다 단순한 관찰만으로는 고객의 모든 것을 이해하기가 쉽지 않기 때문이다. 관찰이란 도구 외에도 아이디에이션, 프로토타입, 검증이라는 도구가 추가로 필요하다. 이미 디자인 작업을 경험한 팀이라면, 이러한 개념들이 익숙할 수도 있다. 너무 걱정할 필요는 없다. 이 책은 비즈니스 디자인을 한 단계 업그레이드할 수 있는 유용하고 다양한 디자인 도구를 자세히 다루고 있기 때문이다.

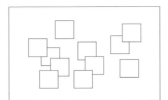

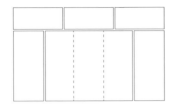

편안하게 만들기

새로운 도구가 어느 정도 익숙해지면 아마도 기존의 도구는 보조용품 정도로 전락할 수 있다. 하지만 기존의 도구는 새로운 도구와 보완 관계에 있다. 예를 들어, 프레젠테이션에서 시장분석 자료가 에피소드와 만나 강한 설득력을 갖는 것과 같다. 여기서 중요한 것은 처음에는 새로운 도구 몇 가지만 활용하고, 미숙한 도구는 자꾸 사용하면서 서서히 발전시켜나가는 것이다. 안심하자. 디자인 도구를 자주 쓰다 보면 점점 더 수월해지고 익숙해진다. 디자인이라는 안경을 쓰고 바라보는 세상이 새로운 빛으로 점점 밝아지는 것을 체험할 수 있다.

도구를 잘 사용하기 위한 문화가 부족하다

회계사, 의사, 외과 전문의 등은 해당 분야에 필요한 도구 사용법을 익히고 사업가는 사업 운영에 필요한 방법을 배운다. 그러나 사업가가 혁신을 추진하려 해도 그에 필요한 스킬과 도구가 아직까지는 충분치 않다.

애플과 아마존이 지속적으로 비즈니스 모델을 새로 만들며 성공해 온 데 반해 다른 많은 기업은 실패했다. 전통적인 기업 구조에서는 디자인 프로세스와 혁신이 서로 충돌한다. 전통적인 기업은 손익을 따지는 반면 성공한 기업은 그렇지 않다. 그렇다. 전통적인 기업은 제품을 혁신하고자 한다. 이들은 제품 혁신과 전통적인 연구개발을 뛰어넘기 위해 노력하지만 아직까지도 많은 어려움을 겪고 있다.

많은 경영 대학원에서 디자인과 혁신을 위한 도구뿐 아니라 비즈니스 모델 혁신을 가르치고 있지만, 아직 시작 단계에 불과하다. 나는 다른 사람들이 어떻게 디자인과 혁신, 그리고 전략 도구를 개발하고 활용하는지 정말 배우고 싶다.

이것들이 바로 비즈니스의 새로운 성장 동력이기 때문이다.

알렉산더 오스터왈더
스트레터자이저 공동 설립자,
〈비즈니스 모델의 탄생〉〈밸류 프로포지션 디자인〉 저자

BM 1106 03.21 J30 18E
FLIGHT NO.   START BOARDING   GATE   SEAT NO.

FAST FREQUENT FLYER

패스트 패스
Fast Passes

신속한 답을 원하는가?

여기 나온 패스트 트랙(Fast Track)을 이용한다면 미래로 가기 위해 줄을 서서 기다릴 필요가 없다. 패스트 트랙은 관련된 도구, 스킬, 사례를 제시하며 당신을 빠른 길로 안내한다. 다른 사람들의 경험을 통해 배우고 이를 바로 적용할 수 있다.

전략을 디자인하고 싶어요

팀 전원이 꿈꾸는 미래로 안내하기 위한 액션 플랜이 필요하다.

쪽:

단계:

>> 현재의 비즈니스 모델을 이해하고, 관찰과 질의를 통해 고객을 이해한다. — 86

>> 다섯 가지 과감한 비전을 세우고, 이를 스토리로 전환하여 관점을 구축한다. 관점이 사람들의 마음에 울림을 주는지 확인한다. — 58

>> 새로운 비즈니스 모델에 관한 아이디어를 구상한다. — 142

>> 새로운 가치 제안을 프로토타입 한다. — 152

비즈니스 플랜을 기획하고 싶어요

팀원들과 스프레드시트에 나온 숫자의 의미를 뛰어넘는 그런 사업계획을 만들고 탐구하고자 한다.

쪽:

단계:

>> 지금의 운영 상황을 매핑(mapping)한다. — 110

>> 현재의 비즈니스 모델을 이해한다. — 114

>> (미래) 고객을 이해한다. — 98

>> 회사의 비전을 재검토한다. — 56

>> 미래 비즈니스 모델을 디자인한다. — 142

>> 프로토타입 아이디어를 제안한다. — 152

강력하고 공유 가능한 비전을 갖고 싶어요

팀원과 함께 북극성 같은 지표를 만들어 방향을 제시하고 싶다.

단계:

쪽:

》 관점을 발전시켜 팀과 함께 커버스토리 비전을 만든다.   64

》 커버스토리를 회사 안팎에서 검증한다.   180

비즈니스의 SWOT 분석을 해보고 싶어요

현재 운영하고 있는 사업의 강점, 약점, 기회, 위협은 무엇인가?

단계: 쪽:

》 현재 운영 중인 사업의 맥락을 이해하자.   110

》 비즈니스 모델을 이해하자.   86

》 강점과 약점을 정의하자.   116

•UNIQUE OFFERING! -FAST PASS-•

비즈니스를 혁신하고 성장시키고 싶어요

엄밀히 말해 지름길은 없다. 그러나 패스트 트랙이면 미래로 가는 긴 줄에 서서 기다릴 필요가 없다.

단계: 쪽:

》 더블 루프(Double Loop)를 적용하자.   16

스타트업처럼 일하고 싶어요

아이디어를 시장에 내놓을 때 눈에 불을 켜고 일하는 방법이 여기 있다. 스타트업에서 배우자.

단계:

쪽:

》 자신의 관점을 세우자.   48

》 이해하기: 관찰하고 질문하자(!)   86

》 비즈니스 모델에 관한 아이디어를 구상하자.   142

》 적절한 프로토타입을 스케치하자.   172

》 검증하고, 검증하고, 검증하자.   180

》 작업 여정 중 스토리를 전파하자.   72

GRAB **YOUR** PASS!

PLATINUM TRAVEL CARD

FAST PASS

8000 4563 9823 9476

8000

UNTIL 09/20

D B BUSINESS

패스트 패스를
활용하자.
아니면
전체 여정을 위해
철저히 준비하자.

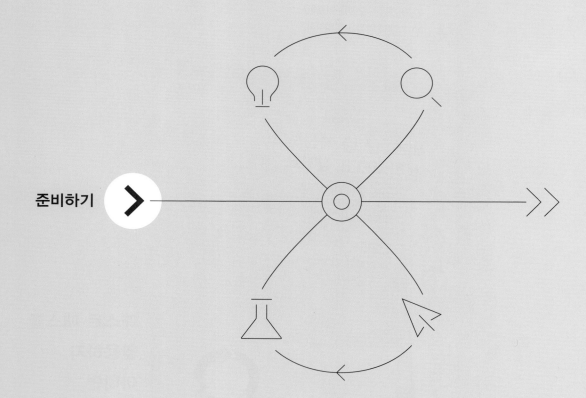

준비하기

디자인 여정 준비하기

팀을 위한 준비
작업 환경을 위한 준비
작업 방법을 위한 준비

모든 여정은 **준비**에서 시작된다

고객에 대한 이해를 높이고 비즈니스 모델을 디자인하기 위한 탐색 여행을 위해서는 무엇보다 철저한 준비가 필요하다.
누구도 준비 없이 전쟁을 시작하지 않는다. 이니셔티브를 새로 디자인하거나 다시 만들기 전에 만반의 준비를 하자.

디자인은 준비다

디자인 프로세스를 잘 수행하기 위해서는 그만큼 철저한 준비가 필요하다. 먼저 고객, 비즈니스, 맥락을 잘 관찰하고 다음으로 아이디에이션, 프로토타입, 검증을 위한 준비를 하자. 모든 준비의 핵심은 자신과 팀의 성공을 위한 것이다. 따라서 여정에 앞서 팀을 만들고, 작업 환경과 작업에 필요한 도구를 충실하게 준비해야만 최상의 결과를 얻을 수 있다.

성공은 만들어진다

디자인 프로세스는 기존의 다른 프로세스와 다르다. 우선 디자인 프로세스는 직선적으로 이뤄지지 않는다. 순환과 반복으로 이뤄지며, 불확실성에 근거하고 있어 절대 초기의 계획대로 되지 않는다. 또한 디자인 프로세스는 팀 운동 경기와 같아서 다 같이 열심히 준비하는 팀만이 최상의 결과를 얻는다. 디자인 프로세스를 위해서는 적당한 공간도 필요하다. 팀이 마냥 컴퓨터 앞에서 구부리고 앉아 작업하지 않도록 하고 아이디에이션, 프로토타입, 검증 등의 작업을 수행하기 위해서는 적당한 공간이 필요한 것이다. 또한 새로운 도구를 활용할 수 있어야 한다. 마지막으로 새로운 작업 방식과 프로젝트 구조에 익숙해지는 것도 중요하다. 디자인은 단순히 계획이 아니라 긍정적인 결과물을 만들고 다른 사람들의

실질적인 변화를 이끌어내는 것이다. 물론 이 세상에는 우리 힘으로 통제할 수 있는 것도 있고 그렇지 않은 것도 있다. 하지만 우연에 기대기보다는 자신과 팀의 노력으로 성공을 만들어야 한다.

팀을 위한 준비

미국의 유명 야구 선수 베이브 루스는 "팀의 경기 방식이 경기의 승부를 결정한다. 세계에서 가장 실력이 좋은 스타를 모아놓고도 한 팀으로 경기하지 않으면 그 팀은 아무런 가치가 없다"라고 말했다. 성공한 비즈니스를 디자인하는 것도 이와 같다. 최고의 비즈니스는 훌륭한 팀으로 이루어진 상품 그 자체다.

그저 아무렇게나 구성된 팀으로는 승리할 수 없다. 독특하고 다양한 배경을 가진 사람들로 이루어진 팀이라면 문제의 핵심을 찾아 좋은 아이디어를 제안하고, 아이디어를 프로토타입으로 완벽하게 만들고, 이를 검증할 것이다. 이렇게 이루어진 팀은 어려운 상황에서도 다이아몬드를 발견하고 서로를 도전 상대로 생각하며 함께 앞으로 나아간다. 쓰러져 진흙탕에 빠지는 상황에 처해도, 다양성의 미덕을 바탕으로 각자의 인맥과 재능을 활용하며 이를 극복해나갈 수 있다.

TIP! 어느 팀이나 성공하는 것은 아니다. 본인의 희망에 따라 팀의 일원이 되어야 한다. 그렇지 않으면 평범한 결과가 나올 뿐이다.

반항아를 찾아라

대부분의 사람들은 어려운 문제나 이니셔티브 앞에서 새로운 시도나 도전을 꺼린다. 이를 극복하기 위해서는 주변에 반항아 (Rebel)가 있어야 한다. 반항아란 문제를 해결하고 의문점을 해소하기 위해서는 새로운 접근이 필요하다는 것을 자신 있게 내세우는 사람이다. 반항아는 디자인 여정을 위해 필요한 시간과 자원을 만들어내는 능력이 있으며, 누군가 과거의 업무 방식으로 되돌아가려 할 때 새로운 시도를 제안하고 이를 실천하는 사람이다.

주변 환경과 작업 공간을 위한 준비

이제 우리는 디자인이 직선적 작업이 아니라는 사실을 알았다. 디자인은 작업 도중에 생성된 작업물(artifacts)을 끊임없이 참고하는 반복적인 프로세스를 통해 이루어진다. 사무실 이곳저곳을 돌아다니며 작업물을 하루 걸러 한 번씩 다른 방의 벽에 붙이고 떼는 작업을 하다 보면, 피로감이 올 뿐 아니라 실제 디자인 작업에 집중하는 시간도 줄어든다. 이는 곧 전반적인 생산성 저하로 이어진다. 전체 작업 진행을 지켜볼 수 있는 공간에서 팀원이 다 함께 모여 작업한다면 생산성과 효율성이 높아진다.

(함께) 일하는 방법을 위한 준비

이 챕터 후반에는 미팅 참석자들이 시나리오와 같은 도구로 시간을 최대로 활용할 수 있게 하는 미팅 디자인(혹은 디자인 스프린트) 방법이 나와 있다. 고객 여정과 비즈니스 모델 캔버스와 같은 시각적 작업물이 있다면, 팀원은 더욱 전략적인 토론을 만들고 이에 집중할 수 있다. 또한 이러한 도구 활용 방법에 관해 고심할수록, 도구가 지닌 가치를 극대화할 수도 있다. 이는 결코 어려운 것이 아니다. 그리고 반드시 필요한 것이다. **》**

모든 여정은 **준비**에서 시작된다

이제 어디서부터 시작할까?

생각은 크게 하되 시작은 작게 하자. 대부분의 사람은 큰 프로젝트나 새로운 디자인 프로세스를 시작할 때 가장 먼저 회사 경영진이나 이사회로부터 승인을 얻으려 한다. 물론 이것도 하나의 방법이다. 그리고 경우에 따라서는 바람직하기도 하다. 그러나 디자인은 특정 결과를 목적으로 하기보다는 프로젝트나 디자인 프로세스를 진행하면서 발견하고, 만들고, 검증하는 데 필요한 옵션을 얻는 여정이다. 다른 사람들이 디자인 여정을 어떻게 시작하는지 알아보자.

> 디자인은 여정이다.
> 다른 사람들이 어떻게
> 디자인 여정을 시작하는지 사례를 살펴보자.

모든 프로젝트나 디자인 프로세스를 대규모로 기획하고 시작한다면 경영진이나 이사회를 곧바로 찾아갈 수도 있다. 만약 그렇다면 이사회에 팀 전략과 혁신을 위한 디자인씽킹 학습 예산을 요청하자. 디자인에 대한 관심 여부와는 상관없이, 학습을 통해 조직 구성원은 스킬을 익히고 조금씩 혹은 점진적으로 더 나은 비즈니스 성과를 얻을 수 있다.

1 기폭제를 찾자

변화는 기폭제로 시작한다. 세상은 항상 바뀌고, 사람들은 변화에 반응한다. 그 대상이 자신이든 회사든, 디자인 여정을 시작하는 첫 출발점에서부터 여정을 떠나는 이유가 필요하다.

2 지지자를 찾자

당신을 지지하는 사람(ambassadors) 없이 디자인 프로세스를 시작하고 적용하는 것은 불가능에 가깝다. 몇 명의 잠재적 지지자와 아이디어를 공유하자. 그들이 당신 편에 있다면 디자인 여정 전반이 훨씬 편해진다.

3 적합한 팀원을 찾자

디자인은 홀로 떠나는 여정이 아니다. 팀원 모두가 공유하고 디자인 프로세스를 강력하게 밀고 나갈 때 목표를 이룰 수 있다. 이를 위해서는 가지각색의 관점과 스킬, 그리고 좋은 네트워크가 필요하다. 이를 염두에 두고 팀을 구성하면 문제없다.

4 모든 배를 대기시키자

형식적이지 않고 뚜렷한 목표가 있는 교육 프로그램을 기획하고, 생각이 앞서는 리더를 초청하여 비즈니스 모델 혁신과 전략 디자인에 대한 관심을 높이자. 이런 교육이나 강연을 통해 새로운 업무 방식을 습득하는 동시에 디자인 도구, 스킬, 마인드세트에 익숙해질 수 있다. 디자인을 성공적으로 적용한 다른 사례를 눈여겨보고, 여기서 얻은 통찰로 조직을 어디서부터, 어떻게 디자인해야 할지 분석할 수 있다.

당신의 지지자를 찾아라

5 디자인 워크숍

비즈니스 혁신 혹은 전략을 주제로 디자인 워크숍을 계획하여, 디자인 프로세스에 집중하고 팀 전체가 공동으로 만들어낼 구체적인 최종결과물(deliverable)을 정의하자. 비전, 비즈니스 모델, 혹은 새로운 콘셉트를 위한 가치 제안 디자인이 최종결과물이 될 수 있다.

6 골칫거리를 찾자

현재 운영하고 있는 제품이나 서비스 가운데 매출(혹은 이익) 창출이 어려운 것 하나를 골라내자. 그리고 다양한 배경으로 이루어진 팀과 새로운 비즈니스 모델 창출을 목표로 하는 워크숍을 열자.

7 사무실 밖으로 나가자

고객이 중요하게 생각하는 것을 이해하려면 사무실 밖으로 나가 고객과 대화해야 한다. 고객이 무슨 말을 하는지, 고객이 어떤 생각을 하고 있는지, 이들과의 대화를 통해 무엇을 발견했는지를 조직의 다른 사람들에게 전파하자.

소규모 팀을 만드는 것과
회사 하나를 만드는 것에는
큰 차이가 있다.

그렇다면 성공한 글로벌 기업은 어떤 방법으로 가장 효과적인 혁신 여정을 준비하고 있을까? 3M, 독일항공, SAP, ING은행, 마스터카드, GE, 필립스, 토요타 등과 같은 성공 기업이 어떻게 혁신과 디자인씽킹 문화를 만들고 지지했는지 알아보았다. 이들 기업은 2015년 2월 뉴욕에서 열린 한 세미나에서 자기 회사의 연구 결과를 공유했다.

가장 중요한 시사점은 각 기업이 혁신과 디자인씽킹 준비를 위해 비즈니스 모델 캔버스, 비전 캔버스, 그리고 다른 인간 중심의 디자인 도구를 가장 잘 활용하는 챔피언을 발굴했다는 것이다. 이들 챔피언과 지지자들은 린(lean) 방식의 디자인과 개발에 능숙해야 하고 동시에 디자이너 마인드세트를 갖고 있어야 한다. 이들 챔피언이나 지지자들에게 프로젝트 혹은 디자인 프로세스의 규모는 문제가 되지 않았다.

디자인을 조직 전반에 확대하고자 한다면, 반드시 한 명 이상의 지지자를 확보하고 적절히 교육해야 한다. 사실상 새로운 업무 방식에 익숙하고 열정적인 사람들로 이루어진 지지자 군단이 필요하다. 지지자 군단은 새로운 업무 방식을 기꺼이 받아들이고, 말보다는 행동으로 비즈니스에 디자인적 접근을 확산시키는 중요한 집단이다.

팀을 위한 준비

축구 경기에서 11명 전원이 공격만 하는 팀이나, 미식축구 경기에서 쿼터백이 1명만 있는 팀은 존재하지 않으며, 존재해도 결코 우승할 수 없다. 비즈니스에서도 마찬가지다. 운동경기든 비즈니스든 이기기 위해서는 여러 전문 분야에 걸친 다양한 기술(그리고 능력)을 가진 팀원을 선발해야 한다.

모두 즐겁게 지내는 것을 잊지 마세요!
오늘 파티에 드론을 가져온 사람은?

범상치 않은 의심 꾸러기, 방금 고용한 대졸 사원,
에너지가 넘치고 활기찬 사람, 재미난 아이디어가
넘치는 나이 어린 사람, 이상주의자

고객을 잘 아는 영업 및
마케팅 전문가

다양한 영역의 전문가 팀을 구축하자

이상적인 팀은 광범위한 업무를 수행할 수 있어야 한다. 제안서를 작성할 사람이 필요하다면 그런 사람을 추가하자. 제안서 발표 무대를 디자인할 사람은? 코딩할 사람은? 무슨 말인지 알 것이다.

더 많은 관점이 모일수록 프로젝트 진행에 도움이 되는 옵션이 많아진다. 디자인이나 비즈니스에서 올바른 문제 해결 방법이 오직 한 가지만 있는 경우는 없다.

이색적인 배경의 팀원을 찾자

모든 팀원이 비슷한 경험이나 스킬, 지식, 견해를 가지고 있다면 적용할 수 있는 옵션의 폭이 좁아진다. 이러한 문제를 피하려면 각

기 다른 부서에서 근무하고 숙련 정도에 차이가 있으며 배경, 문화, 마인드세트가 서로 다른 사람들로 팀을 구성한다.

역할: 명함에는 없다

명함을 받았을 때 이름 밑에 무엇이 쓰여 있나? 일반적으로 직책이나 직위가 있는데, 이는 그 사람의 역할을 설명하지 못한다.

역할이란 팀 구성원으로서 수행하는 공식 혹은 비공식적 책임을 말하며, 팀 구성원은 각 분야의 주요 업무를 수행하게 된다. 직책이 아니라 역할이 성공 여부를 결정한다. 디자인 작업을 수행할 때, 투자자들에게 아이디어를 소개할 때, 팀 구성원들은 디자인 프로젝트를 자신의 것으로 받아들여야 한다. 팀 구성원에게 적합한

항상 북극성을 쳐다보는
전략가 혹은 상품 개발자

모든 에너지를 최대한 활용하여
프로젝트를 추진하는
비주얼 퍼실리테이터

대안을 잘 제시하는 사람.
개성이 강한 사람. 반항아.
해커, 개발자, 디자이너

어려움에 빠졌을 때 책임질
경영진 스폰서

결속력을 높여줄 지지자와 팬

역할이 주어져야, 좋은 결과를 얻기 위해 어떤 방식으로 자신의 역할에 최선을 다해야 하는지가 분명해진다. 디자인 팀이 판매를 위한 지지자와 비주얼 씽커에서부터 엔지니어에 이르는 다양한 사람들로 구성되어야 하는 이유다.

언제 팀을 구성하는가
디자인 팀 구성에서 가장 중요한 것은 적합한 태도를 갖춘 적임자를 적절한 시점에 모으는 것이다. 이렇게 모인 팀은 디자인 워크숍, 브레인스토밍, 현장 조사(고객의 니즈, 요구 등을 이해하기 위한) 수행, 또는 디자인과 프로토타입 작업 등을 수행하게 된다.

회사를 만드는 것처럼 프로젝트 팀을 구성해서는 안 된다. 단순한 미팅이나 토론을 위해 팀을 구성해서도 안 된다. 디자인 프로세스를 실행하지 못하는 팀이 디자인 기획에 참여하게 해서도 안 된다. 또한 프로젝트에 필요한 커뮤니케이션(그건 팀 퍼실리테이터의 역할이다)을 위한 팀을 만들어서도 안 된다.

디자인 팀의 궁극적인 목표는 실행하고 만들고 배우고 결과를 창출하는 데 있다.

작업 환경을 위한 준비

디자인은 일상적인 비즈니스가 아니다. 디자인 팀을 위한 공간은 새로운 작업 방식을 수행할 수 있도록 설계되어야 한다.

사람을 위한 공간

디자인을 신체 접촉이 많은 스포츠라고 생각해보자. 팀원들이 빈번하게 상호작용할 수 있는 환경이 필요하다. 디자인은 앉아서 미팅하고 이야기하고 다시 자기 자리로 돌아가 이메일을 보내는 그런 과정을 거치지 않는다. 항상 움직이고 상호작용하며 포스트잇에 메모하고 함께 모여 숫자를 계산하며 다양한 작업을 반복한다. 그리고 이를 통해 모든 것을 업데이트해나가는 과정이다.

최상의 디자인 환경이란 앉아서뿐 아니라 서 있는 상태에서도 벽에 걸린 캔버스를 평가하며 서로 소통할 수 있다는 사실을 고려하자. 그래야 함께 작업하고 콘셉트를 설명할 수 있다. 특정 프로젝트를 위한 전용 공간이 있다면 그야말로 최고의 환경이다. 모든 디자인 작업물이 그대로 남아 있고 눈으로 확인할 수도 있어서 프로젝트 진행 상황을 빠르게 파악할 수 있다.

홈베이스

작업 환경을 준비하는 목적은 팀이 창의성을 발휘하고, 정보를 흡수하며, 의미 있는 논의를 가능하게 하는 홈베이스(home base)를 마련하는 것이다. 가능하다면 사람들이 만나고, 일하고, 작업 진행

작전 회의 공간
다 같이 옹기종기 모여 새로운 아이디어를 논의할 수 있는 공간이 있어야 한다.

넉넉한 공간
팀 전체가 편안하게 앉거나 서서 돌아다닐 수 있는 넉넉한 공간이 필요하다.

벽면 공간
캔버스나 스케치와 같은 작업물을 걸어두거나 붙여놓을 벽면 공간이 충분히 있어야 한다.

퍼실리테이터
(다음 페이지 참고)

도구
포스트잇, 종이, 마커, 캔버스 등 디자인 작업을 위한 도구가 있나?

치우지 말 것
가능하다면 프로젝트가 진행되는 동안 모든 작업물을 그대로 둔다.

다용도 가구
수시로 다양한 형태의 작업 모드로 전환할 수 있게 책상이나 의자를 재배치할 수 있어야 한다.

쇼핑 목록

빈 벽 의자 - 이케아에서 확인할 것
특이한 가구 - 가구 사이트에서 확인할 것

테이프 - 벽이 상하지 않는지 확인할 것
마커 - 히피 냄새가 나는 것으로
포스트잇 - 벽에서 쉽게 떨어지지 않는
    브랜드로 (www.3M.com)

플립 차트 혹은 전지 종이
전지 캔버스
그럴 수 없거나 이동 가능한 벽면 확인할 것
    (www.neuland.com)

커피 머신이나 냉장고를 가까이!

팀은 디자인 여정에 따라 이동하므로 작전실이 필요하다.

33

을 시각적으로 볼 수 있는 물리적인 공간, 즉 작전실(war room)을 하나 두는 것도 좋다. 별도의 작전실을 마련하기가 어렵다면 필요에 따라 통합하고 분리할 수 있는 공간을 사용할 수도 있다. 팀은 새로운 작업 환경에서 기존과 다르게 생각하며 일한다.

퍼실리테이션 완전 정복

디자인 여정은 준비가 전부다. 퍼실리테이터(facilitator)의 역할은 뭐든 잘 진행할 수 있도록 돕는 것이며, 이를 통해 디자인 여정이 쉬워진다. 뛰어난 퍼실리테이터는 사회자이며 방 안의 에너지와 열기를 유지해나가는 사람이다. 팀의 성과가 효율적으로 그리고 효과적으로 달성되었는지는 퍼실리테이터에게 달려 있다.

— 엠마뉴엘 부틴, 비앤피파리바 CFO

사회자

퍼실리테이터는 프로젝트 논의에 필요한 팀 공간을 마련하고, 팀이 계획된 시간을 인식하면서(휴식, 커피, 간식이 필요한 경우) 시나리오에 따라 미팅을 진행해나갈 수 있도록 돕는다. 퍼실리테이터는 토론 중에 팀의 주요 견해, 아이디어, 결정적 요소를 포착하는 역할도 한다(혹은 벽면에 적힌 아이디어 가운데 주요 내용을 포착).

이런 활동을 위해 꼭 필요한 것이 있다. 화이트보드, 칠판, 커다란 플립 차트 등을 이용하면 논의 내용의 요점을 쉽게 포착할 수 있다.

퍼실리테이터 되기

디자인 프로세스를 전략 수립과 비즈니스 혁신에 적용하고, 팀원을 적극적으로 참여하게 만들며, 리더십을 개발하기 위해서는 퍼실리테이터의 역량이 중요하다. 디자인 방법론과 좋은 학습 과정을 많이 알고 있을수록, 팀원들은 주도적으로 아이디어를 내고 적극적으로 참여하며 더 좋은 결과를 만들어낸다.

1 에너지 관리 방법 익히기

퍼실리테이션이란 무엇보다도 에너지를 관리하는 것이다. 성과를 극대화하기 위해서는 팀 전체에 에너지가 넘쳐야 한다. 에너지란 사람들이 기여하고자 하는 의지와 능력을 의미한다. '좋은' 에너지는 프로젝트 진행에 큰 도움이 된다. 적절한 타이밍에 이루어지는 토론은 긍정적인 에너지를 만들지만, 부적절한 타이밍에 이루어지는 토론은 에너지를 고갈시킨다. 퍼실리테이터의 핵심 역량은 무성한 잡초 속으로 들어가는 것(going into the weeds)과 에너지 불어넣는 것(building energy) 사이에서 균형을 맞추는 것이다.

2 미팅 그 이상의 것

퍼실리테이션은 개별 미팅이나 토론이 아닌 전체 과정을 조정하는 것이다. 따라서 프로젝트의 전반적인 운영 상황을 완벽하게 파악하려는 자세가 필요하다. 퍼실리테이터는 옳고 그름을 따지기보다 프로세스를 디자인하고 관리하며 팀이 보다 효과적으로 작업을 수행할 수 있도록 돕는 역할을 한다. 퍼실리테이션은 한마디로 작업 환경, 정보, 네트워크, 팀, 에너지와 관련된 것이다. 여기에는 팀이 밟아갈 단계뿐 아니라 팀이 약속한 것에 대한 설명도 포함되어 있다.

3 시기에 맞는 적당한 모자를 쓰자

프로젝트를 진행하면서 낙관적이어야 할 때가 있고 비관적이어야 할 때가 있다. 예를 들어, 아이디에이션 단계에서는 새로운 아이디어 구상과 확장에 90%의 시간을 사용하고, 아이디어 평가와 선별에 10%의 시간을 사용한다. 이때는 모든 팀원이 낙관의 모자를 쓰고 아이디어 구상에 나서야 한다.

반면 아이디어 평가와 선별에는 팀원 전체가 비관의 모자를 써야 한다. 이때 퍼실리테이터는 낙관과 비관의 관점이 적절한 시기에 사용되고 있는지 확인하는 역할을 한다.

4 비주얼 퍼실리테이션

말로 전달되는 내용은 파악하기 어렵다. 말로 주고받은 내용은 오로지 기억에만 남아 있기 때문에, 미팅에 참석한 사람들은 같은 내용의 논쟁을 반복하기 쉽다.

비주얼 퍼실리테이션을 처음 만든 데이비드 시베트는 미팅 참석자 전원이 볼 수 있는 커다란 플립 차트에 논쟁의 요점을 정리하는 방법을 고안했다. 이로 인해 더 이상 같은 내용을 반복할 필요가 없어졌다. 논의를 진전시키기 위해서는 말한 내용을 마커로 기록하면 된다. ■

설거지하기

미팅을 할 때면 일반적으로 '집중의 눈(focused eyes)'과 '방심의 눈(absent eyes)'이 있다. 보통 사업을 하는 사람과 디자이너가 그렇다. 미팅에서 이들은 서로 다른 역할을 하며, 팀에 반드시 필요한 존재들이다.

집중의 눈을 가진 그룹은 사실을 액면 그대로 믿고 받아들여 종종 근시안적이고 비판적이라는 오해를 받는다. 이들은 의견을 자유롭게 이야기하고 모든 질의에 재빠르게 답변한다. 방심의 눈을 가진 그룹이라고 모든 것에 무관심한 것은 아니다. 다만 의견을 말하기에 앞서 먼저 머릿속에서 아이디어를 구상하고 이를 시각화하고 있을 뿐이다.

아웃사이더의 경우, 이렇게 다른 두 부류의 사람들이 함께 효과적으로 일하는 것을 볼 기회가 많지 않다. 실질적으로 모든 팀에는 재빠르게 움직이는 사람과 생각하는 사람, 이렇게 다른 두 그룹이 필요하다. 서로 다른 지적 능력을 한데 모아 동일한 비전을 공유하게 하고, 서로를 자극하면서 두 그룹을 올바른 방향으로 이끄는 것이 나의 역할이다. 이들이 함께 기적을 일구어나가는 동안 나는 한 걸음 물러서 설거지를 할 뿐이다.

마커스 아우어바크
아우디혁신연구소 이사

에너지 관리하기

시간 관리

모든 프로세스가 그렇듯 디자인 프로세스에도 시간 관리가 무엇보다 중요하다. 일단 목표가 설정되면 특정 날짜와 시간을 염두에 두고 계획을 실행해야 한다. 아이디에이션과 검증을 무한정할 수는 없는 노릇이다. 퍼실리테이터의 역할은 디자인 프로세스에 필요한 시간을 관리하는 것이다.

여러 사람과 함께 작업할 경우, 모든 사람이 동일하게 작업을 이해하고 있어야 한다. 이를 위해 플립 차트, 지워지지 않는 마커, 포스트잇 등으로 안건을 만들어둬야 한다. 시간을 준수하되 휴식 시간만은 잊지 말자. 이 같은 구조에 익숙해지면 결과는 더 좋아진다.

세부적 대 전체적

어느 그룹에나 사상가와 전략가가 있다. 반면에 사상가와 전략가의 특징을 모두 갖고 있는 사람은 진흙탕에 빠져 헤어나지 못하는 경우가 있다. 물론 이런 모든 사람을 팀원으로 확보하는 것은 중요하지만, 퍼실리테이터가 이 모든 사람을 이끌고 전략적 옵션이 가득한 바다에서 항해하기란 쉽지 않다.

대기업의 경우 특히 심하다. 대기업은 끊임없이 '행동으로 옮기자는 주장'과 '적절한 행동인지에 대한 확신을 갖자는 주장' 사이에서 균형을 유지하려 한다. 이런 상황에서 퍼실리테이터와 팀원은 큰 그림과 디테일 사이에서 민첩하게 반응할 수 있어야 한다. 세부적인 작업 절차에 동의하고, 전체적인 디자인 프로세스를 투명하게 유지하는 핵심 팀을 만드는 것이 중요한 이유다. 바로 이 과정

TIP! 에너지 관리를 위해서는 '밀당'이 필요하다.

시간 관리
시간을 잘 관리할 수 있는 가장 좋은 방법은 팀에 시간 엄수의 책임을 부여하는 것이다. 업무 효율이 높아진다.

밀어붙이기
밀어붙이는 행동: 그룹에 다가가기, 사람들의 입을 열게 만들기, 공식적인 명령과 구조에 따르게 하기, 논쟁하기.

끌어당기기
끌어당기는 행동: 한발 물러서기, 질문에 바로 답하지 않기, 침묵하기, 솔직하게 묻기, 열린 질문(open question) 하기.

마커 쥐고 있기
마커를 손에 쥐고 있다는 것은 토론을 주도할 수 있는 권한이 있음을 의미한다. 토론의 쟁점을 기록하여 같은 내용이 반복되지 않도록 한다.

에서 실제 퍼실리테이션이 이루어진다.

비주얼화하자
인간은 시각적이고 공간적인 창조물이다. 사람들에게 영향력을 미치고, 토론의 요점과 내용을 오래도록 기억에 남게 하려면 데이비드 시베트의 제안에 따르는 게 좋다. 그리고 말한 것을 (일부라도) 시각적으로 기억하자.

"천 마디 말보다 그림 한 장이 낫다"라는 속담은 미팅과 디자인 스프린트(design sprint) 과정에서 중요한 내용을 어떻게 기록하거나 답변해야 하는지를 잘 설명하고 있다. 펜으로 화이트보드, 플립 차트, 혹은 벽면에 아이디어를 시각화하다 보면 뜻밖의 수확을 얻을 수 있다.

이미지를 잘 활용하면 주절주절 회의록을 적지 않고도 전반적인 토론 내용을 다시 볼 수 있다. 중요한 것은 토론 결과에 이른 순간과 결정 사항을 기억하는 것이다.

이건 마치 재즈와 같다

비주얼 퍼실리테이션은 꾸준히 계속되는 리듬, 즉흥적이고 활력이 넘치는 형식을 갖고 있다는 점에서 재즈와 같다.

사람들이 주고받는 대화는 마치 라이브 재즈처럼 계속 흐른다. 미팅에서 사람들은 같은 말을 반복하며 자기 말을 잘 들어줬으면 한다. 데이비드 시베트는 사람들의 말을 커다란 차트에 기록하면 그 사람의 말을 이해하는 데 큰 도움이 된다는 사실을 알았다. 말의 반복 횟수를 줄임으로써 참가자들이 공유할 수 있는 기억이 만들어지기도 하고, 이로 인해 논의가 새로운 단계로 전진할 수 있다.

시베트는 비주얼 퍼실리테이션의 개척자로 1970년 그로브를 설립하여 비주얼 퍼실리테이션을 연구하고 가르쳤다. 비주얼 퍼실리테이션을 통해 팀은 영감을 얻고 서로 단합하며 큰 그림을 볼 수 있게 된다. 또한 팀원 전체가 기억을 공유하며 이를 재현할 수 있다.

〈비주얼 미팅〉에는 시베트가 만든 몇 가지 도구(커버 스토리 비전 그래픽 가이드, 맥락 지도 그래픽 가이드)가 소개되어 있다.

데이비드 시베트
그로브 설립자, 저자

비주얼 퍼실리테이션에 관한 자세한 내용은 데이비드 시베트의 저서 〈비주얼 미팅〉을 참고하자.

(함께) **일하는 방법**

팀을 만들었고 함께 일할 수 있는 환경이 되었다면, 이제는 모두가 일을 효율적이고 효과적으로 하면 된다.
하지만 한 팀으로 합심하여 최고의 성과를 내기 위해서는 적절한 디자인 도구가 필요하다.

디자이너의 필수품

디자이너처럼 뭔가를 만드는 사람들이 항상 포스트잇과 마커를 가지고 다니는 데는 그럴 만한 이유가 있다. 포스트잇은 굳이 보관할 필요가 없고, 언제든지 내용을 추가할 수 있으며, 어디에든 탈부착할 수 있다. 또한 내용을 적을 수 있는 공간이 제한적이라는 데 그 가치가 있다. 반면 마커는 포스트잇에 쓰인 내용을 돋보이게 하여 가독성을 높인다. 모든 사람이 이러한 디자인 도구를 손에 쥐고 마음껏 아이디어를 구상한다면 벽면에는 무수한 아이디어가 붙어 있고 바닥에는 버려진 포스트잇이 넘쳐날 것이다. 많은 사람이 자신의 의견을 포스트잇에 적는다면 엄청난 아이디어가 모아진다. 스케치에 관한 팁은 프로토타이핑 챕터에 나와 있는 댄 로암의 프로파일을 확인하자.

스케치나 비주얼
씽킹에 관한 내용은
172쪽 참고.

캔버스를 활용하여 토론하기

이 책의 각 챕터에는 비즈니스 모델 캔버스, 가치 제안 캔버스뿐 아니라 비저닝(visioning)과 스토리텔링, 검증 등에서 활용할 수 있는 다양한 캔버스가 있다. 이러한 시각적 작업물(visual artifacts)은 토론을 구성하는 중요한 요소로 흥미로운 토론을 촉진한다.

디자인 도구는 단순히 내용을 기록하기 위한 것이 아니다. 여기에 나온 캔버스들은 모두 살아 숨 쉬는 기록물이다. 사람, 포스트잇, 마커, 스케치 등을 짝지어 놓으면 디자인 프로세스가 빠르고 쉽게 진행되고, 결과가 좋아지며, 서로가 공유할 수 있는 새로운 언어를 익히게 된다.

시나리오 미팅

큰 조직에서 이뤄지는 대부분의 미팅에는 안 좋은 습관이 고착되어 있다. 실제 이러한 습관은 일하는 방식에도 영향을 미친다. 대부분의 사람은 동료로부터 떨어져 앉아 독립적으로 일한다. 엄청난 양의 이메일을 보내고, 자리에 없을 때면 늘 미팅에 들어가 있다.

물론 미팅이 불필요한 것은 아니다. 다만 미팅이 필요 이상으로 자주 있고, 대체적으로 철저한 기획에 의해서라기보다는 그저 정해진 일정에 따라 이뤄진다. 결국 특별한 내용도 뚜렷한 형식도 없는 결과를 얻게 된다.

미팅의 목적은 무엇인가? 누가 참석하는가? 어떻게 주어진 시간 안에 미팅의 목표를 달성할 수 있는가? 참석자들이 무엇을 기대하는지 알고 있는가? 실제 이러한 질문을 무시한 채 미팅이 이루어진다. 결국 미팅 참석자들은 시간, 자원, 그리고 에너지를 낭비한다.

즉흥적으로 대응하려면

텔레비전이나 라디오 쇼를 마치면 사람들은 종종 나에게 묻는다. "당신은 참 쉽게 말해요. 마치 현장에서 즉흥적으로 생각해서 말하는 것처럼 말이에요. 어떻게 그렇게 할 수 있죠?"

답은 간단하다. 많은 준비가 필요하고, 특히 시나리오에 충분한 시간을 할애해야 한다. 진행자는 쇼의 흐름을 디자인하는 책임이 있기 때문이다. 시나리오를 차근히 검토하다 보면 어느 부분에서 더 많은 에너지를 쏟아부어야 하는지, 천천히 혹은 빠르게 진행해야 하는지, 더 상세히 다뤄야 하는지를 알 수 있다.

일단 명확한 지침과 대상이 정해지면 선택을 할 수 있다. 다시 말해, 기본 사항이 정해지면서 즉흥적으로 할 수 있는 부분이 눈에 보인다. 시나리오를 검토하면서 청중을 이해시키고, 청중에게 메시지를 쉽게 전달하며, 청중과 에너지를 주고받는 방법을 구상한다.

잘 보낸 메시지는 잘 받아들여진다. 시나리오를 활용해 청중이 쉽게 받아들이게 만들자.

39

TIP! 미팅 룸 안을 돌아다니자. 몸을 움직이면 마음도 움직인다. 움직이면서 토론하면 자신의 입장만을 고집하기 어렵게 되는 경우도 있다.

특히 정보 공유를 목적으로 미팅을 하는 것은 시간 낭비다. 흔히 사회적 혹은 정치적 이유로 미팅을 하는 경우도 있다. 미팅을 소집할 때 참석자 명단에서 배제된 동료에게 미안한 생각으로, 불필요한데도 그를 참석시키는 것은 큰 실수다. 누가 꼭 미팅에 참석해야 하는지를 잊지 말자. 반드시 있어야 할 사람이 없거나, 필요 이상으로 많은 사람이 있으면 미팅은 더디게 진행된다. 이는 모든 사람의 시간을 훔치는 것과 같다.

유익하고 발전적인 미팅과 워크숍을 진행하는 데 시나리오는 중요한 역할을 한다. 누가, 언제, 어떤 일을 해야 하는지 시나리오에 상세히 규정하면 미팅 주제에 집중하고 목표한 결과를 달성하는 데 유용하다.

렌스 드 종
사회자, 라디오와 텔레비전 앵커, 사업가

시나리오

영화 제작에서 활용되는 것처럼, 시나리오는 효율적이고 효과적인 미팅 기획 방법을 제시한다. 시나리오 내용이 상세할수록 미팅은 더 좋아진다.

시나리오는 퍼실리테이션을 위한 디자인 도구다

시나리오는 미팅이나 워크숍을 기획하고, 주요 이해 관계자와 퍼실리테이터가 그 내용을 공유하는 데 도움이 된다. 잘 설계된 시나리오는 시간과 활동 내역, 그리고 안건 등에 관한 결정을 내리기 위해 무엇을 해야 하는지를 분명히 알려준다. 또한 시나리오는 모든 정보를 하나의 문서에 정리하여 분명한 결과를 도출할 수 있도록 돕는 시각적 도구다.

융통성 있는 디자인

사람들은 흔히 시나리오가 한번 정해지면 고칠 수 없다고 생각한다. 그렇지 않다. 핵심 팀 구성원들과 함께 만든 시나리오는 지속적으로 수정되며 결과를 낼 수 있는 미팅이나 워크숍을 디자인하는 데 도움을 준다. 시나리오는 실제 팀 구성원이 유연하게 생각하고 활동하게 만든다.

시간과 활동 내역을 구분하여 시나리오를 디자인하면, 교통 체증으로 지각하는 경우처럼 예상치 못했던 일이 일어났을 때 재빠르게 다음 활동으로 넘어갈 수 있다.

> **모든 계획은**
> **함께 하는 것이 좋아!**
>
> 한니발, A 특공대

포커스
시나리오
정의하기

± 45분
작업 시간

1–2명
그룹당 인원

미리 준비하자
적어도 미팅 시작 1시간 전에 도착해서 커피와 마실 물이 준비되어 있는지, 무선 인터넷과 프로젝터는 제대로 작동하는지 최종 점검하자.

주제, 역할, 규칙
주제, 역할, 규칙, 결과물을 검토한 후 미팅을 시작하자. 미팅 참석자의 동의를 얻자.

시간대
각 주제의 최소 시간을 15분으로 정하고, 전체 시간은 30분 간격으로 늘리자.

전략적 비전
전략적 비전을 디자인하자. 이에 관한 자세한 내용은 58쪽 관점 참고.

휴식
휴식을 절대 생략하지 말자. 실제 30분 정도의 휴식이 꼭 필요하다.

마무리
미팅이 끝나갈 무렵 미팅 목적을 재확인하고 모든 주제를 논의했는지 검토하자.

콜 시트 〈9월 10일〉

담당자 이름	역할
마크	미팅 주최 및
마틴	비주얼라이즈
엘프	전략 디자인
울프	시설 관리
조세핀	다과 및 음료

시나리오 〈날짜〉〈고객〉을 위한

장소: 암스테르담
시간: 09:00 – 12:30

시간	주제
09:00 15분	시작과 소개
09:15 90분	**팀워크 전략적 비전(Strategic visioning)** 우리의 장기 전략과 포부의 수준은 어떤 이러한 전략이 우리 비즈니스 모델에 미치는 영향은 무엇인가? 포부의 수준과 비즈니스 모델은 어떤 연관성이 있는가
10:45 30분	휴식
11:15 60분	비전 스토리 공유! 팀 구성원 각자가 자신의 비전을 다른 팀과 공유하고 피드백을 받는다
12:15 15분	마무리

〈고객사: 애플〉을 위한 전략적 비전 워크숍

	책임	연락처
	미팅 전반에 걸친 격려와 가이드	〈전화번호〉〈이메일주소〉
	비주얼 퍼실리테이션	
	최고의 시나리오를	

전략적 비전 워크숍

액션	담당자
간단한 배경 소개 – 여기 모인 이유?	워크숍 주최자
주제(그림)	
역할 및 규칙	
목표	전략 디자이너
팀워크 내용 소개	
비전은 무엇인가?(5분)	
전략적 비저닝 맵(strategic visioning map) 설명	
비전 5단계 (10분)	
팀 워크 활동	퍼실리테이터 지원
4–6명 소그룹으로 팀 분배	
포스트잇에 비전, 비전의 주제,	
비전을 나타낼 방법 작성(60분)	
주요 5단계 결정 (15분)	전략 디자이너
캡처	
플립 차트를 모아서 사진을 찍고–	
캡처한 플립 차트에 표시.	
전원 발표	팀 발표
팀 전원 발표(30분)	전략 디자이너
1–3등 메이커와 브레이커 선별(15분)	연관
디자인 기준 정하기(15분)	전략 디자이너
마무리	
오늘 아침에 배운 내용을 정리.	
다음 단계. 워크숍 마무리	

콜 시트(Call Sheet)
콜 시트에 그날 가장 중요한 역할을 하는 사람을 기록한다. 워크숍 장소에 있는 다양한 분야의 지원 인력과 미리 친해놓으면 현장에서의 곤경을 피할 수 있다.

장소 확인
워크숍에 가기 전에 항상 장소와 공간을 확인하자. 예측하기 어려운 난처한 상황이 벌어져 워크숍을 망칠 수도 있다.

다운로드
아래 웹사이트에서 시나리오 예시와 콜 시트를 다운로드할 수 있다.
www.designbetterbusiness.com

41

장소 점검표

- [ ] 넓은 벽 공간
- [ ] 벽에 템플릿을 부착할 수 있는지 여부
- [ ] 여유 있게 돌아다닐 수 있는 공간
- [ ] 햇빛과 신선한 공기
- [ ] 집중을 방해하는 장애물
- [x] 다과와 음료
- [ ] 테이블은 회의용 배치인지 아니면 원형 배치인지?
- [ ] 팀 활동시 음악 제공 가능한지?

점검표

- [ ] 각 세션 및 휴식 시간대 검토
- [ ] 각 시간대 활동사항 검토
- [ ] 콜 시트

다음 단계

> 워크숍과 미팅 진행하기.

팀 선언서

이제 다양한 성격을 가진 사람들을 모두 한자리에 모았다. 이들과 어떻게 당신의 목표와 기대치, 가치 등을 공유할 수 있을까? 어떻게 다양한 도전을 헤쳐나갈 수 있을까? 팀 선언서가 바로 그 해결의 시작이다!

개인
팀에 대해
알아가기

± 30분
세션

3–5명

당신과 함께 여행하고 있는 사람들은 누구인가?

팀 선언서에 서명하자

함께 일할 사람을 선정할 수 있는 권한이 당신에게 항상 주어지는 것은 아니다. 결정권이 있더라도 일이 원만하게 진행될 것이라 장담할 수 없다. 이해관계, 가치, 목표의 차이 등으로 팀 업무에는 여러 가지 걸림돌이 생긴다.

팀 선언서(Team Charter)는 프로젝트를 움직이는 동력으로 균형 잡힌 팀이라는 청사진을 만드는 데 큰 도움을 준다. 팀 선언서는 구성원 모두가 함께 작성하는 문서로, 팀이 나아갈 방향을 명확하게 하고 업무 경계를 만든다.

팀 선언서를 만드는 이유는 두 가지다. 첫째, 팀 내부를 위한 문서다. 팀이 어떤 목적으로 구성되었는지, 주요 사안이 무엇인지, 제시한 목표에 도달하기 위해 어떤 방향으로 나아가야 하는지 등을 알려준다. 둘째, 팀 외부를 위한 문서다. 다른 조직의 리더들과 관리자들이 주목해야 할 사항과 팀이 나아가는 방향을 제시한다.

팀의 가치

팀 구성원 간의 협업이 원활히 이루어지려면 팀이 지지하는 가치를 확실히 정하고 이를 구성원과 공유해야 한다. 팀의 가치는 팀 성공의 근본으로 팀이 나아가고자 하는 방향을 분명하게 제시하여 보다 쉽게 목표를 이룰 수 있게 한다. 팀 선언서에는 구성원이 어떻게 협력해야 하는지, 각자 어떻게 기여해야 하는지 등에 대한 분명한 가이드라인이 있다. 이것이 팀원 전체를 앞으로 나아가게 만든다.

팀 선언서에 포함되어야 할 내용으로는 팀 목표, 기대치, 팀 구성의 목적, 팀의 가치, 문제와 난관을 대처하는 방법, 팀 리더 등이 포함된다. "즐겨라!", "일주일에 한 번은 꼭 회식!" 등과 같은 문장도 주저하지 말고 추가하자. 팀 선언서는 구성원 간의 유대감을 높이는 것에도 큰 도움이 된다.

형식이야 어떻든 구성원 모두가 팀 선언문을 이해하고 있는지 확인하자. 팀은 자신의 업무만 처리하기 위해 모인 단체가 아니다. 팀은 프로젝트를 성공시키기 위해 모인 것이다.

팀 선언서 캔버스

기대

팀의 가치

팀 구성원

운전기사

문제

장애물

팀의 에너지

팀 목표

다운로드
아래 웹사이트에서
팀 선언서 양식을 다운로드할 수 있다.
www.designbetterbusiness.com

43

문제
당신 차에 구정물이
튀었을 때 어떻게
할 것인가?

기대
팀 구성원은 팀의
성공을 위해 서로
에게 어떤 기대를
하고 있는가?

팀 구성원
당신 차에는 누가
타고 있고 그들은
각각 어떤 기여를
할 것인가?
예를 들면 각자의
역할, 핵심 가치,
스킬, 슬로건, 성격
등을 파악하자.

팀의 가치
팀이 추구하는
가치는 무엇인가?
구성원 모두가
이 가치를
받아들이고
있는가?

운전기사
차를 운전하는
사람은 누구인가?
내비게이션은
있는가?

장애물
공동 작업과
팀 목표 달성을
방해하는 장애물은
무엇인가?

팀의 에너지
팀 에너지의 원천은
무엇인가? 최고의
결과를 낼 수 있도록
구성원들을 열심히
일하게 만드는
에너지원은
무엇인가?

팀 목표
팀이 이루고자
하는 목표는
무엇인가?
구성원의 모든
노력이 언제쯤
결실을 맺을
것인가?

점검표

☐ 팀 목표를 정했는가?

☐ 운전기사, 팀 구성원, 팀의 가치 등을 정했는가?

☐ 장애물과 에너지원을 정의했는가?

☐ 구성원 모두가 선언서에 서명했는가?

다음 단계

〉 관점에서 시작하기.

지금까지

다음 단계

요약

홀로 비행하지 말자.
고독한 천재는 결국 죽는다.

준비하자.
스스로를 성공의 자리에 놓자.

여러 분야의 전문가로 구성된 팀을 만들자.
다양성이 핵심이다.

결정권이 있는 스폰서를 찾자.
지지자를 만들자.

시각적으로 작업하자.
두뇌가 고마워할 것이다.

에너지를 관리하자.

이제,
시작!

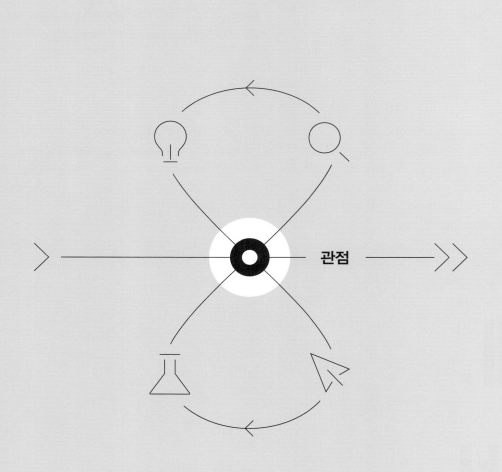

관점

디자인 여정 관점

반항아 되기

비전 개발하기

스토리 디자인하기

디자인 기준 만들기

당신의 **관점**

모든 디자인 여정에는 출발점이 있다. 출발점은 새로운 회사가 수익을 낼 수 있는 비즈니스 모델을 찾는 것일 수도 있고,
기존 회사가 새로운 방향을 설정하여 보다 경쟁력 있게 성장하도록 만드는 것일 수도 있다.
모든 디자인 여정은 당신의 관점에서 시작된다.

시장, 고객, 제품, 서비스, 심지어 경쟁사 등 모든 것에는 관점이 있다. 디자인 여정에 있어서 자신만의 관점은 값진 재산이다. 관점은 무엇이 진짜인지, 무엇이 신기루인지를 판단할 수 있는 리트머스 시험지와 같다. 디자이너라면 반드시 자신만의 관점을 가져야만 한다.

첫 단계가 항상 가장 어렵다

새로운 비즈니스 아이디어를 내는 것은 항상 어렵다. 창업을 하고 나면 회사가 성장할 것이라는 막연한 희망을 갖는다. 그러나 열심히 상품을 개발하고 판매하지만 꿈에서 점점 멀어지는 느낌이 들곤 한다. 이미 자리 잡은 회사는 수년간 똑같은 비즈니스 전략을 수립하고 실행한다. 주주는 주가 상승과 이익 배당의 과실만을 즐기려 하고, 이사회는 과거의 실적에서 미래 전략을 찾는다. 그러나 과거의 성공은 회사를 새로운 방향으로 경영해나가는 데 걸림돌이 될 뿐이다.

변화를 만들기 위해서는 확률이 낮더라도 자신만의 관점에서 시작해야 한다. 어쩌면 "이건 나만의 생각이야. 내 생각만으로 어떤 변화가 있을 수 있겠어?"라고 생각하기 쉽다. 다른 사람들도 마찬가지다. 그러나 자신의 관점이 특정한 도구, 기술, 마인드세트 등과 맞아떨어질 때 자신이 원하는 새로운 변화를 만들어낼 수 있다.

반항아가 되자

누군가에게 영향을 끼치고 싶은 경우, 특히 자신의 관점으로 성공 전략을 만드는 데 꼭 필요한 사람에게 영향력을 행사하고 싶다면 반항아(rebel)가 되어야 한다. 반항아란 관점에 대항하라는 것이다. 사람에 대항하는 것이 아니다. 조직 리더들에게 대항하라는 의미도 아니다. 반항아가 된다는 것은 미래에 관한 자신만의 확고한 관점을 갖고 모든 미팅에 참석하란 의미다. 기존의 것에 저항할 필요는 없다. 그러나 기존의 것에 질문하고 탐구할 만한 가치가 있다고 직감적으로 느껴지면 마땅히 질문해야 한다.

확고한 관점을 활용하여 비즈니스의 성과를 높이고자 한다면 피터 틸의 저서 〈제로 투 원〉을 읽자.

비즈니스 혁신 디자인을 위한 강력한 관점 사용법이 궁금하면 피터 틸의 〈제로 투 원〉을 참고하자.

49

비전으로 로드맵을 만들자

확고한 관점은 변화의 촉매다. 미래 비전은 변화의 로드맵이 된다. 비전은 방향을 제시하는 것이다.

여기서 정의하는 비전은 다른 책이나 칼럼에서 정의하는 것과 다르다. 단순한 선언문이 아니라 시합을 앞두고 외치는 구호와 같다. 비전의 개념에는 많은 것이 포함되어 있다. 비전을 실현하는 데 필요한 요소, 비전을 이루는 단계, 그리고 비전을 성취하는 과정에서 생기는 도전과 기회까지도 포함한다. 구체적이고 유용한 비전을 만드는 데 필요한 창의적인 도구를 알아보자.

스토리를 디자인하자

이사회, 사업계획 회의, 혹은 투자 유치를 위한 사업설명회에서 어떤 말을 할 것인가? 어떻게 해야 회의에 참석한 사람들이 당신의 관점을 받아들일 수 있을까? 아니면 최소한 당신의 비전을 탐구할 수 있을 정도로 만들 수 있을까? 이럴 때, 스토리가 큰 차이를 만든다. 테드(TED) 강연이나 회의 프레젠테이션, 혹은 맥주 한 잔 마시면서 말할 때도 요점을 잘 전달하기 위해서는 에피소드나 스토리를 사용하는 것이 최고다. 아마도 타고난 강연자는 본능적으로 알겠지만 어떤 스토리를 준비할지, 언제 누구에게 어떻게 전달할지를 신중하게 생각한다. 상대에게 감동을 주고 상대를 설득하기 위해서는 자신의 관점을 가장 확실하게 보여줘야 한다. 다시 말해, 자신의 관점을 스토리로 디자인할 필요가 있다.

그렇다고 너무 걱정하지는 말자. 새로운 비전을 만드는 도구에 대해 말했던 것처럼 스토리를 디자인하는 데 도움이 되는 도구도 함께 알아볼 것이다.

디자인 기준

모든 비전은 미래를 향한다. 그러나 단순한 미래가 아니다. 디자인으로의 여정을 통해 만들고자 하는 변화는 일련의 기준에 부합해야 한다. 일련의 기준은 미래를 위한 여러 가지 옵션을 탐구하고 평가하는 데 있어서 무엇을 반드시 해야 하고, 무엇이 가능하며, 무엇을 해서는 안 되는지에 관한 것이다. 이것이 바로 디자인의 기준이다. 디자인 기준은 분명한 원칙과 경계를 제시하여 디자인 여정에서 생기는 여러 가지 의사결정을 돕는다. 디자인 기준은 비전과 조직을 둘러싸고 있는 환경에 의해, 혹은 다양한 옵션을 탐구하는 과정에서 드러나기도 한다.

비전 캔버스 5단계:
58쪽 참고

디자인 기준 캔버스:
68쪽 참고

커버스토리 비전
캔버스: 64쪽 참고

스토리텔링 캔버스:
74쪽 참고

과감히 나서는 용기

사람은 누구나 자신만의 관점이 있다. 그러나 극히 일부의 사람만이 그것을 용기 있게 실천한다. 사람들은 자신의 직무가 아니라는 이유로 새로운 일을 추진할 적임자가 아니라고 말한다. CFO인 나 역시 새로운 일을 할 이유가 없었다. 그러나 나는 안전지대에서 나오기로 결정했고, 그것만이 변화를 만드는 유일한 길이었다.

비전에 있어서, 우리는 여전히 배고프다

최근 우리 회사는 힘든 시기를 보냈다. 회사 분위기를 보면 바로 느낄 수 있었다. 금융 위기와 함께 두 회사(비앤피파리바스, 포티스은행)의 합병으로 문화적 단절이 생겼다. 조직 내 모든 대화는 과거에 초점이 맞춰져 있었고, 사람들은 회사의 정체성에 의문을 갖게 되었다. 나 역시 동료들과 같은 생각이었고 모든 대화가 힘들고 버거웠다.

큰 배가 앞으로 나아갈 때, 사람들은 대부분 뒤돌아볼 시간이 없다고 말한다. 그러나 나는 한 발 뒤로 물러나서 현재의 상황을 돌아보고 문제를 극복하며 앞으로 나아가야 한다고 생각했다. 이것은 문제를 감춘다는 말이 아니라 그것에 관해 토의하고 배운 후, 다시 앞으로 나아가는 것을 의미한다.

미래에 집중하자

조직 내에 두려움, 불안정, 의심 등이 가득하다면 미래에 집중해야 한다. 그것이 CFO의 책임은 아니었지만 나는 실행하기로 결심했다. 실제로 누구든 회사에 입사할 때 주어진 역할 이상의 일을 해야 하는 경우가 많이 생긴다. 나는 CFO가 갖고 있는 역할의 한계로 인해 많은 어려움이 있을 것으로 예상했다. 어떻게 숫자로 보이는 미래가 아닌 추상적인 미래에 집중할 수 있을까? 과연 미래는 어떤 모습일까? 빠르게 변하는 세상에서 숫자는 분명한 사실을 전달하지만 조직이 필요로 하는 스토리를 만들어내지는 못한다. 숫자는 미래에 대한 확신을 주지 않았다.

나는 미래가 숫자가 아니라 스토리로 드러난다는 확신이 생겼다. 스토리를 만들기 위해서는 숫자로 표현되는 IQ가 아니라 마음으로 드러나는 EQ가 필요했다. 나는 사람들이 비관적 감정을 버리고

Tip 1

자신의 믿음을 지켜라.
그러지 않으면 다른 사람이
그렇게 할 수 있다고 어떻게 믿겠는가?

내 운명의 주인은 나다

내가 회사 밖에서 경영진 회의를 주관하리라고는 생각해 본 적도 없다. 나는 검은 양복을 입고 무대 한가운데 서서 청중에게 회사의 비전과 동료들을 소개했다. 그것은 외부 컨설턴트가 만든 틀에 박힌 전략이 아니라, 우리 스스로 만들고 이야기했던 비전이다. 우리는 회사 동료 250명에게 비전을 설명하고 여기에 적극적으로 참여하게 만들기 위해 무대를 준비했다. 우리 은행에서는 이런 일이 한 번도 없었다. 우리는 사람들이 미래 지향적으로 변할 수 있는 첫걸음을 떼도록 도왔다. 영화 '우리가 꿈꾸는 기적: 인빅터스(Invictus)'의 음악과 영상은 청중과 회사의 운명, 그리고 미래를 생각하게 만드는 데 큰 도움을 줬다.

이것은 아주 즐거운 경험이었고, 이로 인해 많은 사람이 그동안 해본 적이 없는 일을 함께 하는 계기가 되었다. 쉬운 일은 아니었지만, 모든 것이 계획대로 되었다. 나는 연습한 대로 연설했다.

자신의 운명과 미래의 주인은 바로 나 자신이다.

51

Tip 2

자신 있게 자신이 되자.
일상생활에서 자신을 드러내는 것처럼
일에서도 자신을 과감하게 드러내자.

희망적 감정으로 미래를 그릴 수 있도록 만들어야 했다. 우리는 어디서 왔고, 현재 모습은 어떠하며, 우리는 누구이고, 우리의 DNA는 무엇인지를 토대로 미래를 만들어야 했다.

앞으로 나아가기

내가 먼저 앞서나가야 했다. 숫자를 다루는 CFO로서는 특별한 경우였다. 리더의 위치에 오랫동안 있었지만 이런 일을 해야 한다고 생각한 것은 처음이었다. 내 몸속에는 금융과 관련된 DNA가 있었고, 나는 지속 가능한 미래를 설계하고 싶었다. >>

엠마뉴엘 부틴
비앤피파리바스 CFO
(최고재무책임자)

과감히 나서는 용기

매일 자신을 넘어서라.
그래야만 성장에 전념할 수 있다.

사람들이 안전지대에서 벗어나 새로운 항해를 시작해야 한다고 생각하게 하려면, 그렇게 하는 것이 오히려 안전하다고 느끼게 만들어야 한다. 물론 처음에는 불안해할 수밖에 없다. 나도 그랬다. 그러나 불안감은 새로운 환경을 쉽게 받아들일 수 있게 만들기도 한다. 그때가 외부 자극에 민감해지고 새로운 비전을 찾아야 하는 순간이다.

어떻게 해야 할지 모를 때

관리 마인드를 갖고 있던 나는 가까운 미래에 집중하는 방법을 몰랐다. 아니, 우리 팀 누구도 그 방법을 몰랐다. 그러나 일단 첫걸음을 떼면 다음 단계로 가는 방법을 찾을 수 있을 것이란 믿음이 있었다. 뭐든 바로 시작하는 것이 필요했다. 첫 시작에서 많은 사람이 동조하면 다음 단계로 갈 수 있는 동력이 생긴다고 생각했다. 그리고 그 에너지는 더 많은 사람들을 끌어들일 것이었다. 처음 시작할 때 확실한 방향은 없었지만 뭔가 희망적인 길을 만들고 있다는 것에 만족했다.

큰 조직에 있는 사람들 대부분은 새로운 변화나 움직임에 기꺼이 동참하지 않는다는 사실을 우리는 잘 알고 있었다. 원하지 않기 때문이 아니라 단지 현재의 정보를 바탕으로 한 지금의 전략을 지속적으로 추진하는 것이 훨씬 편하기 때문이다. 이것이 그동안 학교에서 배운 방법이기도 하다. 과거의 정보로 만든 과거의 전략은 미래를 향해 앞으로 나아가는 것을 가로막는다. 세상의 그 어떤 정보라도 어제 수집한 것이라면 성공을 보장하지 못한다. 물론 외부 컨설턴트에게 비전과 전략 개발을 맡길 수는 있지만, 그들 또한 성공을 책임지지 않는다.

함께하기

내가 먼저 시작하자 다른 사람들도 동참하기 시작했다. 이들과 함께 많은 이야기를 나누자 좋은 아이디어가 쏟아져 나왔다. 우리는 과거에 이뤘던 것과는 다른 종류의 성과를 만들고 싶었다. 며칠 후에 잊히는 그런 아이디어를 종이에 적어내는 식의 작업을 하고 싶지는 않았다. 실현 가능한 비전을 만들기 위해서는 경영진이 아니라 구성원 모두가 비전 작성에 참여해야 한다고 믿었다. 조직 내 모든 사람이 비전과 관련된 스토리를 탐구하고 비전을 말하게 하고 싶었다.

250명과 함께 비전을 만들다

조직 구성원들에게는 각자 주어진 업무가 있다. 그러나 우리 모두는 작은 진전을 만들기 시작했다. 정보를 모으고, 고객과 이야기하고, 우리 자신의 이야기를 지도 위에 맞추어갔다. 이것이 바로 강한 비전을 만드는 시작이었다.

우리는 이틀간 경영대학 수업을 만들었다. 우리의 스토리를 종합적으로 나눌 수 있는 적절한 시간이 필요했다. 이것은 결코 작은 행사가 아니었다. 경영대학 수업을 위해 전 세계 모든 조직에서 250명을 뽑아 미래에 관한 토론을 했다. 지난 1년간 35명의 핵심 구성원이 만든 조직의 비전을 검증하는 데 이것만큼 유용한 것은 없었다.

핵심 구성원은 각각 250명 앞에서 비전 스토리를 풀어났다. 참여도를 높이기 위해 일반적인 무대가 아니라, 발표자를 중심에 두고 청중에 둘러싸인 형태의 360도 무대를 쓰기로 했다. 또한 슬라이드도 전혀 쓰지 않고 핵심 팀에 영감을 준 테드 스타일의 키노트 스피치(keynote speech)를 활용했다.

훈련: 우리는 어떤 은행인가

비전 스토리는 잘 받아들여졌다. 그러나 모든 사람을 비전 스토리에 참여시키기 위해서는 "우리는 어떤 은행인가?"라는 질문이 필요했다. 이를 주제로 일련의 훈련을 시작했다. 가장 창조적인 표현을 위해 가위, 자동차 부품 사진, 마커, 테이프 등으로 우리가 느끼는 대로 지금의 우리 모습을 표현했다. 지금 생각해봐도 이상하게 느낄 수 있는 훈련이었지만, 참가자들은 재빨리 다양한 도구를 이용하여 새로운 형태의 자동차를 디자인해나갔다. 이 과정은 20분밖에 걸리지 않았다. 모두가 즐거워했고, 우리 은행의 DNA에 관한 얘기를 나눌 수 있었다. 모두가 훈련 과정과 결과를 자랑스러워했다.

우리의 영향력을 지속시키기

나는 우리 은행의 리더들이 많은 것을 배웠다고 확신한다. 함께 일하는 새로운 방법을 받아들이는 첫걸음을 내디뎠다고 느꼈다. 이 새로운 방식은 상대를 신뢰하는 것에서 시작된다. 우리는 컨설턴트에게 솔루션을 의뢰하지 않고 스스로 이뤄냈다. 또한 우리가 한 일을 다른 사람들도 할 수 있다고 앞장서서 격려하게 만들었다. 결국, 우리는 남들과 다르게 생각하고 일할 수 있다는 확신을 가지게 되었다.

자동차라는 상징을 통해 우리가 어떤 조직인지 파악하는 데 필요한 영감을 얻었다. 이를 표현하는 데 사용되었던 도구들이다.

실질적인 전략

만화 호머 심슨을 보면 "저런~(duh)" 하는 순간이 있다. 다음 단계로 넘어갈 때, 욕심을 내서 너무 많은 것을 계획했다는 사실을 깨닫는 순간이다. 비전 캔버스 5단계는 다음 단계 일을 실질적이고 쉽게 기록하고 유지하는 흥미로운 방법이다. 추상적인 전략을 버리고 이것을 활용하자.

비키 실리, 셰퍼드모스크바 COO(최고운영책임자)

자신의 비전에 충실하자 – 다른 사람의 관심사에 맞추려 하지 말자

수 블랙, 던비대학

지멘스헬스케어, 터키

터키의 지멘스헬스케어 영업마케팅 부서에서는 최근 구조 조정과 리포지셔닝(repositioning)을 진행하며 비즈니스 모델과 비전에 관해 토론했다. 토론의 결론은 비전 캔버스 5단계를 바탕으로 도출되었다.

에니스 소네멜, 터키 지멘스헬스케어 대표

연결된 비전

아베리오 차일드케어 트러스트의 CEO인 샐리앤 켈리는 명확한 전략을 수립해야만 했다.
그녀는 지속 가능한 실질적 변화를 추진하기 위해 조직의 모든 부서가 함께 참여해야 한다는 사실을 깨달았다.

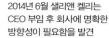

2014년 6월 샐리앤 켈리는 CEO 부임 후 회사에 명확한 방향성이 필요함을 발견	2014년 7월~8월 CEO는 회사의 관점을 찾기 위해 사내 모니터링을 실시	2014년 12월 이사들과 함께 비전과 전략 캔버스 5단계 작업 개시	2015년 1월 5단계 작업과 연계하여 전략의 초안을 만들고 이사회에 발표	2015년 1~2월 300명 이상의 직원(조직 구성원의 43%)의 피드백을 받아 사업 전략의 실용성 확보	2015년 2월 최종 전략 구체화 및 수정 + 3개년 계획의 첫해 사업 계획 수립

마인드펄

마인드펄은 홍보 방식을 바꿔야 했다. 회사가 사용하는 언어는 너무 복잡하고 고객과 동떨어져 있었다. 우리는 어디서 왔고, 우리는 무엇이며, 앞으로 무엇이 되고 싶은지를 바탕으로 명확한 비전을 정의했다. 임직원들은 비로소 회사의 정체성을 이해하고 말과 행동을 맞춰나갈 수 있었다.

카린 데일, 마인드펄 대표

이제 나도 1페이지로 전략을 발표하고 공유할 수 있게 되었다.

크레이그 모한, CME그룹 – 마켓테크놀러지 앤 데이터서비스, 시카고

방탄 비전

커버스토리 작업을 하던 중, 방탄복 팀이 "오바마가 부인의 크리스마스 선물로 돌체앤가바나의 방탄(bulletproof) 드레스를 선물하다"라는 홍보 문구를 제안했다. 사람들은 그저 웃어넘겼다. 처음엔 그것이 어떤 의미였는지 아무도 몰랐던 것이다. 그것은 그저 투박하게 생긴 방탄 재킷이나 조끼를 의미하는 것이 아니라, 패션감각을 살린 방탄복이 필요하다는 것을 어필하는 문구였다. 일부 부자와 유명인들에게는 패션감각을 살린 방탄복 수요가 분명히 있을 수 있었다.

부서별 비전

정형외과, 피부과, 종양학과, 가정학과는 각각 독립된 비전을 만드는 책임을 맡았다. 우리는 독립된 비전을 함께 만들어나가는 과정이 흥미롭고 생산적이며 효율적이란 사실을 곧 알게 되었다. 비전이란 서로 조율하는 것이다. 비전의 중심에 고객을 두었다. 이것은 큰 진전이었다. 우리는 지금껏 고객 중심의 관점보다는 전문성과 우수한 치료를 우선시하는 관점을 갖고 있었기 때문이다. 새로운 비전을 디자인하고 나서 병원 내부 및 외부 소통이 강화되었다. 우리는 비전의 비주얼화와 행동을 통해 분명한 스토리를 만들어냈다.

프릿츠 반 메로드, 마스트리크트대학병원

55

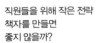

직원들을 위해 작은 전략 책자를 만들면 좋지 않을까?

2015년 3월
이사회에서 전략 발표

2015년 4월~7월
직원 대상 전략 워크숍 개최
(전략은 나에게 어떤 의미인가?
어떤 행동을 할 것인가?)

2015년 4월
전략을 비주얼화한 작은 책자를 만들어 감사 편지와 함께 전 직원에게 전달

2015년 5월~12월
첫 해 전략 실행. 비전을 지지하기 위한 새로운 계획 실행

2016년 1월
전략 점검의 날. 만들기, 측정하기, 배우기 순환 구조 실시

미래 **비전**

비즈니스 맥락에서 비전이라는 말을 들을 때, 대부분의 사람들은 하품부터 한다. 비전은 대개 모호하고 불분명하기 때문이다. 아니, 솔직히 말해 흥미로운 구석이라곤 전혀 없다. 그러나 잘 설계된 비전은 행동, 발명, 혁신을 이끌어내는 슬로건이다.

비전은 나침반

미래를 향한 시각으로 관점을 만들고자 할 때, 조직을 올바르게 목표로 인도해주는 것이 바로 비전이다. 분명한 비전은 과녁과 같은 역할을 하여 대담한 전략적 선택을 할 수 있도록 돕는다. 분명하고 설득력 있는 비전은 새로운 비즈니스 모델 탐색의 동력이 될 뿐만 아니라, 슬로건처럼 당신과 동료들이 앞으로 할 모든 일에 새로운 방향을 제시한다.

매일 서로에게 이런 질문을 해보자. 지금 우리가 하고 있는 일련의 행동, 활동, 실험, 프로젝트는 우리의 비전을 실현하는 데 도움이 되는가? 대답이 '아니요'라면 더 이상 시간과 에너지, 돈을 낭비하지 말자. 비전은 일종의 나침반으로 고객과 이해관계자가 중요하다고 생각하는 일을 하도록 안내한다. 비전은 사람들에게 영감을 불어넣고, 사람들의 관심을 사로잡으며, 사람들을 역동적으로 만든다.

비전 진술서가 비전의 모든 것은 아니다

비전 진술서는 미래에 관해 더 풍부한 스토리를 끌어낼 때 사용하는 헤드라인이다. 비전 진술서는 조직이 중·장기적 미래에 성취하거나 달성하고자 하는 것에 관한 열망을 담고 있다. 그러나 실제로 그것이 유용하게 쓰이려면 (또한 강력한 힘을 발휘하려면) 조직이 어디를 향하고 있으며 언제 도달하고 싶은가를 넘어, 어떻게 도달할 것인지에 대해서도 반드시 적어놓아야 한다.

비전 진술서를 넘어선 비전!

비전 설계의 첫 번째 단계는 비전 진술서를 넘어서는 것이다. 비전은 비전 진술서, 기본 주제, 그리고 비전의 사례를 모두 다루어야 한다. 만일 비전이 미래를 위한 슬로건으로 여겨지길 바란다면, 반드시 조직 구성원 전체가 함께 설계하거나 - 혹은 적어도 구성원들의 의견이 포함되어야 한다. 비전 설계 과정은 현실적인 중장기 목표뿐 아니라 조직이 신조로 삼고 있는 가치를 반드시 고려해야 한다.

비전은 높은 수준의 전략과 사업적 요소, 그리고 그것들의 뒷받침이 되는 가치와 주요한 목표의 윤곽을 보여줘야 한다. 이를 통해 사내에 있는 여러 팀은 비전에 진술된 목표를 성취하기 위한 다양한 전략을 개발할 수 있다. 비전이 하나로 통일되면, 직원들은 모두 같은 마음으로 마치 한 명의 드럼 연주에 맞춰 행진하는 악대처럼 같은 방향으로 걸어간다. 비전은 미래를 향한 북극성이다.

실용적인 비전에 관한 세 가지 구성 요소

실용적이며 의욕을 고취하는 높은 수준의 비전을 갖고 싶으면 ① 가까운 장래(2~5년 후)에 예상되는 조직의 위상 ② 구성원에게 영감을 주고 구성원을 고무하는 슬로건 ③ 비전 성취를 위한 중요한 단계라는 세 가지 내용이 비전에 포함되어야 한다.

그것 때문에 잠을 설치진 말자

덴마크에 본사를 둔 침대 설계 및 제작 회사 아우핑의 CEO 아트 루스는 아주 색다른 방식으로 비전을 디자인 해보기로 결심했다. 고객과 고립된 채 회의실에서 경영진이 모여 비전을 만드는 대신, 고객과 함께 비전을 만들어 보기로 한 것이다.

고객들은 잠에 대해 이렇게 말했다. "잠이란 나에게 가장 중요한 것이다. 건강과 에너지를 느끼게 해주며, 진정 살아갈 수 있는 힘을 준다."

그러자 회사 내 모든 커뮤니케이션은 침대 제작에 대한 기술적 내용보다, 고객들이 침대 사용에 있어서 중요하다고 생각하는 것을 발견하는 데 초점을 두게 되었다. 슬로건도 바뀌었다.

"아우핑과 함께하는 밤, 더 좋은 하루를 드립니다."

아트 루스
아우핑 CEO

57

어디서 시작할 것인가

슬로건이 될 비전을 만들고자 한다면, 팀을 모아서 그들에게 미래를 설계할 수 있는 권한을 부여하자. 이는 에너지, 재미, 창의력, 야망을 연결하는 과정이다. 일단 시작했다면 꿈을 크게 갖자. 일상 업무에 대한 걱정은 버려라. 팀원과 함께 브레인스토밍을 통해 의견을 나누다 보면 중장기 미래에 조직이 어디쯤 있을지를 알게 된다.

앞으로 몇 년 사이에 우리 조직이 해결하고 싶은 문제가 무엇인지 스스로에게 묻자. 성취하고 싶은 것은 무엇인가? 목표로 삼는 고객은 누구이며, 그들과 무엇을 하고 싶은가? 향후 비즈니스 모델은 어떻게 변해 있을 것인가?

무엇이 비전을 지지하는가

팀원과 함께 머리를 맞대고 미래에 관한 아이디어들을 모아나가다 보면 조직, 전략, 비전을 지지하는 데 도움이 될 만한 다른 측면을 포착하게 된다. 비전을 뒷받침할 다양한 측면을 포착할 수 있도록 스스로에게 (그리고 팀에게) 다음과 같이 질문하자. 왜 우리인가? 왜 지금인가? 비전을 지지하기 위해 조직이 소중히 여기거나 행하고자 하는 가치는 무엇인가? 조직이 가진 어떤 측면과 어떤 부분이 – 어쩌면 추세가 – 우리의 비전을 더욱 북돋아줄 것인가?

비전 캔버스 5단계

그로브 컨설턴트 인터내셔널의 데이비드 시베트가 개발

종이에 비전을 장황하게 써놓는 것만으로는 긍정적이고 미래 지향적인 변화를 만들 수 없다. 무엇을 위해 함께 싸우는지를 알고 목표 지점에 도달하기 위해서는 어떤 단계가 필요하고 또한 어떤 행동을 해야 하는지 조직 구성원과 합의하고 공유해야 한다.
비전 캔버스 5단계는 조직 내 많은 팀을 조정하는 데 사용할 수 있는 완벽한 도구다.

단계별 행동

비전 캔버스는 비전 전체의 설계뿐 아니라 비전 성취를 위한 다섯 단계의 구체적인 설계에도 도움을 준다. 더 나아가, 팀원들은 이 도구를 사용하여 비전을 뒷받침하는 요소가 무엇인지, 어떠한 도전이 생길지, 어떤 기회가 만들어지는지를 분명히 알게 된다. 무엇보다도 비전 캔버스는 비즈니스 모델과 전략 수립을 위한 디자인 기준을 끌어내는 데 도움이 된다.

집단 비전 진술서

비전 진술서는 회사의 미래 청사진으로 여겨질 때가 많지만, 실제 효과는 그 이상이다. 비전 진술서는 영감을 불러일으키며 모든 전략적 계획을 위한 뼈대가 된다. 최초의 비전 진술서를 만들 때는, 근본적으로 비즈니스에 대한 이상향을 분명히 표현함으로써 모두가 함께 달성하기 위해 노력할 것이 무엇인지를 상기할 수 있도록 신경 써야 한다.

비전 진술서는 전체 조직 혹은 부서와 같은 작은 조직에 적용될 수 있다. 조직 전체에 적용되었건 혹은 일부 부서에 적용되었건 상관없이 비전 진술서는 "우리는 어디로 가고 싶은가"라는 질문에 대한 답을 제시한다.

구체적 지침

비전 캔버스가 갖고 있는 가장 훌륭한 면모는 행동, 뒷받침 요소, 기회, 도전 등을 포함하는 비전 전체를 오직 종이 한 장에 다 담고 있다는 점이다! 의사 결정자들은 (그리고 실행자들은) 비전 캔버스를 보면서 작업 과정에서 필요한 구체적인 지침을 아주 쉽게 파악하고 그 내용을 공유하며 이해한다. 가장 좋은 점은 비전 캔버스를 바탕으로 비전을 가시화할 경우, 구성원들이 그 개념을 공유하고 확산하는 데 도움이 된다는 것이다.

준비 … 땅!

비전 구성을 위해 여러 가지 접근 방법을 모색하고 그 과정을 직접 지휘하는 경우, 필요한 사람을 적소에 개입시켜야 한다. 여기에는 의사 결정권자뿐 아니라 모든 구성원이 포함된다. 곧바로 행동에 착수할 수 없고 분명한 메시지를 전달할 수 없는 비전은 제아무리 잘 만들어졌다 하더라도 인쇄된 종잇장에 불과하다.

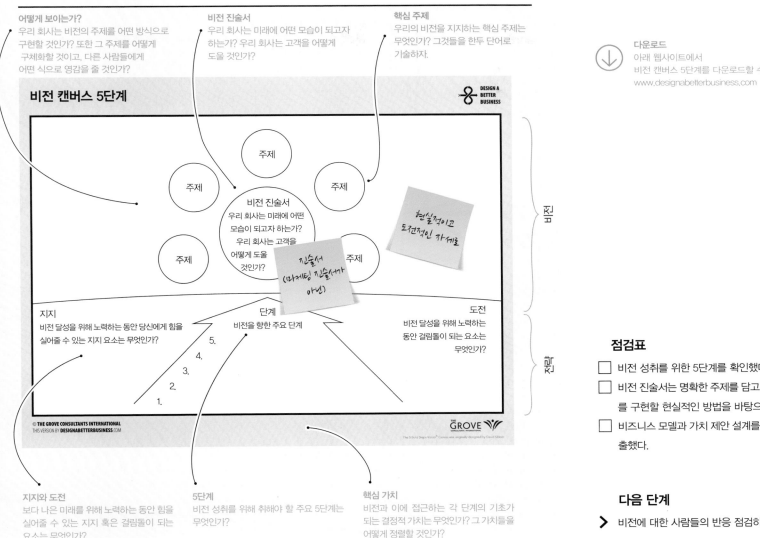

어떻게 보이는가?
우리 회사는 비전의 주제를 어떤 방식으로
구현할 것인가? 또한 그 주제를 어떻게
구체화할 것이고, 다른 사람들에게
어떤 식으로 영감을 줄 것인가?

비전 진술서
우리 회사는 미래에 어떤 모습이 되고자
하는가? 우리 회사는 고객을 어떻게
도울 것인가?

핵심 주제
우리의 비전을 지지하는 핵심 주제는
무엇인가? 그것들을 한두 단어로
기술하자.

다운로드
아래 웹사이트에서
비전 캔버스 5단계를 다운로드할 수 있다.
www.designabetterbusiness.com

59

비전 캔버스 5단계

DESIGN A
BETTER
BUSINESS

주제

주제

주제

주제

주제

비전 진술서
우리 회사는 미래에 어떤
모습이 되고자 하는가?
우리 회사는 고객을
어떻게 도울
것인가?

진술서
(마케팅 진술서가
아닌)

현실적이고
도전적인 자세로

비전

전략

지지
비전 달성을 위해 노력하는 동안 당신에게 힘을
실어줄 수 있는 지지 요소는 무엇인가?

단계
비전을 향한 주요 단계

5.
4.
3.
2.
1.

도전
비전 달성을 위해 노력하는
동안 걸림돌이 되는 요소는
무엇인가?

© THE GROVE CONSULTANTS INTERNATIONAL
THIS VERSION BY DESIGNABETTERBUSINESS.COM

THE
GROVE
CONSULTANTS INTERNATIONAL

The 5 Bold Steps Vision® Canvas was originally designed by David Sibbet

지지와 도전
보다 나은 미래를 위해 노력하는 동안 힘을
실어줄 수 있는 지지 혹은 걸림돌이 되는
요소는 무엇인가?

5단계
비전 성취를 위해 취해야 할 주요 5단계는
무엇인가?

핵심 가치
비전과 이에 접근하는 각 단계의 기초가
되는 결정적 가치는 무엇인가? 그 가치들을
어떻게 정렬할 것인가?

점검표

☐ 비전 성취를 위한 5단계를 확인했다.

☐ 비전 진술서는 명확한 주제를 담고 있으며 그 주제
를 구현할 현실적인 방법을 바탕으로 하고 있다.

☐ 비즈니스 모델과 가치 제안 설계를 위한 기준을 도
출했다.

다음 단계

> 비전에 대한 사람들의 반응 점검하기.

비전 캔버스 5단계 ING은행

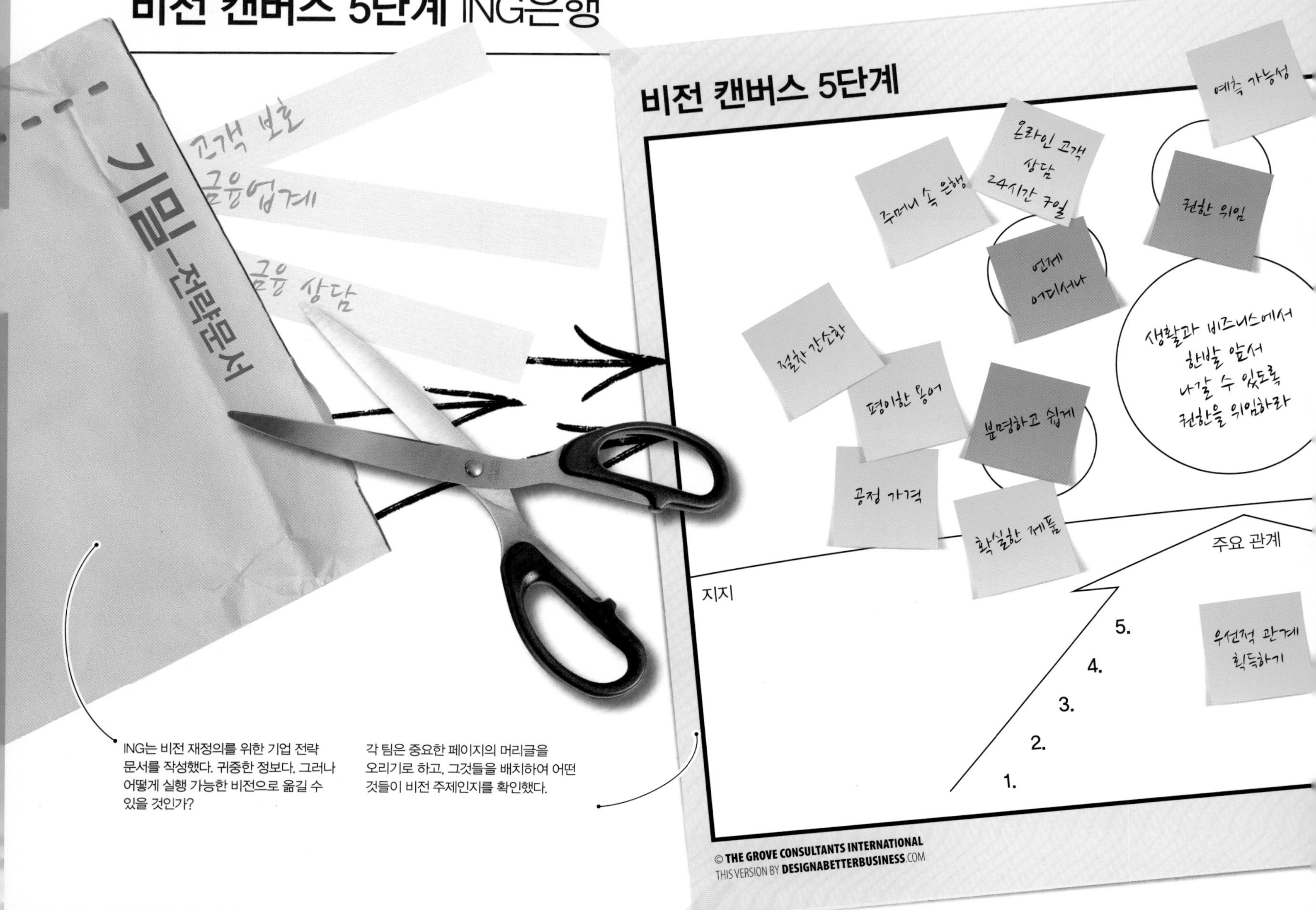

기밀_전략문서

고객 보호

금융업계

금융 상담

비전 캔버스 5단계

예측 가능성

온라인 고객 상담 24시간 구일

주머니 속 은행

권한 위임

언제 어디서나

절차 간소화

평이한 용어

분명하고 쉽게

생활과 비즈니스에서 한발 앞서 나갈 수 있도록 권한을 위임하라

공정 가격

확실한 제품

지지

주요 관계

5.

4.

우선적 관계 획득하기

3.

2.

1.

ING는 비전 재정의를 위한 기업 전략 문서를 작성했다. 귀중한 정보다. 그러나 어떻게 실행 가능한 비전으로 옮길 수 있을 것인가?

각 팀은 중요한 페이지의 머리글을 오리기로 하고, 그것들을 배치하여 어떤 것들이 비전 주제인지를 확인했다.

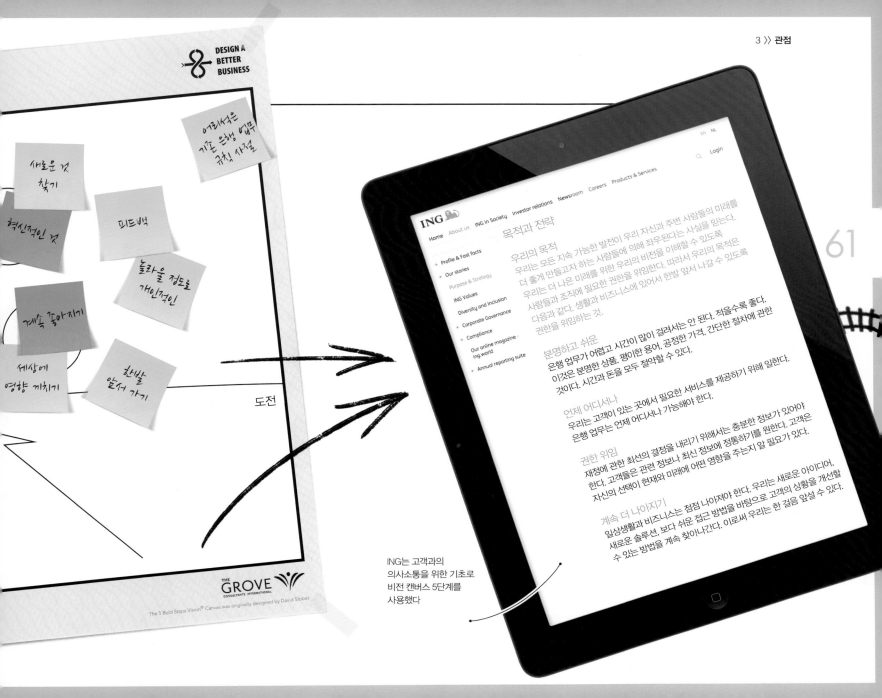

DESIGN A
BETTER
BUSINESS

새로운 것
찾기

어리석은
기존 은행 업무
규칙 사실

혁신적인 것

피드백

놀라울 정도로
개인적인

계속 좋아지기

세상에
영향 끼치기

한발
앞서 가기

도전

THE GROVE
CONSULTANTS INTERNATIONAL

The 5 Bold Steps Vision® Canvas was originally designed by David Sibbet

61

EN   NL

Login

ING in Society   Investor relations   Newsroom   Careers   Products & Services

ING

Home   About us

Profile & Fast facts

Our stories

Purpose & Strategy

ING Values

Diversity and Inclusion

Corporate Governance

Compliance

Our online magazine
ing.world

Annual reporting suite

목적과 전략

우리의 목적
우리는 모든 지속 가능한 발전이 우리 자신과 주변 사람들의 미래를
더 좋게 만들고자 하는 사람들에 의해 좌우된다는 사실을 믿는다.
우리는 더 나은 미래를 위한 권한을 위임한다. 따라서 우리의 목적은
사람들과 조직에 필요한 권한에 있어서 한발 앞서 나갈 수 있도록
다음과 같다. 생활과 비즈니스에 있어서 한발 앞서 나갈 수 있도록
권한을 위임하는 것.

분명하고 쉬운
은행 업무가 어렵고 시간이 많이 걸려서는 안 된다. 적을수록 좋다.
이것은 분명한 상품, 평이한 용어, 공정한 가격, 간단한 절차에 관한
것이다. 시간과 돈을 모두 절약할 수 있다.

언제 어디서나
우리는 고객이 있는 곳에서 필요한 서비스를 제공하기 위해 일한다.
은행 업무는 언제 어디서나 가능해야 한다.

권한 위임
재정에 관한 최선의 결정을 내리기 위해서는 충분한 정보가 있어야
한다. 고객들은 관련 정보나 최신 정보에 정통하기를 원한다. 고객은
자신의 선택이 현재와 미래에 어떤 영향을 주는지 알 필요가 있다.

계속 더 나아지기
일상생활과 비즈니스는 점점 나아져야 한다. 우리는 새로운 아이디어,
새로운 솔루션, 보다 쉬운 접근 방법을 바탕으로 고객의 상황을 개선할
수 있는 방법을 계속 찾아나간다. 이로써 우리는 한 걸음 앞설 수 있다.

ING는 고객과의
의사소통을 위한 기초로
비전 캔버스 5단계를
사용했다

비전 시각화 사례

첫 번째 비전 초안을 갖고 시각적인 문서를 만들었다. 이것을 사무실의 눈에 잘 띄는 장소에 걸어두고 모두가 영감을 얻을 수 있게 했다.

한 페이지에 담긴 비전

랄프 하머스 대표가 새로 부임했을 때, 회사는 새로운 전략을 준비하고 있었다. 금융 위기에서 벗어난 은행들은 앞으로 많은 핀테크 회사들과 경쟁하게 될 것임을 알게 되었다. 또한 고객들은 아마존과 스포티파이 같은 회사가 제공하는 아주 편리한 디지털 경험을 갖고 있어 은행에 대한 기대치가 높아진 상태다.

철저한 전략 검토 후에, 우리는 250쪽에 달하는 계획을 세웠다. 그러나 은행 전 직원에게 영감을 불어넣기 위해서는 이것을 압축해야만 했다. 모든 직원이 일관되게 전략을 이해하고 이를 공유하려면 어떻게 해야 할까?

우리는 전략, 전산, IR, 인사 팀으로 한 팀을 구성했다. 비전 캔버스 5단계 전략을 사용하여, '1페이지 전략'을 만들었다. 목적과 비전, 그리고 전략적 우선순위와도 연결했다. 한 페이지 전략은 분명한 방향을 제시했고, 은행 전 직원은 일관되게 전략을 해석하고 설명할 수 있게 되었다. 한 페이지 전략은 오늘도 여전히 우리를 이끌어가고 있다.

도로시 힐
ING은행 전략 팀 부사장

커버스토리 비전 캔버스

그로브 컨설턴트 인터내셔널의 데이비드 시베트가 개발

개인
비전
탐구하기

± 45분
압력솥

3~5명
그룹당 인원

당신이 생각하는 회사의 놀라운 미래(그리고 당신 자신의 놀라운 미래)는 어떤 모습인가? 가장 대담한 비전을 가진 사람은 누구인가? 만일 잡지 표지에 등장한다면 어떤 모습일지 상상해보자. 사람들은 어떤 이야기를 할 것인가?
커버스토리를 만들어보는 것은 미래 당신의 모습을 들여다 보게하는 데 도움이 된다.

그들이 쓰는 당신의 스토리

커버스토리 비전 캔버스는 미래 당신의 모습을 투영한다. 세상은 당신이 만들어나갈 미래에 어떻게 반응할 것인가? 이 도구가 (아마도) 즉시 사용할 수 있는 어떤 비전을 제공하지 못할수도 있다. 그러나 이미 알고 있는 안전한 영역, 그 너머를 생각하도록 당신을 고무한다. 그렇지 않고서야 왜 굳이 당신의 스토리를 세상에서 가장 많이 팔리는 잡지에 실어주겠는가? 이 캔버스는 실질적인 비전을 만들 때 필요한 많은 자료를 제공한다. 게다가 이 캔버스는 촉각적이고 시각적인 커뮤니케이션 도구로 수많은 피드백을 손쉽게 이끌어낼 수 있다.

잡지(또는 인터넷 전자 잡지)

커버스토리 작업을 시작하려면 팀원들이 모여 (여러 팀이 모이는 것이 훨씬 좋지만), 비전을 성취했을 때 어떤 잡지에 실리고 싶은지 깊이 있게 토론하자. 이런 대화가 중요한 것은 특정 잡지가 어떤 어조로, 어떠한 목소리를 내며, 어떤 독자층을 대상으로 하느냐에 따라 큰 차이가 생길 수 있기 때문이다. 어떤 결정을 내리게 되든지, 이런 대화가 얼마나 재미있고 고무적인지를 금방 알게 된다.

헤드라인

잡지를 결정했으면 헤드라인으로 옮겨갈 차례다. 당신 생각에 가장 영감을 주는 중요한 헤드라인은 무엇인가? 당신의 아이디어는 세상을 (혹은 최소한 당신의 조직을) 어떻게 바꾸고 있는가? 이 기사는 기본적으로 당신이 이루어낸 주요한 성취에 관해 이야기하겠지만, 어디에서 출발했으며, 어떻게 '아하!'의 순간에 도달했는지에 관해서도 말할 것이다. 헤드라인을 뒷받침할 사실이나 숫자는 무엇인가? 이런 것들을 포착하자.

잡지 기사에는 대부분 인터뷰가 실린다. 어떤 질문을 받고 어떻게 답변할 것인가? 당신의 시각을 어떻게 드러낼 것인가? 소셜 미디어에서 사람들은 어떤 얘기를 할 것인가?

이제 재미있는 부분이다! 당신의 스토리를 그림으로 그려보자. 잡지는 매우 시각적인 매체다. 커버스토리를 시각적으로 만들어보자. 표지에는 누가 혹은 무엇이 있는가? 이것은 어떻게 독자의 관심을 끌 것인가?

커버스토리에 관한 자세한 내용은 데이비드 시베트의 〈비주얼 미팅〉을 참고하자.

표지
표지를 생생하게 만들자. 스티커 메모를 붙이는 데서 그치면 안 된다. 직접 그림을 그리거나 잡지에 나오는 사진을 오려 붙이자.

헤드라인
눈이 튀어나올 정도로 깜짝 놀랄 만한 헤드라인을 써보자. 사람들이 하던 일을 멈추고 이 기사를 읽게 만들 만한 헤드라인은 무엇인가?

요점
요점은 무엇인가? 기사에는 무엇이 성취되었다고 말하고 있는가?

다운로드
아래 웹사이트에서 커버스토리 비전 캔버스를 다운로드할 수 있다.
www.designabetterbusiness.com

65

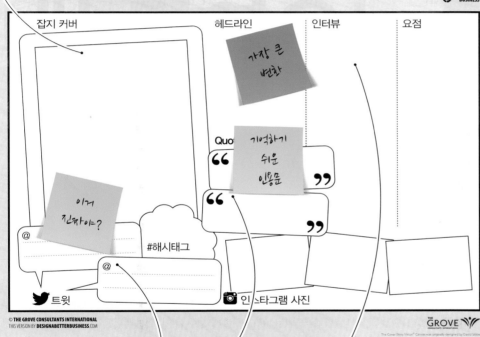

점검표

☐ 커버스토리에 관해 동료들과 이야기를 나누었다.

☐ 매력적이고 시각적인 표지로 비전을 구체화했다.

☐ 당신은 (당신 회사는) 안전지대 밖으로 나왔다.

☐ 5년 내에 실현될 수 있는 비전을 만들었다.

다음 단계

> 비전 캔버스 5단계를 사용하여 커버스토리를 구체적으로 만들기.

> 비전이 다른 사람들에게 어떤 반향을 불러일으키는지 점검하기.

소셜 미디어
소셜 미디어와 인스타그램 사진을 이용하여 당신의 스토리를 더 멋지게 만들자. 무엇이 리트윗될 것인가?

인용
긍정적인 인용만 언급하지 말자. 경쟁자와 비평가 등이 어떻게 반응할 것인지 자문하자.

인터뷰
인터뷰에서 누가 당신의 스토리를 말하게 할 것인가? 동료인가, 고객인가? 무엇에 관한 인터뷰인가?

비전 집중 탐구

고객에게 물어보자

새로운 통찰을 가지고 신선한 관점으로 비전을 바라보자. 이렇게 할 수 있는 방법은 몇몇 고객에게 비전 캔버스 5단계 작업을 도와달라고 요청하는 것이다. 요청받은 고객은 당신에게 무엇을 기대할 것인가? 그들에게 중요한 것은 무엇인가? 당신의 미래에 대해 생각해달라고 요청받은 고객이 그것을 얼마나 영광으로 생각하는지를 알면, 당신은 깜짝 놀랄 것이다!

비전 무드보드

잡지를 잔뜩 모은 후, 팀원 모두에게 가위와 풀을 나누어 주자. 비전에 관한 무드보드(moodboard)를 만들다 보면, 비전 캔버스 5단계 구조를 전부 이용할 수 있게 된다(가운데에 비전 진술서, 그 주위에 주제, 그 밑에 5단계 + 가치). 이 도구는 미래 비전을 향한 첫걸음에 대해 많은 대화를 나눌 수 있는 훌륭한 자료인 동시에 아름다운 그림을 제공하기도 한다.

비전 매거진(커버스토리)

팀과 함께 비전 매거진 작업을 하자. 사람들의 생각을 수집하자. 그들의 비전은 무엇인가? 어떤 주제가 수면 위로 떠오르는가?

미래를 보여주는 커버스토리를 디자인하자. 당신이 세상에 끼칠 큰 영향력, 잡지를 만들어 회사 전체에 배포하자. 이제껏 본 적 없는 가장 효과적인 부싯돌이 된다(64쪽 커버스토리 비전 참고).

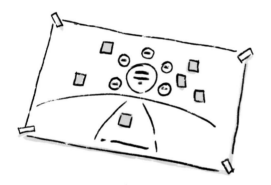

진술서와 주제로 시작하자

비전 진술서를 바탕으로 비전 캔버스 5단계 작업을 하는 방법도 있다. 이때 비전을 뒷받침하는 주제들도 함께 포함해야 한다. 팀원들이 회의를 할 때는 비전을 뒷받침하는 주제에 대해 신중하게 생각해야 한다. 각 팀은 5단계를 스스로 정의할 필요가 있다. 이 접근 방법의 경험에 관해 더 알고 싶으면, 60쪽에 나오는 ING 사례를 참고하자.

제로베이스에서 시작하자

효과적으로 작업을 시작하는 방법은 팀에 빈 캔버스를 주고 그들이 무엇을 내놓는지를 살펴보는 것이다. 함께 모여 의논하고 캔버스에서 동시에 작업하게 하자. 이것은 또 다른 영감을 얻고 더 좋은 비전을 설계하는 훌륭한 방법이다.

비전을 시각적으로 공유하자

비전 캔버스 5단계는 단상에서 프레젠테이션을 할 때 혹은 시각적 게시물로 보여줄 때, 이야기를 간결하게 전달할 수 있는 훌륭한 청사진이다(60쪽 ING 사례 참고). 당신의 이야기를 보여주는 최선의 방법은 비전 진술서로 시작하는 것이다. 비전의 주제들이 그것을 어떻게 입증하는지 보여주자(비전 주제들의 순위를 매기자). 각각의 주제가 어떻게 나타날 것인지 설명하자. 거기에 도달하기 위해 당신이 취해야 할 단계들을 설명하며 마무리하자.

디자인 기준

새로운 가치 제안, 비즈니스 모델, 혹은 미래를 위한 전략 등 그 무엇을 설계하든 당신이 추구하는 변화의 원칙과 표준을 만드는 것이 바로 디자인 기준이다. 디자인 기준은 어느 순간 허공에서 툭 떨어지는 것이 아니다. 오히려 그동안 만들어왔던 비즈니스, 비전, 고객 조사, 문화·경제적 맥락, 사고방식 등 모든 것에서 나온 정보를 바탕으로 이루어진다.

포커스
디자인 기준
정의하기

± 45분
세션

3–5명
그룹당 인원

디자인 기준이란 무엇인가?

디자인 기준을 아이디어의 특성 정도로 생각해서는 안 된다. 디자인 기준은 그 이상일 수 있고 그 이상이어야 한다. 예를 들어, 비전에 등장하는 디자인 기준이 '비즈니스는 반드시 더 푸른 지구를 위해 기여해야 하는 것'이라 가정해보자. 혹은 '고객을 즐겁게 해주는 것'이라 생각해보자. 그렇다면 비즈니스 아이디어를 3년 내에 일정한 수입을 창출하는 것으로 잡을 수 있을까? 만약 그렇다면 새로운 디자인 기준을 세워야 한다. 요약하면, 디자인 기준이란 당신이 올바른 방향으로 가고 있는지를 쉽게 알 수 있게 하는 것이다.

디자인 기준 만들기

당신이 포착하게 될 디자인 기준은 팀원들과 함께 만든 비전에서 나올 가능성이 높다. 가끔은 비전에 담긴 몇 가지 요소들이 너무나 중요해서, 다른 어떤 것과도 타협할 수 없는 경우가 생긴다. 이는 다른 요소들이 약간 더 융통성이 있음을 (아마도 완전히 융통성이 있는 것은 아닐지라도) 의미하기도 한다.

비전에서 가장 중요한 요소를 찾고자 한다면, 'MoSCoW' 방법을 사용해보자. 'Must(반드시 ~해야 한다)' 'Should(~하는 편이 좋다)' 'Could(아마 ~할 수 있을 것이다)' 'Won't(~하지 않을 것이다)'라는 평가 기준으로 모든 요소를 분류하면 우선순위를 정하는 데 도움이 된다. 이제 쉬운 일만 남았다(어쩌면 쉽진 않다. 그러나 누구나 할 수 있다). 타협 불가능한 모든 요소를 디자인 기준의

Must 부분으로 분류하고, 나머지는 (중요하다면) Should 부분으로, 혹은 (그것들이 있어서 좋다면) Could 부분으로 분류하자.

디자인 기준을 정했다 하더라도, 여기까지의 작업은 비전 스토리의 일부다. 매출, 시장에서의 위치, 당신이 끼칠 영향, 또는 당신 회사에 대한 대중적 인지도 등 다른 요소들을 포함해야 한다. 이와 같은 목록이 나오면, 각각의 우선순위를 바탕으로 Could, Should 혹은 Must 부분에 추가하자.

작업을 진행하다 보면 비전을 조금 수정할 필요가 있음을 발견하기도 한다. 그러면 수정할 수 있어야 한다. 새로운 방향에 맞게 디자인 기준을 다시 조정하자. 당신의 관점이 계속 발전할수록 디자인 기준도 추가되거나 업데이트된다.

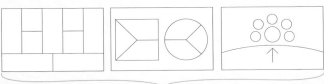

비즈니스 모델
캔버스, 가치 제안
캔버스, 비전
캔버스로부터
통찰한 자료를
디자인 기준 수립
과정에 투입하자.

69

디자인 기준 캔버스

DESIGN A BETTER BUSINESS

Must

Should

Could

Won't

Must
반드시 해야 하는 타협 불능의
요소

Should
하고는 싶지만 필수적이지는
않은 요소

Could
비전 실현에 직결되지 않는
요소

Won't
절대 해서는 안 될 타협
불능의 요소

점검표

☐ 중요하지 않은 기준을 제거함으로써 디자인
기준을 검토했다. 투표로 정하는 것도 좋다.

☐ 기준을 분명히 하고 수량화하기 위해 팀원들
과 함께 시간을 보냈다.

☐ 디자인 기준과 비전을 연결했다.

다음 단계

› 디자인 기준을 수량화하여 SMART로 만들
기(Specific 구체적, Measurable 측정 가능,
Achievable 성취 가능, Relevant 관련성,
Time—bound 시간 한계).

› 디자인 기준을 다시 한 번 논의하기.
그것은 여전히 타당한가?

디자인 기준 사례: ING은행

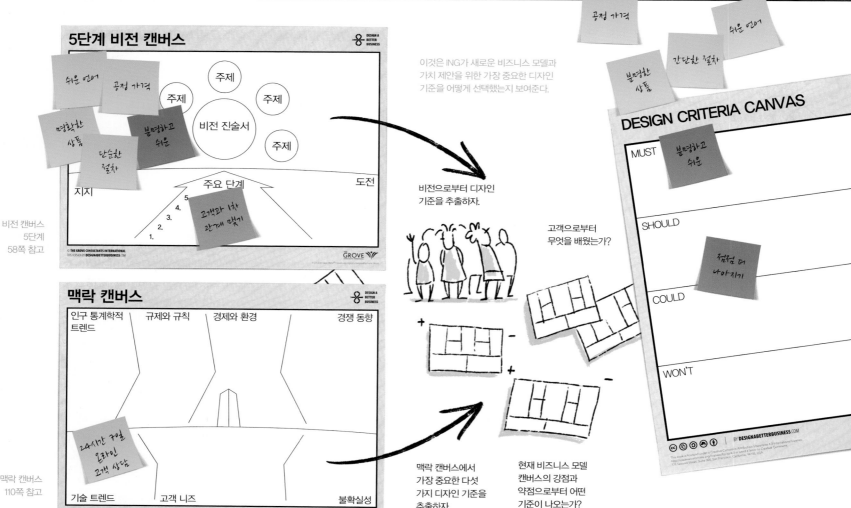

5단계 비전 캔버스

쉬운 언어
공정 가격
주제
주제
명확한 상품
분명하고 쉬운
비전 진술서
주제
단순한 절차
주제
지지
주요 단계
도전
고객과 1차 관계 맺기

비전 캔버스 5단계 58쪽 참고

이것은 ING가 새로운 비즈니스 모델과 가치 제안을 위한 가장 중요한 디자인 기준을 어떻게 선택했는지 보여준다.

비전으로부터 디자인 기준을 추출하자.

공정 가격
쉬운 언어
간단한 절차
분명한 상품

DESIGN CRITERIA CANVAS

MUST — 분명하고 쉬운

SHOULD

COULD — 점점 더 나아지기

WON'T

고객으로부터 무엇을 배웠는가?

맥락 캔버스

인구 통계학적 트렌드
규제와 규칙
경제와 환경
경쟁 동향

24시간 구일 온라인 고객 상담

기술 트렌드
고객 니즈
불확실성

맥락 캔버스 110쪽 참고

맥락 캔버스에서 가장 중요한 다섯 가지 디자인 기준을 추출하자.

현재 비즈니스 모델 캔버스의 강점과 약점으로부터 어떤 기준이 나오는가?

디자인 기준이 어디에 표현될 것인가?
비즈니스 모델인가? 가치 제안인가?

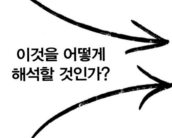

이것을 어떻게
해석할 것인가?

디자인 기준은 브레인스토밍 진행과
일상 업무에서 현명한 결정을 내리는
데도 도움이 된다

yes   NO

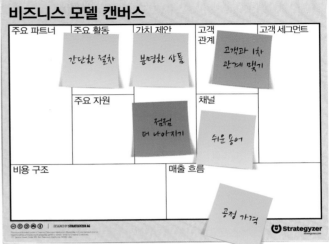

비즈니스
모델 캔버스
116쪽 참고

71

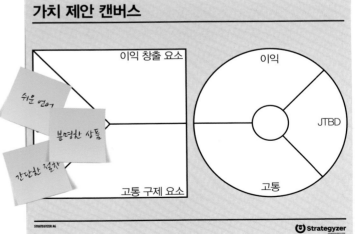

가치 제안
캔버스
106쪽 참고

스토리텔링 소개

인간은 매일 스토리를 만들어 말한다. 우리는 다른 사람에게 무언가를 설명하고, 탐구하고, 관심을 끌고, 설득하기 위해 스토리를 만든다. 디자인 여정 동안 좋은 스토리를 말해야 할 순간이 많다. 좋은 스토리는 하나의 디자인이다.

스토리는 인간의 본성이다

우리는 모두 타고난 이야기꾼이다. 어떤 사람은 스토리로 생계를 꾸려간다. 직장이나 학교 때문에 스토리텔링 기술을 발휘하지 못하는 사람도 있다. 또한 스토리를 만들어내지 않는 사람도 있다. 스토리는 발표 자료나 이메일, 스프레드시트로 대체될 수 없다. 다양한 도구를 활용하여 좋은 스토리를 전달할 수는 있지만, 먼저 자신이 말하고 싶은 스토리를 디자인해야 한다.

스토리

우리 모두가 아무리 타고난 이야기꾼이라 해도, 모든 사람이 제2의 헤밍웨이가 될 수는 없다. 하지만 위대한 스토리를 만들기 위한 묘책이 있다. 우리는 지금 여기에서 스토리텔링에 관한 광범위한 범주에 대해 이야기하고 있으며, 그것은 일대일 담소에서부터 멋진 테드(TED) 스타일 토크, 판매 광고, 심지어 임원을 상대로 하는 프레젠테이션까지를 포함한다. 이것은 모두 스토리다.

공유되는 지식

역사적으로 인류는 스토리를 통해 지식과 정보를 공유해왔다. 우리의 뇌는 스토리텔링으로 형성된다. 오늘날에도 여전히 스토리는 아이디어와 신념을 전달하는 가장 강력한 방법이다. 우리는 스토리 속에서 살고 그것을 흡수한다. 아마도 일상생활에서는 이것이 명백하지 않을지도 모르지만, 지식을 전달하는 것은 여전히 생존 박스에 있어야 할 필수 요소 중 하나다.

몰입

신경학 연구에 따르면, 이야기를 듣는 사람의 뇌와 말하는 사람의 뇌는 동일한 영역이 활성화된다. 이야기는 감정과 다른 감각들을 사로잡기 때문에 이야기를 듣는 사람은 그 순간 '완화'되며, 그것으로부터 실질적인 학습이 가능해진다. 이것은 종이 위에 적힌 숫자로는 결코 할 수 없는 일이다. 칩과 댄 히스 형제는 저서 〈스틱〉에서, 얼음으로 가득 찬 욕조에서 잠이 깬 후 자신의 신장 한 개가 없어진 것을 알게 되는 "그 남자"에 관한 유명한 전설을 전하면서 이러한 사실을 증명했다. 이 스토리를 기억하는가? 이 스토리는 간단하고 예상 밖이며, 구체적이고 믿을 만하며, 감정을 자극하기 때문에 기억 속에 오래 남는다.

파워포인트가 스토리를 죽인다

우리가 이렇게 타고난 이야기꾼이라면, 왜 우리는 파워포인트로 서로를 지루하게 만들면서 스토리를 죽이고 있는가? 우리 대부분이 스토리 디자인 방법을 제대로 배워본 적이 없기 때문이다. 학교에서조차 우리는 대부분 학문적 글쓰기와 프레젠테이션을 배웠는데 이것들은 모두 비감성적이고, 지나치게 객관적이며, 관심을 끌기보다는 정보를 공유하는 효과적인 방법에 불과했다.

스토리텔링 캔버스

여기 사람들이 듣고 싶어 하는 이야기를 쉽게 구성할 수 있는 스토리텔링 캔버스를 준비했다. 파워포인트 발표에는 아마 당신이 스토리를 통해 전달하고 싶은 감정적 깊이와 영향을 충분히 담기 어렵다. 하지만 디자인한 스토리를 파워포인트라는 매체를 통해 말할 수는 있다.

이 책에 나오는 다른 도구들처럼, 스토리 캔버스를 사용하여 스토리를 디자인하면 큰 반향을 불러일으킬 수 있다. 시각적이고, 참여적이며, 통찰력 있고, 절제된 방법과 영감을 불러일으키는 요소들을 가미한다면 말이다.

시각적 스토리에 관한 자세한 내용은 낸시 두아르테가 쓴 〈Resonate, 공감으로 소통하라〉를 참고하자.

대문자 S가 있는 스토리

스토리는 모든 문화에서 중요한 역할을 해왔지만, 전문 영역에서 사용되기 시작한 지는 그리 오래되지 않았다. 이는 스토리를 잘 다듬고 구성하기보다는 틀에 박힌 보고서가 더 쉬웠기 때문이다.

누구나 스토리를 말하고 있다는 것은 잘 알지만, 그것은 소문자 's'로 시작하는 스토리에 불과하다. 내가 말하고 있는 것은 설득력 있는 스토리 구조를 사용하여 당신의 아이디어를 소통하는 기술인, 대문자 'S'의 스토리다. 그것은 시작, 중간, 끝이 있고, 청중의 사고, 감정, 행동을 다른 상태로 움직이기 위해 긴장과 대조의 극적 원리를 사용하는 특별한 스토리다.

낸시 두아르테
작가, 두아르테 대표

73

스토리텔링 캔버스

써티엑스 개발

스토리를 디자인할 때 알아두어야 할 것은 반드시 목표가 있어야 한다는 것이다. 청중이 알거나, 느끼거나, 혹은 나중에 했으면 하는 것은 무엇인가? 목표를 선택적으로 가져갈 필요가 있다. 스토리 속에서 몇 개의 유효한 요점을 만들고 이를 유지하자.

개인
스토리
만들기

± 45분
압력솥

3–5명
그룹당 인원

청중

먼저 자신이 전달하고 싶은 것을 알아야 하고, 다음에는 청중이 누구인지를 이해해야 한다. 그들의 관심은 무엇인가? 그들이 왜 당신의 스토리에 귀 기울여야 하는가? 한 가지 형태의 스토리로는 충분하지 않다. 청중에 따라 스토리가 달라야 한다. 청중을 좀 더 잘 이해하기 위해 머릿속으로 청중에 관한 가치 제안 지도의 오른쪽 부분을 사용하거나 사용자 유형 지도를 그려보자.

사전과 사후

자신의 스토리가 의미 있는 것이 되려면, 어떻게 해서라도 청중을 변화시켜야 한다. 스토리텔링이 끝났을 때 청중의 신념, 감정, 지식이 변형되어야 한다는 말이다. 청중이 당신의 스토리를 듣기 전에 당신을 어떻게 생각할까? 그들은 지금 그것에 관심이 있는가? 당신이 스토리를 끝냈을 때, 청중이 무슨 생각을 하면 좋겠는가? 청중의 관점에서 그것을 정의하려고 노력하는 것이 핵심이다.

청중의 마음을 바꿀 수 있는 논점을 생각하고 반드시 합리적·정서적·윤리적 요점 목록을 만들자. 이를 뒷받침할 수 있는 증거는 무엇인가? 사례는 있는가? 일화는? 청중에 큰 반향을 일으킬 만한 요소를 찾자.

감정의 롤러코스터

좋은 스토리는 직선적이지 않다. 올라가는 곳과 내려가는 곳이 있다. 이제 감정적 롤러코스터를 어떻게 디자인할 수 있을지를 생각해볼 시간이다. 절정의 순간은 어디인가? 중요한 주장이 있는 곳이 바로 그 지점이다.

세 개의 막

대부분의 좋은 스토리들처럼 스토리 캔버스도 시작, 중간, 끝 세 부분으로 나뉜다. 시작에서 어떤 장면을 설정하고, 스토리의 골자를 중간에 놓고, 끝에서는 청중이 새로운 마음가짐을 갖게 하고 싶을 것이다. 논점, 사례, 일화 등을 나누어서 사용하자. 그리고 추가로 세 가지 파트에 약간의 유머를 삽입하자. 이제 감정의 롤러코스터를 다시 그려보고 아이디어를 바꿀 것인지 따를 것인지를 결정하자.

스토리 조각을 정리하는 동안 고려해야 할 것이 또 있다. 청중의 서로 다른 스타일을 너그러이 수용하는 것이다. 합리적이고 논리적인 청중은 당신의 스토리에 대한 선명한 이미지를 갖고 싶어한다. 그들에게는 스토리를 먼저 전달해야 한다. 하지만 합리적이고 논리적인 청중에만 신경을 쓰는 것도 좋지 않다. 감성적 청중도 있기 때문이다. 그들은 비교적 인내심이 있다. 하지만 그들을 위한 감성적 접근도 필요하다. 이런 것이 모두 충족되면 당신의 스토리에 대한 완벽한 청사진을 갖게 된다.

주제
스토리의 제목과
주제는 무엇인가?

목표
성취하고 싶은 목표는
무엇인가? 왜 이 스토리를
말하는가?

에너지
스토리가 전개되는 동안 청중의 감정적 롤러
코스터를 어떻게 생각하고 있는가? 그들은 언제
최고의 에너지를 가질 것인가?

청중
청중은 누구인가?
그들을 사용자 유형
지도로 그려보자!

75

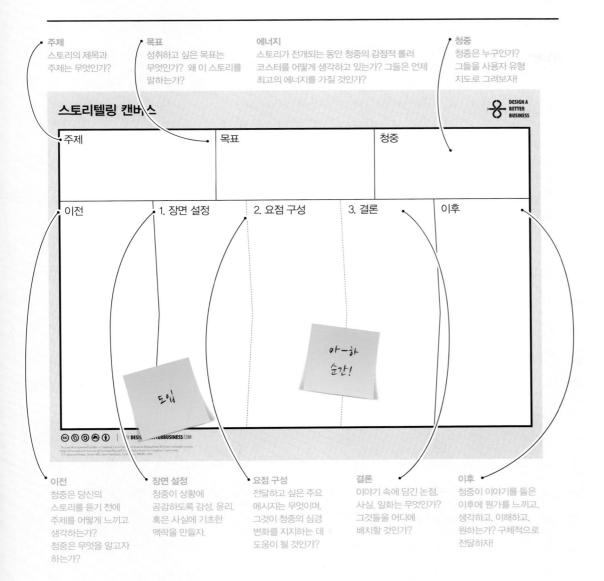

스토리텔링 캔버스

 DESIGN A BETTER BUSINESS

주제	목표	청중
이전	1. 장면 설정 2. 요점 구성 3. 결론	이후

도입

아―하
순간!

점검표

☐ 청중의 생각과 느낌에 대해 분명한 아이디
어를 갖고 있다.

☐ 요점을 구성하기 위한 분명한 논점을 준비
했다.

☐ 스토리를 끝맺기 위한 강력한 한 가지 결론
을 갖고 있다.

☐ 스토리가 전개되는 동안 에너지 관리 방법
을 알고 있다.

☐ 당신이 마주칠 수 있는 위장 폭탄들을 알고
있으며, 그에 대한 대안이 있다.

다음 단계

〉 스토리 테스트하기.

〉 시각적으로 구성하기.

〉 속도와 에너지 실험하기.
그것은 여전히 타당한가?

이전
청중은 당신의
스토리를 듣기 전에
주제를 어떻게 느끼고
생각하는가?
청중은 무엇을 알고자
하는가?

장면 설정
청중이 상황에
공감하도록 감성, 윤리,
혹은 사실에 기초한
맥락을 만들자.

요점 구성
전달하고 싶은 주요
메시지는 무엇이며,
그것이 청중의 심경
변화를 지지하는 데
도움이 될 것인가?

결론
이야기 속에 담긴 논점,
사실, 일화는 무엇인가?
그것들을 어디에
배치할 것인가?

이후
청중이 이야기를 들은
이후에 뭔가를 느끼고,
생각하고, 이해하고,
원하는가? 구체적으로
전달하자!

비주얼 스토리 텔링: 아우디

아우디의 사내 팀 하나가 미래 사업에 관한 새로운 아이디어를 제출하고 회사에 승인을 요청했다. 자동차 산업은 빠르게 변화하고 있어 빨리 회사를 설득하여 승인을 얻을 필요가 있었다. 팀은 다음과 같은 방법으로 이 문제를 해결했다.

스토리텔링 캔버스

강력한 브랜드

주제 — 교통의 미래

목표 — 회사의 승인

청중 — 회사 경영진

이전

1. 장면 설정 / 2. 요점 구성 / 3. 결론

이후

드론

자동차 안팎에서의 삶

자동차 외부에 존재하는 옵션

현재 비즈니스 상황

새로운 아이디어에 투자

선택의 자유

신기술

1 74~75쪽의 내용에 따라 캔버스를 작성하자. 반드시 모든 영역을 커버하자.

더 많아진 자동차

자율 주행 자동차

2 예술가의 도움을 받아 한 장의 캔버스에 스티커 메모들을 모두 넣자. 첫 번째 스케치를 만들자. 모든 블록이 올바르게 그려져 있는가?

BY DESIGNABETTERBUSINESS.com

3 스케치를 마무리하자. 이것은 당신의 스토리를 입증하고 공유하기 위한 훌륭한 화젯거리가 된다. 아우디는 큰 그림 1번을 선택했다. 캔버스를 사용하여 일련의 이미지, 애니메이션, 혹은 슬라이드 등으로 자료를 만들 수 있다.

스토리텔링 집중 탐구

아하!의 순간

아하!의 순간은 청중이 스스로 만들어낸다. 이 순간은 청중의 뇌 속에서 불꽃처럼 생긴다. 이것을 마치 농담처럼 생각하자. 당신이 농담을 하는 순간을 설정하고 만들어낼 수는 있지만, 지나친 설명에 웃어줄 사람은 없다. 중요한 포인트가 아하!의 순간이 되어야 한다. 그것을 지나치게 설명하려고 애쓰지 말자.

경고! 만일 당신이 투자자에게 제안을 하고 있다면, 당신 스토리의 청중이 반드시 고객일 필요는 없다. 투자자는 고객과 완전히 다른 니즈를 가지고 있다.

발표자 노트를 사용하자

대중 앞에서 어떤 스토리를 말할 때는 반드시 발표자 노트를 사용하자. 이 방법을 사용하면 슬라이드에 나온 내용을 읽어나가는 방식으로 발표할 필요가 없고, 훨씬 더 자연스럽게 이야기를 전달할 수 있다.

사전 연습

스탠드업 코미디언은 성공적인 공연을 위해 사전 연습을 많이 한다. 사전 연습은 거울을 보며 하는 예행 연습과 다르다. 이는 시작에 불과하다. 당신 스토리를 들어줄 실제 인물을 몇 명 찾자. 그들 앞에서 말하며, 그들이 언제 관심을 갖고 언제 혼란스러워하는지를 살피자. 언제부터 그들의 관심을 잃었는가?

소도구를 사용하자

다른 청취 스타일을 수용하는 것과 마찬가지로, 청중이 정보를 받아들이는 다른 방식도 고려할 필요가 있다. 어떤 사람은 시각 지향적이다. 소도구를 사용하여 관련 있는 것을 제공하면서 요점을 인식시키도록 노력하자.

확실한 갈무리

스토리를 끝낼 때는 갈무리를 확실하게 하자. 무대에 남아서 주제와 상관없는 말을 하는 것은 청중을 혼란스럽게 만든다. 청중은 마지막 한 마디 말을 기억한다. 그것이 무엇인가?

플랜 B를 준비하자

스토리를 전하는 것은 무서운 경험이 될 수도 있다. 항상 계획대로 진행되는 것이 아니기 때문이다. 요점이 제대로 전달되지 않는다고 판단될 때 사용할 플랜 B를 몇 개 준비하자. 미리 계획된 플랜 B 카드를 사용하자!

청중을 스타로 생각하기

당신이 준비한 스토리는 당신을 위한 것이 아니라 청중을 위한 것이다. 스토리를 통해 빛나야 할 사람은 청중이어야 한다.

문화를 고려하자

자신만이 알고 있는 문화를 청중에게 말한다면 서로 큰 충격을 받을 수도 있다. 다른 곳에서는 아주 효과가 있던 사례나 농담이 아무 효과가 없는 경우도 많다. 유럽에서 미국의 미식축구를 비유로 사용하는 것과 같다. 영국 외의 국가에서 크리켓에 대해 이야기하는 것과 같다. 스토리를 말하기 전에 테스트해보자!

영웅의 여정 캔버스

모든 영화 속 영웅의 운명은 분명하다. 모든 것이 좋게 시작되다가 영화 중간에 큰 좌절을 만난다. 이런 영웅 이야기의 역사적 방법은 완벽한 가이드라인이다. 영웅의 여정 캔버스를 사용하여 모든 빌딩 블록의 도표를 만들자.

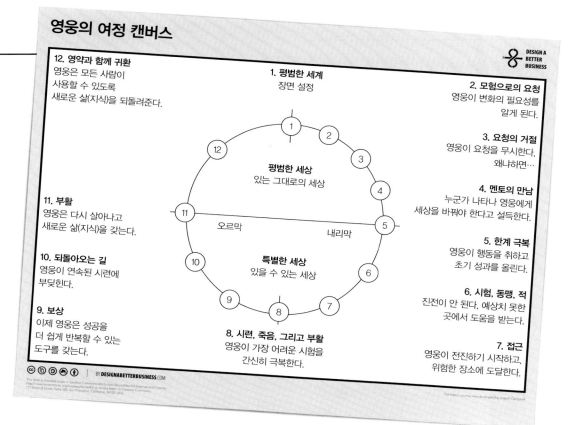

다운로드
아래 웹사이트에서
영웅의 여정 캔버스를 다운로드할 수 있다.
www.designabetterbusiness.com

보다 자세한 내용은
조셉 캠벨의 《천의 얼굴을 가진 영웅》을 참고하자.

지금까지

다음 단계

요약

반항아가 되자.

비전은 팀의 슬로건이다.

비전은 비전 진술서가 아니다.

디자인 기준은 변화의 기준이다.

영감을 주기 위해 스토리텔링을 사용하자.

81

네! 맞아요!
그것이 바로
당신의
의견입니다.

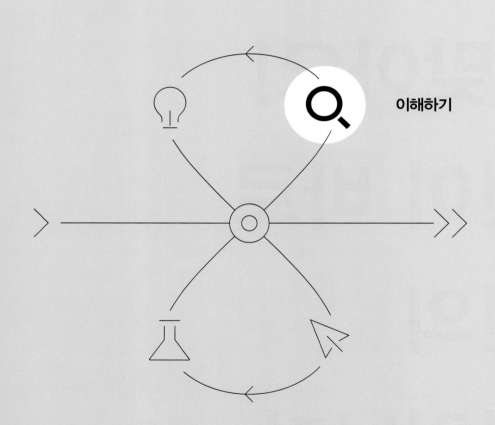

이해하기

디자인 여정 **이해하기**

고객 이해하기
맥락 이해하기
사업 이해하기

이해하려 노력하자

새로운 변화를 만들어내든 신제품을 개발하든 결국 모든 활동은 사람을 위한 것이다. 사람은 조직 내부와 외부 어디에나 존재한다. 이들은 당신의 비즈니스 모델 내부뿐 아니라 외부의 모든 곳에 다양하게 존재한다.
이것을 이해해야만 성공을 디자인할 수 있다.

당신은 지금 어디에 있는가

디자이너라면 자신의 비즈니스 세계를 완벽하게 이해하고 있어야 한다. 이것은 스타트업이든 영리 기업이든 비영리 기업이든 모두에게 중요하다. 고객은 물론 경제 환경(트렌드, 규제, 경쟁자 등)과, 비즈니스 내부의 메커니즘에 관해서도 알아야 한다. 이 모든 요소가 당신 비즈니스의 DNA이기 때문이다.

무엇이 중요할까? 가장 효율적인 비즈니스의 변화, 전략, 혁신 등은 소음 속에 가려진 진짜 신호를 찾는 과정에서 발견된다. 이것들은 비즈니스의 안전지대(익숙한 것)의 밖에 존재할 수도 있다. 어떤 상황에서는 안전지대에 있다는 것이 좋은 변명거리가 되기도 한다. 하지만 직접 낯선 도로를 거닐어보지 않고서야, 그곳에 무엇이 있는지 어떻게 알 수 있겠는가?

이해하는 법을 완전히 익혀야 좋은 비즈니스를 디자인할 수 있다. 디자이너는 적극적으로 익숙한 곳에서 벗어나 남들이 '비효율적'이며 '쓸모없다'라고 생각하는 것을 탐구하고 실험해야 한다. 안전지대 밖에서 시간을 보내는 것이, 실은 더 다양하고 넓은 안전지대를 창조하는 것이다. 이를 통해 더욱 다양한 세계관을 갖게 되고, 새로운 관점에 영향을 주는 흥미진진한 사실을 찾아낼 수 있다.

탐험은 늘 새롭고 멋진 혁신을 창조할 뿐 아니라, 비즈니스의 숨겨진 강점과 약점을 발견하게 한다. 예를 들어, 고객이 왜 경쟁사 제품을 구입하는지 이해하는 것은 당신의 사업을 더 깊이 있게 파악하는 데 도움을 준다. 어쩌면 고객 니즈는 내가 생각했던 것이 아닐 수 있다. 당신의 고객, 환경 그리고 사업에 대한 깊이 있는 탐험은 새로운 통찰을 가져다주며, 어떻게 비즈니스를 해야 하는지에 대한 더 나은 감각을 갖게 한다.

어떤 핑계를 대는가

미지의 세계를 탐험하는 것은 쉬운 일이 아니다. 익숙하고 안전한 사무실 밖으로 나가는 것은 누구나 두렵다. 사무실 책상 위에서 작성한 보고서는 완벽해 보인다. 특히 대기업의 경우 더 그렇다. 완벽한 실행을 요구하는 것과 새로운 관점은 어울리지 않는다. 세상을 손쉽게 '맞는 것'과 '틀린 것'으로 나눌 수 있다면, 모든 것이 수월하다. 사실 이런 태도는 세상의 평판과도 무관하지 않다. 항상 옳게 보이는 사람이 존경받고, 익숙하지 않은 것을 시도하는 사람은 외면당한다. 하지만 스스로에게 질문해보자. 세상이 옳다고 하는 것을 그냥 받아들이겠는가? 혹은 성공을 원하는가? 사실 탐험에 드는 실제 비용은 매우 적다. 대부분 시간이 문제다. 그 이상도 그 이하도 아니다. 모두가 한결같이 찬성하는 상황은 역설적으로 위험에 대한 경고이기도 하다. 일상적인 비즈니스 환경과 비즈니스 밖의 탐험 사이에 균형이 있어야 한다.

스트레스받지 말자

새로운 탐험적 방법으로 전환하는 과정에서 불확실과 스트레스가 생기는 것은 당연하다. 기존의 것과 대립하는 자료를 수집하기 위해서는 새로운 사고방식이 필요하다. 시간을 가지고 천천히 관찰하는 동안, 이미 알고 있는 사실에 새로운 정보를 즉시 대입하고 싶은 유혹이 생긴다. 그러나 분석과 판단을 조금 미루자.

시간이 지나면, 새로운 통찰과 정보를 갖고 일하는 방식을 배우게 된다. 익숙한 곳에서 벗어나 안정과 불안정 사이에서 균형을 잡는 본능을 발달시키게 된다. 세상이 어떻게 비즈니스와 고객의 태도에 영향을 끼치는지, 고객의 어려움은 무엇인지, 고객이 무엇을 좋아하는지 혹은 싫어하는지에 관한 지속적이고 새로운 정보의 흐름을 경험할 수 있다. 당신의 고객, 환경 그리고 비즈니스를 더 많이 관찰할수록 당신의 관점을 더 널리 알릴 수 있으며, 디자인 여정은 점점 효과적으로 변한다.

고객을 이해하자

결국 고객이 가장 중요하다. 고객이 어떤 가치를 중요하게 생각하는지 모른다면, 그들과 올바른 관계를 유지하기란 쉽지 않다. 고객을 변덕스럽고 위험한 존재로 가정하자. 그리고 사무실 밖으로 나가 고객이 필요로 하는 것이 무엇인지 찾아내자. 그래야 후회하지 않는다!

맥락을 이해하자

자신이 어떤 분야에서 활동하고 있는지를 이해해야 한다. 당신의 비즈니스에 영향을 주는 핵심 동인은 무엇인가? 어떤 트렌드가 있는가? 변화가 예상되는 경제·정치적 기류는 무엇인가? 파악하지 못하고 있는 것은 있는가? 누구와 함께하고 있는가? 누가 경쟁자고, 새로운 플레이어가 존재하는가? 세상은 변한다. 당신도 함께 변해야 한다.

비즈니스를 이해하자

당신이 원하는 변화를 만들고 싶으면, 비즈니스가 움직이는 원칙을 이해해야 한다. 당신은 어떤 가치를 어떤 방식으로 만들고 있는가? 고객은 그 가치를 인정하는가? 이러한 것을 생각해볼 필요도 없는 것으로 여겨서는 안 된다. 사실 비즈니스의 가치를 만들고 전파하는 동력이 무엇인지를 파악하기란 쉽지 않다. 자신의 비즈니스가 어떻게 움직이는지 이해하고 설명할 수 있다면, 경쟁사의 비즈니스 모델 또한 쉽게 분석할 수 있다. 이는 단순히 경쟁사를 모방하려는 것이 아니라, 그들이 문제를 어떻게 혹은 다르게 풀어나가는지를 이해하는 것과 같다.

85

관찰 완전 정복

관찰은 고객을 이해하고 고객을 생각하는 방식에 큰 영향을 준다. 관찰은 당신의 관점을 알리거나 고객에 대한 가정을 검증하는 데 도움을 주기도 한다. 하지만 다른 도구들과 마찬가지로, 세상을 관찰하는 방법에는 옳은 것과 그렇지 못한 것이 있다.

벽에 붙은 파리가 되자

커피 혹은 차를 한잔 마시기 위해 카페에 앉아 있다고 생각해보자. 사람들은 설탕 봉지를 어떻게 개봉하는가? 곧 그 답을 이야기할 테니, 우선은 아래 내용을 읽어보자.

관찰은 고객을 보는 관점에 영향을 미치고, 고객을 보다 잘 이해하도록 돕는다. 관찰은 혁신의 방식을 바꾸기도 한다. 하지만 다른 도구들과 마찬가지로, 세상을 관찰하는 방법에는 옳은 것과 조금은 옳지 못한 것이 있다.

당신의 목적은 잠재 고객을 살피면서, 잠재된 고객의 니즈, 욕망, 그리고 야망(고객조차 인지하지 못하나 실제로 필요로 하고 원하는 것)을 발견하는 것이다. 고객조차도 그것을 제대로 표현하지 못한다. 사람들이 그저 건강을 유지하기 위해 조깅을 할까? 혹 주말에 먹은 피자에 대한 죄책감으로 달리는 것일 수도 있다. 다른 상황에서 지켜보면 쉽게 알 수도 있다.

벽에 붙은 파리가 되자

가장 좋은 관찰 방법은 마치 벽에 붙은 파리처럼 가만히 사람들의 일상을 지켜보다가 중요한 순간을 포착하는 것이다. 고객이 일상적으로 내리는 의사 결정은 중요한 단서가 된다. 오늘 혹은 내일 무엇을 할지 선택하고 결정하는 것이 결국 그들의 행동을 이끌어낸다. 물론 관찰을 통해 얻고자 하는 것을 그들에게 말할 필요는 없다. 그저 시간을 두고 지켜보자. 그들은 당신이 없는 것처럼 자연스럽고 무의식적으로 행동해야 한다.

빈손으로 가지 말자

고객 관찰 전에 미리 계획을 세워야 한다. 관찰할 주제를 먼저 정의하자. 어떤 사람을, 어떤 활동을, 또 어떤 태도를 관찰할 것인가? 관찰하고 싶은 환경과 위치를 미리 검토하자. 시간에 따른 고객의 동선을 생각해보았는가? 사람들은 하루 동안 다양한 활동을 한다. 그래서 동선을 파악하는 것이 중요하다. 예를 들어 사람들이 운동하는 모습을 관찰하고 싶다면 아침과 저녁에 공원이나 헬스장, 운동장 트랙에 가야 한다. 발견한 것을 기록할 노트, 카메라, 스케치 도구, 캠코더 등을 챙기는 것도 잊지 말자. 중요한 순간을 놓치는 것은 안타까운 일이다. 더 안타까운 것은 발견한 것을 기록하지 않는 것이다. 기록하지 않으면 동료와 나눌 수 없다. 마지막으로, 관찰과 탐험을 시작할 때는 기존에 알고 있던 사실을 모두 잊어야 한다. 관찰하는 동안에는 판단하지 말고 그저 흡수하자.

앞서 이야기한 설탕 봉지에 대한 질문의 정답을 밝히면, 사람들은 설탕 봉지를 흔들고 나서 개봉한다는 것이다.

빈손으로 가지 말자.
녹음, 필기, 녹화, 스케치 등에 필요한
도구를 챙기자. 그래야 세부 사항까지
놓치지 않는다. 그리고 관찰한 것을
동료들과 쉽게 공유할 수 있다.

디자이너처럼 사고하자

누구나 디자이너처럼 사고하고 일하는 방법을 배울 수 있다. 이는 다양한 관점을 넘나들며 솔루션을 찾는다는 의미다. 디자이너로서 가장 중요한 세 가지 관점은 ① 자신의 관점 ② 비즈니스의 관점 ③ 고객과 사회의 관점이다. 디자인 프로젝트를 맡게 되면 우리 팀은 우선 고객의 관점부터 파악한다. 나는 팀원들이 동일한 관점의 이해 선상에서 프로젝트를 시작하길 원한다. 중요한 것은 고객이 돈을 벌기 위해 시간과 돈 그리고 노력을 쏟아붓고 있다는 것이다. 이런 생각을 팀과 공유하고 있지 않으면 전체 디자인 여정에서 아주 일부만 이해하고 있는 것과 같다.

디자인씽킹은 비즈니스 혁신에 아주 유효하다.
유연성과 융통성 그리고 적용 가능성이 점점 중요해지고 있다. 세상은 과거 어느때보다 더욱 빠르게 변한다. 빠른 변화 중 하나는 사람들이 많은 것을 공유하고 있다는 것이다. 과거 비즈니스에서 가장 중요한 요소가 지식이었다면, 오늘날은 불확실성에서 기회를 찾아내는 능력이 지식을 대체했다.

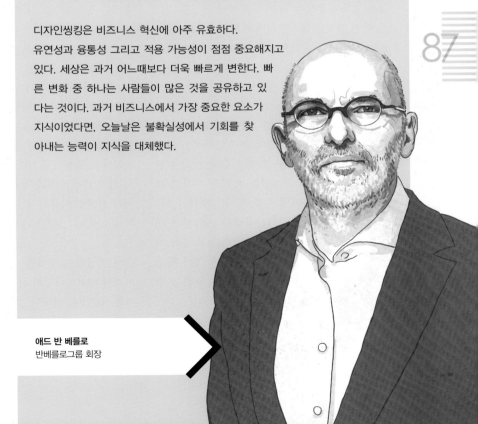

애드 반 베를로
반베를로그룹 회장

87

질문 완전 정복

관찰하기와 더불어 질문하기는 고객이 무엇에, 왜 관심을 두는지 이해하기 위해 필요한 도구다. 질문은 고객의 삶을 더 풍성하게 만들도록 도울 뿐 아니라 고객에 대한 당신의 관점에도 영향을 미친다. 관찰과 함께 몇 가지 단순한 규칙을 활용하여 당신이 찾고 있는 통찰을 쉽게 얻을 수 있다.

본 것을 질문하자

고객의 일상생활이 일어나는 장소에서 관찰하는 것은 그들이 무엇을 하는지, 무엇에 관심을 갖는지, 어떤 결정을 내리는지에 관해 많은 것을 알려준다. 그러나 관찰만으로는 왜 그런 결정을 내리는지 알 수 없다. 또한 질문 없는 관찰은 결국 여러 복합적인 추측만 만들어낼 뿐이다.

앞서 예를 들었던, 피자를 먹은 후 조깅하는 사람을 생각해보자. 그 사람이 뛰는 본질적인 이유를 알기 위해서는 아주 오랜 기간 관찰해야 한다. 어쩌면 본질과 관계없는 사실만 가지고 새로운 추측을 만들어낼 수도 있다. 하지만 그를 잠시 멈춰 세우거나, 만나서 생활 스타일에 대해 묻는다면 그에게 달리는 것(그리고 피자)이 어떤 의미인지를 쉽게 파악할 수 있다. 그가 뛰고 있는 것을 지켜보며 작성한 데이터에 질문을 추가하면 더욱 풍성한(애초에 그가 왜 달리고 있는지에 대해 더욱 깊은 이해를 제공하는 확실한) 그림을 그릴 수 있다.

적절한 질문을 하자

'고객에게 어떤 대답을 들었느냐' 보다 '당신이 올바른 질문을 했느냐'가 중요하다. 적절한 질문은 언제나 흥미롭고 허심탄회한 대화를 만든다. 어떻게 '적절한' 질문을 할 수 있을까? 현재의 상황을 이해하고 싶다면, "예·아니요"로만 대답하게 되는 폐쇄형 질문과, 제품에 대한 직접적인 언급을 피해야 한다. 개방형 질문은 근본적으로 무엇을 중요하게 생각하는지에 관한 고객의 마음을 읽을 수 있게 한다. 동일한 고객을 대상으로 관찰하고 질문하자. 먼저 고객을 관찰하고, 그들의 의견 대신 행동을 통해 배우자. 그런 다음 고객이 선택한 이유와 지금 그렇게 행동하는 이유를 물어보자. 그리고 다시 관찰하자.

앞서 언급한 조깅하는 사람에게 그가 좋아하는 피자가 페퍼로니인지 하와이안 스타일인지를 물어볼 수 있다. 그러나 그가 어떤 피자를 주문하는지 그냥 지켜볼 수도 있다. 단, 다른 피자를 더 선호하는 이유를 이해하려고 한다면, 그에게 직접 질문해야 한다.

경험에 기반한 규칙

- 사람들은 질문자가 듣고 싶어 하는 내용이라 생각하면 태연하게 거짓말을 하기도 한다.
- 고객의 의견이 간혹은 무용지물인 경우가 있다. 의견은 상황에 따라 달라지며 무엇이 사실인지에 대한 아무런 증거도 주지 않는다.
- 사람들은 대부분 문제는 알고 있지만, 어떻게 해결해야 하는지는 모른다.
- 어떤 문제는 사실 문제가 아닌 것도 있다. 모든 문제가 해결을 필요로 하지는 않는다.
- 누군가 어떠한 임무를 수행하는 것을 보는 과정에서 무엇이 문제이고 무엇이 비효율적인지 알게 되는 것이지, 고객이 생각하고 있는 것을 통해서가 아니다.

좋지 않은 질문의 예:

(있는 그대로의 삶에 대한 질문으로 바로잡을 수 있음)

✗ 이것이 좋은 아이디어라고 생각하십니까?

> 시장만이 당신의 아이디어가 좋은 것인지를 알려줄 수 있다. 나머지는 의견일 뿐.

✗ 당신이 X 표시한 제품을 구매할 의향이 있습니까?

> 이런 질문에 대한 대답은 대부분 "예"다.

✗ 당신은 X 표시한 제품 구입에 얼마를 지불할 용의가 있습니까?

> 숫자는 언제나 정밀하고 신뢰적으로 느껴지기 때문에 당신이 착각할 수 있다.

좋은 질문의 예:

✔ 왜 그것에 신경 쓰나요?

> 진짜 문제를 발견할 수 있는 좋은 질문이다.

✔ 그것이 무슨 의미가 있습니까?

> 심각한 문제와 사소한 문제를 구별하는 데 도움이 된다.

✔ 그 일이 벌어진 가장 최근의 상황에 대해 말해주세요.

> 좋은 이야기는 말로 하는 것보다 보여주는 것이다

 좀더 자세한 내용은 로브 피츠패트릭의 〈더 맘 테스트〉를 참고하자.

누구나 거짓말을 한다

어머니에게는 당신의 비즈니스 아이디어가 좋은지 나쁜지를 묻지 말라고 하는 사람들이 있다. 어머니는 (당신을 사랑하기 때문에) 거짓말을 할 것이기 때문이다. 사실 당신이 물어보는 모든 사람 혹은 최소한 몇몇 사람은 거짓말을 한다. 핵심은 누구에게도 이 질문을 하지 말라는 것이다. 아무런 도움이 되지 않기 때문이다. 당신에게 사실을 말하는 것은 그들의 책임이 아니다. 책임은 스스로 알아내야 할 당신에게 있다.

자신의 실패 경험을 바탕으로 〈더 맘 테스트〉라는 책을 쓴 로브 피츠패트릭은 다음과 같이 회고했다. "3년간 소셜 광고에 관한 기술을 개발하려 했지만 결국 투자자 돈만 날렸다. 이후 나는 고객들과 오랜 시간 대화를 했다. 그리고는 그때 내가 지금까지 모든 것을 잘못하고 있다는 것을 비로소 깨달았다!"

책에서 그는 올바른 질문을 하기 위해 지켜야 할 단순명료한 세 가지 규칙을 설명했다.

1. 당신의 아이디어 대신 고객의 삶에 관해 대화하자.
2. 미래에 대한 보편적인 의견 대신, 분명했던 과거의 경험을 묻자.
3. 적게 말하고 많이 듣자.

89

로브 피츠패트릭
파운더센트릭(영국 스타트업 교육디자인 회사)
창립자, 〈더 맘 테스트〉 저자

선명하게
드러나는 순간

어느 대형 제조 회사의 팀이 유아 제품에 관한 새로운 아이디어를 얻기 위해 직접 고객 여정을 체험하는 데 많은 시간을 보냈다. 팀은 고객들이 전통적으로 생각해왔던 것보다 훨씬 전에 고객 여정을 시작한다는 것을 알았다. 부모들은 유아 제품 구매 계획을, 아이의 탄생 순간이 아니라 임신을 알게 된 순간부터, 혹은 심지어 그보다 훨씬 이전부터 세운다는 것이다! 조사 팀은 이 것을 종이에 그려가며 마침내 새로운 이슈를 제기할 수 있었다.

첫인상

디자인씽킹을 도입하기로 한 네덜란드의 한 대형 병원은 직접 환자 입장에서 병원 방문을 체험해보기로 했다. 그들은 카메라를 들고 환자의 동선을 따라 걸었다. 고객 입장에서 병원 주차장은 찾기 어렵고 굉장히 어둡기까지 한 장소였으며, 주차 후 고객이 처음 보는 것은 다름 아닌 패스트푸드 레스토랑 간판이라는 사실을 알게 되었다. 전혀 예상하지 못했던 것이었다!

내 파일을 읽어, 멍청아!

의사들은 환자가 너무 오랜 시간 대기하는 것에 스트레스를 받을 것이라 예상하고, 진료할 때 질문했다. 그러나 환자의 대답은 전혀 달랐다. "그런 건 아무래도 상관없어요. 하지만 다음에 제가 진료를 받으러 오면, 제발 제 진료 기록 파일을 미리 읽어주세요. 제 이름은 수잔이 아니란 말이에요!"

세상 물정 제대로 알기

한 보험 회사는 틈새시장이 있다고 가정하고 여기에 진입하기 위한 계획을 세웠다. 그리고 이 가설이 맞는지 실험해보기로 했다. 두 사람이 카메라를 들고 현장에 나갔다. 한 시간 동안 잠재 고객들로부터 최대한 많은 피드백을 받았다. 잠재 고객들의 꾸밈없는 '첫 반응'에 대한 결과를 보며, 처음에 생각한 틈새시장에 대한 입장을 다시 생각해볼 수밖에 없었다.

쇼핑의 역설

한 스타트업은 주부들이 더 쉽고 편리하게 시장을 볼 수 있게 도와주는 앱을 개발하기로 했다. 무엇을 어떻게 만들어야 할지 정확히 알기 위해서는 주부에 대한 더욱 깊은 통찰이 필요했다.

먼저 고객을 만나 그들의 쇼핑 습관에 대한 이야기를 나눴다. 그리고 대화에서 발견했던 내용을 실제 주부들의 시장 보는 장면을 관찰하며 비교해보았다.

인터뷰에서 주부들은 매일 시장을 보는 일상에 대해 확신을 가지고 말했다. 그러나 현실은 달랐다! 시장 보기에 대한 질문을 받았을 때는 모두 건강에 좋고 다양한 용도로 쓰일 수 있는 제품을 구매한다고 했지만, 막상 마트에서 대부분의 주부들은 그들이 계획했던 장보기 목록을 무시하고 싸고 각종 혜택이 있는 이벤트 제품들을 우선 구매했다!

주부들은 결국 '하얀 거짓말'을 한 것이었을까? 이는 중요하지 않다. 의미 있는 통찰을 얻고 싶다면, 관찰과 함께 제대로 된 질문을 하는 것이다. 고객의 말을 전부 믿지는 말자!

할머니 집 청소하기?

노년층을 위한 홈케어 서비스를 제공하고 있는 한 회사는 경쟁 전략으로 서비스 제공 인력의 시급을 낮추는 것을 고려하고 있었다. 하지만 이 회사는 몇몇 할머니의 집을 방문한 뒤, 노인들이 진짜 원하는 것은 깨끗한 집이 아니라 사람들의 관심이라는 사실을 알게 되었다.

결국 회사는 전략을 바꿔 할머니들에게 아이패드를 제공했다. 할머니들은 이것으로 손주들과 연락을 할 수 있게 되었고, 동시에 아이패드에 설치된 앱으로 업체의 다양한 서비스를 이용할 수 있게 되었다.

**직접
목격한 것을
선택하자.
그것이 바로
진실이다.**

91

**디자인씽킹은
고객을
이해하는 데
어떤 도움을
주는가**

와빈은 배관공을 좋아해

나는 아직도 빌딩을 하나 더 짓는 것이 우리 비즈니스를 혁신하는 데 도움이 될 거라 생각하지 않는다. 비록 일반적인 것에서 조금 벗어난다 하더라도 더 많은 대안을 검토하고 싶었다.

수도나 배수용 플라스틱 파이프를 제조하는 와빈은 지난 몇 년간 터키 시장에서 우월적 지위를 유지해왔다. 그러나 2013년부터 시장점유율은 하락했고 결국 3위 밖으로 밀려났다. 그간 와빈은 가격으로만 경쟁해왔다. CEO가 물었다.

"어떻게 시장점유율을 되찾을 수 있을까?"

2013년 8월, 와빈은 터키 시장을 주도하는 리더가 되고 싶었다. 경영진은 목표 달성을 위한 사업 계획을 만들기로 했다

2013년 9월, 와빈은 터키 이스탄불에 공장을 지으려 했다. 아나다(Anada: 터키의 지방)에 위치한 현재 공장은 터키에서 가장 큰 도시인 이스탄불과 먼 거리에 있었다. 새로운 공장을 지으면 회사가 쉽게 재기할 것이라 생각했다.

93

공장을 짓자!

CEO의 지시를 받아, 영업 팀은 실행 가능한 솔루션을 만들었다. 대형 시장 가까운 곳에 새로운 제조 공장을 짓고 가격 우위를 내세워 경쟁하는 것이 회사를 살리는 방법이라 믿었다. 영업 팀은 사업 계획서를 최고재무책임자(CFO)인 안드레스와 CEO인 리처드에게 제출했다. 이제 실행만 하면 된다.

생산 시설만 늘리면 된다고? 진짜?

리처드: 처음 사업 계획을 봤을 때 나는 놀랐다. 세부 계획을 보면 이스탄불에 공장을 지어 낮은 가격으로 파이프를 팔겠다는 내용이었다. 과연 주변에 충분한 잠재 수요가 있는지, 그리고 새로운 공장이 정말 회사의 시장점유율을 되찾아줄지가 의문이었다. 이 계획이 회사 수익에 정말 영향을 준다는 것인가? 하지만 영업 팀은 핵심 시장 가까운 곳에서 제품을 만들고 창고를 지어 재고를 관리하는 것이 중요하다고 믿고 있었다. "우리 고객은 지금 최대한 저렴하게

리처드 반 델든
공급망 관리·운영 담당 최고임원

새로운 미래를 발견한 와빈

2013년 10월: 고객에게 집중하기 시작한 CEO가 직원들에게 메시지를 보내다.

CEO는 건설 현장에서 배관공과 대화하던 도중, 그 어떤 배관공도 와빈에 대해 들어본 적이 없다는 것을 알게 되었다.

2013년 8월: 이치에 맞는지 검토하기. 와빈이 고객과, 고객이 완수해야 하는 업무에 대해 이해했는가? 그렇다면 이 계획이 시장점유율을 높이기 위한 대안을 만드는 것에 도움이 될까?

구매하길 원하고 있습니다"라고 주장했다. 하지만 나는 다른 대안을 탐색해보고 싶었다. 먼저 우리 고객이 무엇을 사고, 왜 사는지를 정확하게 알고 싶었다.

우리는 고객을 모른다
리처드: 어느 날 암스테르담에서 주차를 하던 중, 와빈 제품을 사용하는 건설 현장을 발견했다. 바로 현장 배관공 중 한 사람과 대화를 시도했고 "우리 고객은(건설주) 최고의 품질을 원한다. 하지만 와빈은 잘 모른다"라는 답을 들었다. 그 순간 나는 할 말을 잃었다. "우리는 우리 고객을 모르고 있다."

이치에 맞는지 검토하자
CEO 리처드와 CFO 안드레스는 고객이 진정 무엇을 원하는지, 그리고 무엇을 필요로 하는지를 먼저 이해해야겠다고 결심했다.

사파리 탐험
고객으로부터 배우기 위해 와빈의 터키 현지 직원들과 리처드, 안드레스는 고객의 자연스러운 행동을 관찰할 수 있는 건설 현장을 방문했다. 팀원들은 한 주 동안 다양한 통찰을 얻을 수 있었다. 현장 배관공들이 공급된 재료와 도구를 잘못 사용하여 품질에 큰 차이가 발생한다는 것도 알게 되었다. 또한 공급업자는 다른 브랜드를 선호한다는 사실도 알았다. 더 중요한 것은 공급업자가 파이프를 선정하고 판매하는 것 이상의 많은 역할을 한다는 사실이었다. 그들은 배관공을 연결해주는 사회적 역할을 하고 있었다. 회사 사람들은 배관공, 공급업자, 건설업자 등에게 더 많은 질문을 했고, 그 결과 숨겨져 있던 – 더 많은 질문을 할 수밖에 없도록 자극하는 – 사실들을 발견했다.

아하! (우리가 생각했던 고객이 아니었다)
현장을 방문한 후, 프로젝트 팀이 짜낸 여러 아이디어에 대한 피드백을 받기 위해 일부 고객을 이스탄불 현지 호텔로 초대했다. 배관

아하!
배관공이 우리의
진짜 고객이다.

사무실 밖으로 나가자, 와빈의 프로젝트 팀은 공사 현장을 방문하여 현장을 관찰했다. 설비업자들과 배관공들이 무엇을 취급하고 있는지를 관찰하고 배웠다.

2014년 1월: 와빈은 설비업자들이 그들의 고객이 아니라는 것을 깨달았다. 설비업자들은 와빈에 어떠한 가치 제안도 할 수 없었지만 배관공들은 전혀 다른 의미를 가지고 있었다.

어려운 결정이었지만 와빈은 결국 시장점유율 목표와 무관한 공장 건설 계획을 취소했다. 이 결정으로 공장 건설을 계획했던 직원들은 크게 실망했다.

2014년 7월: 와빈은 터키에 첫 번째 아카데미를 개설했다. 이제 그들은 콘셉트에 대한 확신이 있으니, 진짜 고객이 누구인지 알고, (그들의 고객들과 함께) 가치를 창출하는 방법을 알고 있다. 와빈은 다른 지역에도 학원을 세울 준비가 되었다.

인터뷰를 관찰하면서
스케치한 것

95

공들은 그들 업무와 작업의 품질을 높이는 데 도움을 줄 수 있는 것에 많은 관심을 가졌다. 가장 큰 발견은 이것이었다. 배관공들은 저렴한 가격보다 제품 설명 비디오와 매뉴얼, 그리고 와빈의 전문가와 직접 연락할 수 있기를 원했다. 이런 서비스를 제공한다면 와빈은 고객에게 보다 나은 품질의 제품과 서비스를 제공하며 시장에서 경쟁할 수 있었다. 이것이 바로 와빈의 프로젝트 팀이 고객에 대해 새로운 깨달음을 얻은 아하!의 순간이었다. 그들은 새롭게 얻은 통찰을 바탕으로 배관공 커뮤니티에 중점을 둔 새로운 접근 방식을 디자인했다. 와빈이 배관공에게 현장 작업과 관련된 지식을 (그리고 차 한 잔을) 제공하여 그들의 실력을 향상시키는 것이었다. 이 방식은 곧 와빈의 무료 아카데미 형태로 발전했다.

지식 공유하기

와빈 아카데미라는 첫 실험은 (프로토타입) 성공적이었다. 프로젝트 팀은 생산 현장이 많은 아다나 지역에 와빈 6아카데미를 짓기로 했다. 센터는 2014년 1월에 오픈했다. 현재 7,000명이 넘는 사람들이 아카데미를 방문했다(페이스북 페이지 참조). 우리는 배관공들을 가르치면서 그들에게서 배우기도 했다. 이는 공장을 짓는 것 만으로는 할 수 없는 좋은 관계를 맺는 것과 같았다. 한마디로 와빈은 고객에게 중요한 존재가 되었고 (고객이 와빈에 중요해진 만큼) 이는 감히 가능할 것이라 생각하지도 못한 관계로 발전했다.

이야기의 교훈은 …

리처드: 시장과 고객이 원하는 것을 알고 있다는 전제가 있다면, 터키 시장에서의 점유율을 올리기 위해 공장을 하나 더 짓는 것도 대안일 수 있었다. 〉〉

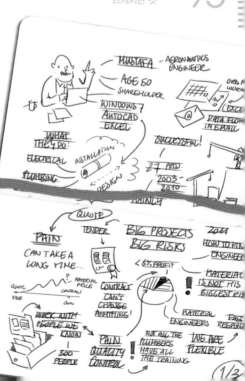

새로운 미래를 발견한 와빈

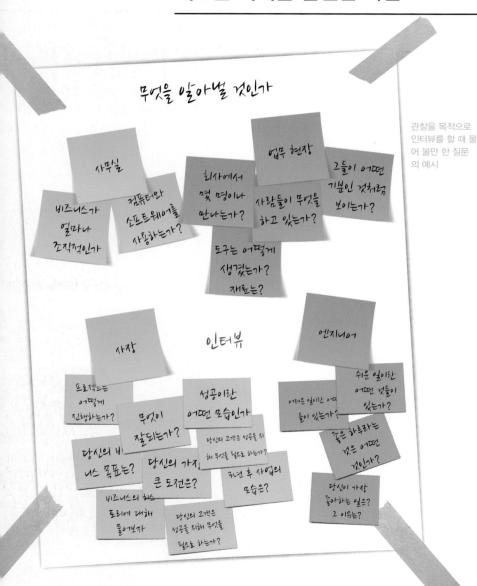

무엇을 알아볼 것인가

사무실

비즈니스가
얼마나
조직적인가

컴퓨터와
소프트웨어를
사용하는가?

회사에서
몇 명이나
만나는가?

업무 현장

사람들이 무엇을
하고 있는가?

그들이 어떤
기분인 것처럼
보이는가?

도구는 어떻게
생겼는가?
재료는?

사장   **인터뷰**   **엔지니어**

프로젝트는
어떻게
진행하는가?

무엇이
잘되는가?

성공이란
어떤 모습인가

당신의 비
니스 목표는?

당신의 가장
큰 도전은?

비즈니스의 최근
트리에 대해
물어볼까

당신의 고객은
성공을 위해 무엇을
필요로 하는가?

당신의 고객은 성공을 위
해 무엇을 필요로 하는가?

3년 후 사업의
모습은?

어려운 일이란 어떤
것들이 있는가?

쉬운 일이란
어떤 것들이
있는가?

좋은 하루라는
것은 어떤
것인가?

당신이 가장
좋아하는 일은?
그 이유는?

관찰을 목적으로
인터뷰를 할 때 물
어 볼만 한 질문
의 예시

그러나 이것 말고도 탐구할 만한 가치가 있는 다른 대안이 있다
는 것을 알게 되었다. 한 가지 대안만을 가지고 책상에서 토론하
며 시간을 보내기보다, 일단 우리의 가정을 입증해보기로 했다. 먼
저 고객으로부터 배워야겠다는 생각으로 우리는 사무실을 나와
현장으로 갔다.

직접 고객을 관찰함으로써, 시장조사 대행업체를 이용하는 것보
다 더 많은 것을 배울 수 있었다. 고객의 생활 속에서 그들을 만나
숨겨져 있던 고객의 상황과 의미를 발견하고, 배운 것들을 통해 다
시 새로운 질문을 떠올리게 되었다. 질문에 대한 대답을 찾는 동
안, 당연히 터키 시장의 상업용 배관 시설과 배관공을 더 깊이 이
해할 수 있었다. 더 나아가 우리 제품을 설치하고 이용하는 사람들
과도 지속적인 관계를 구축할 수 있었다.

결국 우리는 공장에 쏟아부으려던 몇억 달러 대신, 첫 와빈 아카데
미에 몇만 달러를 투자했다. 지금은 이스탄불 근교에 물류센터도
만들었다. 그리고 와빈 아카데미로 고객과 소통하고, 우리 브랜드
인지도 향상에 도움이 되는 물리적 공간을 갖게 되었다. 디자인씽
킹은 이제 우리 비즈니스의 중심에 깊이 자리 잡고 있다.

터키에 새로 지은 와빈
아카데미. 굉장히
성공적이어서 앞으로
생길 아카데미의
표본이 되었다.

배관공들은 와빈이
그들 작업의 품질을
높여주었다는 사실에
기뻐했다

97

고객 이해하기

옛날 옛적 어떤 회사가 있었다. 회사는 고객을 정확히 이해했다. 회사 제품과 서비스는 유명해졌고 회사는 계속 성장했다. 경영진이 구성되고, 업무 프로세스가 만들어지고, 시스템이 자리 잡았다. 그러다 사업적 호기심은 점점 효율성에 길을 내주기 시작했다.

한동안 사업은 잘 굴러갔다. 고객은 계속 회사 제품을 구매했고, 고객에게 주는 제품 가치도 적절했다. 하지만 몇 년쯤 지난 어느 날, 판매량이 급격히 떨어지기 시작했다. 경영진 누구도 이유를 알지 못했다. 말이 되지 않았다. 회사 사업 계획서 어디에도 이런 일이 생길 거라는 예측은 없었다. 경영진 생각에 고객은 여전히 제품을 구매해야 했다. 안일하게 생각하고 있던 회사는 고객과 너무 멀어져 버린 것이다.

우리 모두가 알고 있는 스토리

시간이 지난 후에 그것이 잘못된 방법이었다고 말하기는 쉽다. 그러나 이런 일은 종종 생긴다. 소매 유통 회사, 음반 회사, 통신사, 출판사 등 한때 잘나가던 유명 회사들이 변화에 실패해 파산했다는 이야기는 여기저기에 널려 있다

미래는 기업과 반목한다.

그랜트 맥크래켄, 문화인류학자

지식을 모으고 의사결정을 하기 위해, 고객에 대해 아는 것을 체계적으로 정리하려는 시도는 자연스러운 일이다. 이런 시스템을 도입하는 것이 지속적으로 이뤄지고 비즈니스 현실을 적절하게 고려하고 있다면, 이는 나쁜 것이 아니다. 하지만 개선은 사람이 하는 일이지, 시스템이 하는 것은 아니다.

과감히 질문하자

사람들은 혹시라도 거만하게 보일까 봐 특정 분야를 전공한 경영자 혹은 매니저들에게 질문하기를 꺼린다. 그러나 역사적으로 보면 혁신과 발견의 토대는 "왜?" 그리고 "만약 이렇게 된다면?"과 같은 디자인 마인드적 질문을 하는 용감함과 끈질김에 있었다.

전문가에 과도한 경의를 표하거나, 고객에게 전문가로 보이기 위해 우리는 너무 과도하게 신경 쓴다. 그들에게 질문하는 게 왠지 부끄럽고 무섭게 느껴진다. 만약 고객이 당신을 더 이상 신뢰하지 않는다면, 당신은 이미 이런 사실을 알고 있어야 하지 않을까? 그들이 계속 당신의 제품을 사줄까?

흥미롭게도 거의 모든 사례에서 그 반대로 나타났다. 고객에게 솔직한 질문을 하는 것에 - 지식을 드러내거나 판매량을 늘리는 것에 초점을 둔 질문이 아니라 정말 그들이 누구인지, 무엇이 필요한지 더 잘 이해하기 위한 질문에 - 고객은 고마워한다.

누구나 거짓말을 한다(심지어 의도하지 않더라도)

관찰은 중요하다. 표정, 몸짓, 태도 등을 이해하는 것은 보다 또렷한 그림을 그리는 데 도움이 된다. 그렇기 때문에 관찰이란 디자이너가 직접 해야 할 중요한 일이다. 인터뷰를 할 때 고객의 태도를 직접 관찰하자. 당신의 뇌가 그 연결고리와 패턴을 파악하게 하자. 피츠패트릭은 "고객의 어떤 행동을 관찰하다 보면 어디가 문제이고 어디가 비효율적인지를 보여준다. 이는 고객이 생각하는 것과 일치하지 않는다"라고 말했다.

습관을 기르자

디자이너에게 관찰과 질문의 습관은 일상적인 것이다. 당신이 세상에 관해 더 많이 알면 알수록 점점 작은 신호와 미세한 것에 집중하게 된다. 보고서를 읽는 대신 질문을 하면서 더 많은 호기심을 갖게 된다. 당신의 뇌가 이 새로운 호기심을 받아들이고 관찰과 질문, 분석 사이에서 점점 더 흥미로운 연결고리들을 만들어낼 것이다. 그래야 다른 사람들이 놓치는 패턴을 볼 수 있다.

직감이 발달하고, 고객이 필요로 하는 것을 그들보다 먼저 알게 된다.

로브
피츠패트릭에 대한 자세한 내용은 88쪽 질문 완전 정복을 참고하자.

그냥 전화기를 들어라!

우리는 홈케어 서비스 회사의 프로젝트를 진행한 적이 있다. 홈케어 회사의 여성 사장은 병원과 관련된 시장에서 새로운 비즈니스 기회를 탐색하고자 했다. 회사는 두 달 정도 새로운 고객군에 대한 데스크 리서치를 하려 했다. 그러나 우리는 그녀에게 데스크 리서치에만 의존하지 말고 직접 고객의 삶 속으로 들어가 그들과 대화해보자고 제안했다.

우선 그녀가 접촉할 수 있는 병원에 연락해보는 것이 어떻겠냐고 말했다. 그녀는 조금 부담스러워했지만, 이내 한 병원에 전화를 걸었다. 사실 그 병원장은 그녀가 전화했다는 사실만으로 아주 기뻐하며 그녀를 점심 식사에 초대했다.

둘은 점심 식사를 하며 많은 대화를 나누었다. 이를 통해 그녀는 고객에 대한 통찰을 얻을 수 있었고, 고객이 진짜 필요로 하는 것이 무엇인지도 깨달았다. 한 번의 점심 식사로 그녀는 비효율적인 데스크 리서치를 하며 보냈을 수많은 시간을 절약할 수 있었다. 그녀는 더 나은 기회를 위한 새로운 통찰을 얻었을 뿐 아니라, 고객과의 관계도 더 깊어졌다.

마이케 도이어
전략 디자이너

고객 여정 캔버스

고객 여정은 당신이 해결하고자 하는 고객 경험에 관한 통찰을 찾아내고 이에 대한 토론을 할 수 있게 만들어주는 도구다.
고객의 문제점이나 기회는 그들 삶 속에서 어떻게 나타나는가? 그들은 어떤 경험을 하는가? 당신과 어떻게 소통하는가?

개인
고객 통찰 지도

± 45분
세션

3-5명
그룹당 인원

고객 경험 그려보기

고객 여정을 그려보는 것은 제품이나 서비스를 통해 고객이 어떤 경험을 하게 되는지, 어떻게 더 나은 것을 제공할 수 있을지, 심지어는 고객을 기쁘게 해줄 수 있을지에 대한 통찰을 제공한다. 특히 고객과 함께 경험하거나 혹은 당신이 가정한 것을 고객과 함께 입증할 때 더 확실해진다. 여정의 환경은 어떠한가? 전반적으로 고객이 어떻게 느끼는가? 어떤 순간이 고객 경험을 가장 잘 개선하는가?

비선형

고객 여정은 순차적으로 일어나지는 않는다. 고객은 여러 가지 요소에 따라 단계를 건너뛰기도 한다. 그들은 어떤 터치 포인트(touch point, 고객과 제품·서비스가 만나는 접점)에서 영향을 받고 어떤 것은 그냥 지나쳐버리기도 한다. 디자이너로서 고객이 빠져드는 순간을 이해하고 더 나은 경험을 디자인하는 것이 당신의 일이다. 이 도구는 고객의 시각으로 제품을 바라볼 수 있게 돕는다.

고객 여정 지도는 가정을 통해 만들어진다. 당신 팀의 통찰과 지식을 바탕으로 고객 여정 지도가 만들어지는 것이다. 이 도구는 명료하게 고객의 관점에서 탐험하고 이해할 수 있도록 돕는다.

현실로 돌아가자

고객 여정 캔버스는 모든 것을 현실화하는 데 도움을 준다. 여정 지도(map)를 그려보는 연습으로 고객이 어디에서 막히는지, 어디서 좋은 경험을 하는지, 이유가 무엇인지를 인지할 수 있다. 이 도구의 장점은 즉시 실행에 옮길 수 있다는 것이다. 일단 고객 여정 지도 초안을 만들었다면, 거기에 고객 탐험(직접 현장으로 나가 고객들을 관찰해보는 것)과 인터뷰, 피드백, 수집한 실제 고객 데이터를 추가할 수 있다. 이는 현실을 기반으로 보다 정확한 결정을 내릴 수 있도록 돕는다.

고객 여정 지도는 모든 사람에게 의미가 있다. 팀 혹은 회사 구성원은 고객의 경험, 그들이 느끼는 것, 무엇 때문에 애를 먹고 있는지, 어떻게 그 경험을 개선할 수 있을지 등을 반드시 이해하고 있어야 한다. 근본적 목표는 고객의 문제를 해결하고 그들을 기쁘게 하는 것이다.

페르소나
여정을 계획하고 있는 가상의 고객을 아주 상세하게(이름, 나이, 직업, 결혼 여부 등) 설정한다.

터치 포인트
고객과 맞닿는 순간은 언제인가?
(예: 가게에서, 온라인, 온라인 세미나, 전화, 메일, 계약 등)

고객 여정 캔버스

DESIGN A
BETTER
BUSINESS

고객 요구

중요한 순간

터치 포인트

고객 만족

고객의 기분 상태
이 순간 고객은 행복한가, 실망했는가, 화가 났는가? 무엇이 그렇게 만들었나?

타임 라인과 단계
최소한 고객 여정의 5가지 순간을 정의하자. 그 기간은? 단계별 고객 경험은 무엇이었나? 여정에 얼만큼의 시간이 소요되었나? 너무 복잡하게 하지 말고 무엇을 적용해야 하는지 발견하기 위해 고객을 조사해보자(86쪽 참고).

고객 요구
고객은 여정 단계별로 무엇이 해결되기를 원하는가? 예를 들어, 고객이 새로운 직장을 찾고 있다면, 우리는 여러 터치 포인트를 이해해야 한다. 각 포인트마다 고객이 가지고 있는 의문은 무엇인가?

다운로드
아래 웹사이트에서
고객 여정 캔버스를 다운로드할 수 있다.
www.designabetterbusiness.com

다운로드
아래 웹사이트에서
페르소나 캔버스를 다운로드할 수 있다.
www.designabetterbusiness.com

101

점검표

- ☐ 페르소나를 상세히 작성했는가?
- ☐ 고객 여정은 완성되었는가? 빠지거나 놓친 순간이 없는가?
- ☐ 고객 여정이 진짜로 시작되고 끝나는 부분이 어디인지 한 번 더 고민해보자.
- ☐ 놓친 카테고리가 있는지 꼼꼼히 확인하자.

다음 단계

> 고객 사파리에서 우리의 가정을 입증해보기 (102쪽 참고).

고객 사파리 사례

고객 사파리(Customer Safari)는 고객을 현장에서 직접 만나는 것이다. 잠시만 기다리자. 바로 말을 걸지 말자.
그들의 일상을 관찰하는 것만으로도 많을 것을 배울 수 있다. 인터뷰와 질문은 그다음이다. 조심하자! 고객은 거짓말을 할 수도 있다.

1️⃣ 올바른 태도를 취하자

고객 사파리의 핵심은 사전 준비. 제대로 준비하기 위해서는 고객 여정 지도(100쪽)를 작성하면 된다. 당신이 시험하고 싶은 가정은 무엇인가? 팀원들은 모두 주제에 대한 호기심을 가지고 있어야 한다. 당신이 이미 갖고 있는 고정관념이 직관에 영향을 미칠 수 있다는 사실을 기억하자. 고객 여정을 미리 그려보는 것은 주제에서 벗어나는 것을 방지한다.

2️⃣ 명백한 것에서 시작하자

사파리를 시작하는 데 애를 먹고 있는가? 어떤 고객을 인터뷰해야 할지? 어느 장소가 좋을지? 가장 당연한 것부터 시작하자. 이미 존재하는 고객부터 인터뷰하자. 아직 고객이 없다면 다른 제품과 서비스를 사용하는 고객을 인터뷰하자. 중요한 것은 관찰하거나 인터뷰할 '완벽한' 고객이란 없다는 사실이다. 처음에는 모든 것이 새롭다.

3️⃣ 직접 해보자

가끔 고객이 무엇을 보고 경험하는지 관찰할 수 있는 적당한 장소를 찾지 못할 때가 있다. 이럴 때는 투어가 해결책이다. 그냥 노트북을 집어 들고 카메라와 핸드폰을 가지고 고객이 갈 만한 길을 따라 가보는 것이다. 무엇이 보이는가? 뭔가 흥미로운 것이 보이는가? 혹은 조금 더 새롭게, 고객에게 그 길을 걸으며 하게 될 경험을 기록하게 하거나, 고객과 함께 가보자.

깊이 파고들어라!
5번씩 '왜'라고 묻고 그
태도에 대한 이유를
찾아라.

풍성한 사진 자료는 당신의
직관과 분석 능력을 동시에
발휘하게 한다.

녹음기

인터뷰

포착

결정

103

4 반드시 찾아야 하는 것

인터뷰 혹은 관찰을 할 때, 예상했던 것과 다르게 보이는 것에 주목하자. 고객이 그런 대답을 하는 이유를 찾아내자. 고객의 생각과 느낌에 따라 당신은 새로운 정보와 관점을 갖게 된다. '평범함'과 '예외적인 것' 그리고 '기대'를 찾아야 한다. 오늘의 1%가 내일의 100%일 수 있다.

5 정보를 포착하자

사진 찍기와 오디오 녹음 등으로 가능한 한 모든 것을 포착하자. 우선 듣고, 나중에 분석하자! 포착할 때는 가능한 한 사진을 많이 찍자. 당신 생각과 다른 것들을 빼거나 수정하지 말자. 분석은 나중에 하는 것이다. 사진 정보를 가지고 유사한 그룹으로 분류할 수 있다. 정성적·정량적 정보들과 함께 현장에서 찍은 사진을 붙여놓으면, 당신은 더 큰 그림을 보며 새로운 영감을 떠올릴 수 있다.

6 결정하자

팀원들과 함께 포착한 정보를 검토하자. 중요한 것은 투표로 결정하고, 더 깊이 관찰해야 할 필요가 있는 사실이 있으면 좀 더 검토하자. 여러 번 반복해도 큰 변화가 없다면 결정의 시간이 온 것이다. 그동안 찍은 사진과 고객 여정을 그려볼 때 생각했던 것들을 비교해보자. 어떻게 다른가? 관점을 바꿔야 하는가?

가치 제안 소개

멋진 비즈니스 모델과 전략은 훌륭한 가치 제안에 기반한다. 훌륭한 가치 제안은 고객의 JTBD(Job to be done, 그들이 완성해야 하는 임무, 즉 고객이 제품이나 서비스를 사용하는 이유) 개념에 초점을 둔다. 클레이튼 크리스텐슨은 비즈니스를 시작할 때, 고객의 동기를 발견하는 데 도움이 되는 JTBD 프레임워크를 개발했다.

전통적인 마케팅 기술은 우리에게 고객을 속성(나이, 인종, 결혼 여부 및 다른 특징)에 따라 분류하라고 가르친다. 궁극적으로 이것은 고객의 실제 니즈가 아닌, 회사가 팔고 싶은 제품에 초점이 맞춰져 있다.

고객의 삶 속에서 떠오르는 상황을 평가하기란 쉽지 않다. 심지어 고객은 자신이 속한 집단의 평균적인 선택을 거의 하지 않는다. 고객은 자신의 문제를 발견하고 해결하기 위해 무언가를 구매할 뿐이다. 이 부분에서 바로 클레이튼 크리스텐슨의 JTBD 방법론과 가치 제안을 가장 효율적으로 적용할 수 있다.

고객이 제품이나 서비스를 '사용'하는 '이유'를 이해함으로써, 기업은 좀 더 정확하게 상품을 개발할 수 있고, 고객이 하고자 하는 것을 시장 상황에 맞게 생산할 수 있다.

관점을 넓히고, JTBD를 배우는 실질적인 방법은 바로 고객의 실제 삶을 관찰하는 것이다. 고객의 행동을 관찰하면 진짜 해결해야 할 문제가 무엇인지 알게 된다. 시작하기 전에 스스로에게 질문하자. 당신의 JTBD는 무엇인가? 당신은 이미 존재하는 시장에 가치 제안 캔버스를 사용하고 싶은가, 아니면 새로운 시장에 사용하고 싶은가? 이는 가치 제안 캔버스(106쪽)를 이용할 때 초

알렉산더 오스터왈더,
예스 피구누어, 그렉 버나다,
앨런 스미스는 고객이
원하는 서비스와 제품을
설명하는 〈밸류 프로포지션
디자인〉을 썼다.

가치 제안 캔버스는 고객의 일을 디자인하고 검증하는 데 도움을 준다.

점을 어디에 두어야 하는지를 결정하는 중요한 요소다. 고객 프로필(가치 제안 캔버스의 오른편)을 이해하고, 가치 지도(가치 제안 캔버스의 왼편)를 이해한 후, 문제 해결을 위한 제품과 시장(가치 제안 캔버스 가운데)을 들여다보자.

제품 대 니즈

드릴이 필요한가? 아니면 벽에 구멍을 뚫고 싶은가?
로봇이 필요한가? 아니면 빨리 생산하기를 원하는가?
장례식을 준비해야 하는가? 아니면 망자를 보내는 의미 있는 의식이 필요한가?

많은 회사는 제품 자체에 중점을 둔다. 하지만 제품에만 초점을 맞춰서는 안

된다. 제품은 고객의 문제 해결에 도움을 줄 뿐이다. 고객의 문제를 진심으로 이해하는 순간 더 나은 혁신이 가능해진다.

예를 들어, 스포티파이(멜론, 벅스와 같은 해외 유명 웹 기반 음악 서비스 제공 사이트)는 사람들이 대체적으로 음악을 '소유'하는 것에 관심이 없다는 사실을 발견했다. CD나 음반을 소유하는 게 중요하지 않았다. 심지어 사람들은 하드 드라이브에 음악을 저장해두는 것조차 귀찮아했다. 자세히 들여다보면, 사람 들은 그저 음악을 들을 수 있으면 됐다. 고객 입장에서 음악을 다운로드하는 것과 스트리밍하는 것의 차이는 없다. 분명한 것은 사람들이 음악에 자유롭게 접근하고 싶어 한다는 것이다.

"언제 어디서든 저스틴 비버의 음악을 들을 수 있다면. 나머지는 무슨 차이 가 있겠는가?"

휴먼 컨텍스트

인텔은 진정 혁신적 사고를 위해 노력했다. 독보적인 기술 기업으로 최고의 아이디어와 방법을 모아 최적의 접근 방식들을 결합했다. 상황은 빠른 속도 로 확장되었다.

우리는 사회과학 조사방법론과 실제 인터뷰를 이용하여 사람들의 삶과 상황 을 이해하고 기술이 어떻게 사회문화적 차원에 영향을 주고받는지를 알려고 했다. 우리는 복잡한 시스템을 이해하기 위한 다양한 방법론을 사용했다. 예 를 들어 배우 개인의 네트워크가 어떻게 서로에게 영향을 끼치는지를 탐구하 기 위해 생태학적 방법론을 빌려 오기도 했다.

우리의 아이디어가 지속 가능한 비즈니스여야 한다는 점 에서 우리가 찾고, 발견하고, 새로운 가치를 시험하고, 새로운 비즈니스 모델들을 개선하기 위해 린스타트 업, 비즈니스 모델 탄생의 혁신 도구와 과정을 활용했 다. 중요한 것은 우리가 사람들의 필요를 이해했다는 것과 의미 있는 문제를 해결했다는 것에 있었다.

105

무키 한스틴 조라
인텔연구소의 시니어 전략가

가치 제안 캔버스

고객의 JTBD, 고객의 고통, 고객의 이익과 당신이 고객에게 제안하고자 하는 것을 정확히 이해하고자 한다면, 스트레터자이저 회사의 알렉산더 오스터왈더가 개발한 가치 제안 캔버스가 아주 훌륭한 도구다.

포커스
가치 제안
이해하기

± 45분
압력솥

3–5명
그룹당 인원

항상 고객으로부터 시작하자

가치 제안 캔버스는 항상 고객으로부터 시작한다. 당연히 다양한 고객층이 존재할 수 있다. 그래서 첫 임무는 높은 수준에서 당신의 고객은 진짜 누구인지, 어떤 고객을 위해 상품을 디자인하고 있는지 토론하는 것이다. 어쩌면 고객 그룹마다 하나씩 여러 개의 캔버스를 채워나가야 할 수도 있다.

여러 번 반복해서 "왜"라고 질문하자

고객을 정했으면 팀원들과 (포스트잇과 마커를 사용해서) 고객의 JTBD을 세부화하자. 고객은 매일 어떤 사회적·감정적·기능적 일을 하는가? 고객은 당신이 이미 짐작하고 있는 어떤 기능적 일을 하고 있다. 하지만 그들이 그 일을 어떻게 하는지, 어떤 생각으로 하는지, 어떤 사회적 속성이 개입되는지를 알아내야 한다. 예를 들면, 아이를 학교에 데려다주는 부모에게는 아이가 학교에 제시간에 도착하는 것, 밥을 잘 챙겨 먹이는 것, 아이가 소외되지 않도록 신경쓰는 것, 사랑받고 고마워함을 충분히 느끼게 해주는 등의 기능적 일이 있다. 여러 번 "왜"라고 질문함으로써 이런 정보를 얻을 수 있다. 어떤 사람의 일을 가로막는 것이 있다면 무엇인가? '고객의 이익'은 가치 제안 캔버스를 처음 사용하는 사람이 가장 어려워하는 부분이다. 이익은 단순히 손실의 반대 개념이 아니다. 이익은 사람들에게 숨겨진 욕망이며 고통을 제거하는 것 이상이다. 이것을 찾아내기 위해서는 디자이너 마인드가 필요하다. 이것이 바로 제대로 된 질문을 해야 하는 중요한 이유다. 고객이 지금은 할 수 없지만 마음속 깊이 열

망하는 것이 무엇인가? 아이를 학교에 데려다주는 부모의 예로 돌아가 보자. 다른 학부모들이나 아이들에게 영웅처럼 보이거나, 아이가 인생에서 성공하기를 원해서 그럴지도 모른다. 이익이 실제적으로 느껴진다면 그것은 대단한 이익이 실제 그렇기 때문이다.

당신의 일

드디어 캔버스의 오른편을 완성했다면 왼편으로 이동하자. 먼저 떠오르는 솔루션을 나열하자. 이미 갖고 있는 해결책도 있을 것이고 새로운 아이디어가 떠오를 수도 있다. 고객이 해결해야 할 일, 고객의 이익, 고객의 고통을 어떻게 찾아낼 수 있을지에 대해 고객이 수용할 만한 방법을 정해야 한다.

가치 제안 캔버스를 몇 차례 사용하면 당신의 고객과 당신이 고객에게 제공하는 것을 다르게 생각할 수 있다. 무엇보다 고객이 당신을 통해 어떤 욕구를 해결해주었으면 하는지를 분명하게 알 수 있다.

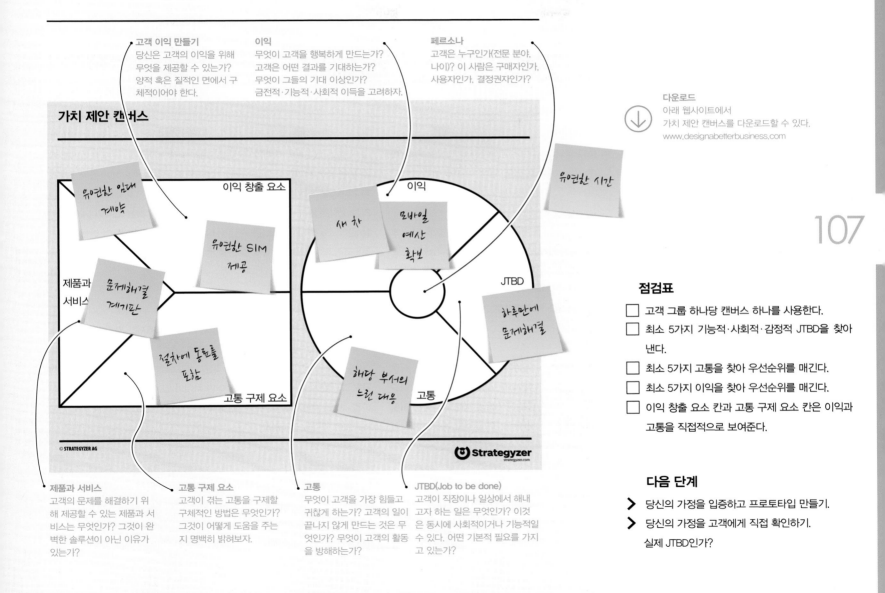

가치 제안 캔버스

고객 이익 만들기
당신은 고객의 이익을 위해 무엇을 제공할 수 있는가? 양적 혹은 질적인 면에서 구체적이어야 한다.

이익
무엇이 고객을 행복하게 만드는가? 고객은 어떤 결과를 기대하는가? 무엇이 그들의 기대 이상인가? 금전적·기능적·사회적 이득을 고려하자.

페르소나
고객은 누구인가(전문 분야, 나이)? 이 사람은 구매자인가, 사용자인가, 결정권자인가?

다운로드
아래 웹사이트에서 가치 제안 캔버스를 다운로드할 수 있다.
www.designabetterbusiness.com

이익 창출 요소

이익

JTBD

고통 구제 요소

고통

제품과 서비스

유연한 임대 계약

유연한 SIM 제공

문제해결 제기판

절차에 동료를 포함

새 차

모바일 예산 확보

해당 부서의 느린 대응

하루만에 문제해결

유연한 시간

© STRATEGYZER AG

Strategyzer
strategyzer.com

107

점검표

☐ 고객 그룹 하나당 캔버스 하나를 사용한다.
☐ 최소 5가지 기능적·사회적·감정적 JTBD을 찾아낸다.
☐ 최소 5가지 고통을 찾아 우선순위를 매긴다.
☐ 최소 5가지 이익을 찾아 우선순위를 매긴다.
☐ 이익 창출 요소 칸과 고통 구제 요소 칸은 이익과 고통을 직접적으로 보여준다.

제품과 서비스
고객의 문제를 해결하기 위해 제공할 수 있는 제품과 서비스는 무엇인가? 그것이 완벽한 솔루션이 아닌 이유가 있는가?

고통 구제 요소
고객이 겪는 고통을 구제할 구체적인 방법은 무엇인가? 그것이 어떻게 도움을 주는지 명백히 밝혀보자.

고통
무엇이 고객을 가장 힘들고 귀찮게 하는가? 고객의 일이 끝나지 않게 만드는 것은 무엇인가? 무엇이 고객의 활동을 방해하는가?

JTBD(Job to be done)
고객이 직장이나 일상에서 해내고자 하는 일은 무엇인가? 이것은 동시에 사회적이거나 기능적일 수 있다. 어떤 기본적 필요를 가지고 있는가?

다음 단계

➤ 당신의 가정을 입증하고 프로토타입 만들기.
➤ 당신의 가정을 고객에게 직접 확인하기.
실제 JTBD인가?

맥락 이해하기

회사가 작동하는 전체적인 맥락(예를 들어 경쟁자는 누구인지, 어떤 트렌드를 보고 있는지)을 이해한다면 미래 비즈니스가 어떻게 변화해야 하는지에 대한 통찰이 생긴다. 그러나 많은 회사는 이를 생각조차 못한다.

미래의 신호는 항상 주위에 있다

트렌드와 경쟁자는 당신이 속한 맥락의 일부다. 경쟁자가 하고 있는 것을 따라 하기만 한다면 정작 중요한 것을 이룰 수 없다. 경쟁 이상의 것에 대한 맥락을 이해해야 한다.

맥락을 이해하면 현재 트렌드와 함께 미래 변화에 대한 작은 신호를 더욱 또렷하게 파악할 수 있다. 맥락에 대한 평가는 (최소) 시장 트렌드, 기술 트렌드, 규칙과 규제, 경제 환경, 고객 니즈 및 다양한 불확실성에 대한 이해를 포함하고 있다. 이런 신호, 트렌드, 현실과 경쟁자에 대한 것을 오직 현재 비즈니스에만 연결해서 생각하면 곤란하다. 미래를 위해 정말 큰 그림을 그리려면 당신의 비즈니스를 넘어 보다 크게 볼 수 있어야 한다.

> **미래는 이미 우리 옆에 있다. 다만 널리 퍼져있지 않을 뿐이다.**
> 윌리엄 깁슨, 미국 작가

경쟁이 예상되는 회사 혹은 새로 생겨나는 경쟁자를 항상 파악하고 있는가? 미래 맥락에 영향을 미칠 만한 것 중 무엇이 가장 불확실한가? 선거 결과인가? 환율인가? 아니면 석유 가격인가?

보다 광범위한 맥락

스포티파이가 시장을 휩쓸었을 때, 대부분의 사람은 당시 가장 큰 경쟁사인 애플에 직접 도전하는 것이라 생각했다. 하지만 그것은 일부에 불과했다. 애플은 대부분의 디지털 음원 회사에게 길을 열어줬을 뿐이다. 여기에 잠시 눈을 돌려본다면, 스포티파이의 창업자들도 시장을 주도하는 음악 스트리밍 서비스를 만들기 위해 음악 산업의 맥락을 보다 넓게 이해하고 있었다. 이러한 맥락은 클라우드 기술 트렌드, 음악을 듣고 싶어 하는 고객의 니즈, 음악을 굳이 소유하지 않아도 된다는 인식의 변화, 규제 환경(애플이 만들어준 환경), 그리고 새로운 수익 구조를 만들어내고 있는 음반 회사의 경제적 맥락 등을 포함하고 있다.

지속적으로 살피자

맥락은 고정되어 있지 않고 계속 변한다. 어떤 산업에서는 분 단위로 바뀐다. 맥락을 이해하기 위해서는 지속적으로 살펴야 한다. 현재 맥락에 대해 명확한 그림을 그려나갈수록, 내일의 상황 혹은 지금으로부터 5년 후 또는 더 먼 훗날을 그려보려는 시도가 가능하다. 어떤 차이가 있는가? 시간에 따라 무엇이 바뀔 것으로 예상하는가? 오직 시간만이 그 가정이 옳고 그름을 증명한다. 정기적으로 맥락을 점검하자.

미래로 가보자

미래를 예측하는 것이 생각처럼 어렵지만은 않다. 앞서 언급했듯이, 미래에 대한 신호는 우리 주변에 이미 존재한다. 이상하게 들릴 수 있겠지만, 미래에 대한 신호를 찾고 싶다면 방문해볼 만한 장소가 있다. 현대미술관, 해커톤(Hack-a-tons), 버닝맨(Burning Man), 네바다 사막에서 매년 열리는 카운터

컬처럴 개더링(counter-cultural gathering) 등이다. 또한 이미 휴대폰 안에 미래의 신호들이 가득하다. 맥락에 관련된 많은 것이 소셜 네트워크나 트위터에도 존재한다.

핵심은 현재의 맥락(그리고 미래의 맥락)을 보고서 하나로 포착할 수 없다는 것이다. 당신의 전략에 찬성하는 (혹은 반대하는) 어떠한 보고서도 그저 하나의 관점에 불과하다. 그 정보들이 〈하버드 비즈니스 리뷰〉에 게재되는 순간, 상황은 이미 정립되었을 확률이 높다. 다양한 신호에 주의를 기울여야만, 비즈니스의 현재 맥락뿐 아니라 미래에 영향을 주는 요소를 제대로 파악하고 평가했는지를 알 수 있다.

타고난 호기심

나는 호기심 많은 사람이다. 그래서 내 직업을 사랑한다! 트렌드 분석가로서 나는 기업이 세상과 소통하도록 돕는다. 핵심 업무는 지속적으로 정보를 관찰하고 구체화하는 것이다. 트위터는 내가 애용하는 도구다. 트위터를 할 때 내 머릿속 정보들이 자연스럽게 구조화된다. 하지만 트위터만으로는 충분하지 않다. 트렌드를 찾아내기 위해 그들의 상황에 기반한 여러 트윗의 내용을 본다. 트렌드라고 여겨지는 것을 발견했을 때, 나는 내 네트워크를 통해 입증을 시도한다.

만일 당신도 시도해보고 싶다면, 먼저 특정한 관점으로부터 출발하자. 왜 이 정보가 필요한가? 새로운 정보를 모으고 구조화하자. 당신 네트워크 속의 모든 사람은 정보를 가지고 있다. 하지만 아마 정리되지 않았을 것이다. 이해를 돕기 위해 프레임워크를 구성하고 핵심 내용을 탐구하자. 당신이 속한 산업 밖의 분야를 살피자. 당신이 전혀 모르는 것들을 찾아내자. 마지막으로, 정보를 구조화하자. 당신이 만들어낸 뼈대는 패턴과 움직임, 트렌드를 파악하게 해준다. 이것이 새로운 아이디어를 위한 출발점이다.

109

TIP! 맥락을 이해하는 것과 시장 조사를 헷갈리지 말자. 시장 조사는 여정의 마지막 단계에서 트렌드를 수용하거나 거부할 때 유용하다. 현재의 상황을 이해하는 것은 주로 가능성을 탐구하거나 측정할 때 유용하다.

페리드 타바키
트렌드 전문가, 스튜디오 제이트제이스트

맥락 캔버스

그로브 컨설턴트 인터내셔널의 데이비드 시베트가 개발

맥락 캔버스는 맥락에 대한 이해를 돕는 프레임워크다. 이 템플릿을 이용하여 팀원들과 서로 다른 관점을 공유하고 트렌드를 그려보자. 이 도구는 회사 외부에 존재하는 성장 동력을 찾고 미래 비즈니스의 원동력에 관해 토론하는데 도움을 준다.

포커스
맥락
이해하기

± 45분
압력솥

3–5명
그룹당 인원

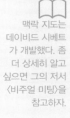

맥락 지도는
데이비드 시베트
가 개발했다. 좀
더 상세히 알고
싶으면 그의 저서
〈비주얼 미팅〉을
참고하자.

소속된 회사를 넘어 생각하자

대부분의 팀이 회사 제품이나 조직의 맥락을 살필 때, 현재를 바탕으로 하는 근시안적 시각을 갖고 있다. 맥락 캔버스는 조직과 제품이라는 틀에서 벗어나 더 넓게 생각하고, 미래 비즈니스에 영향을 줄 세상의 흐름과 변화에 관해 깊은 대화를 할 수 있도록 돕기 위해 만들어졌다.

팀을 나누어 작업하자

맥락 캔버스를 사용하는 가장 좋은 방법은 팀을 작은 단위로 쪼개 캔버스의 각 섹션을 담당하게 하는 것이다. 물론 인구통계학적 트렌드를 맡은 팀에게 기술 트렌드까지 맡게 할 수도 있다.

각 소그룹 팀이 맥락 캔버스상의 각 섹션과 관련하여 세상이 어떻게 돌아가고 있는지에 대한 의미 있는 토론를 하고, 이에 관한 포스트잇을 붙일 수 있도록 적당한 시간을 주자. 30분 정도가 좋다. 각 세션마다 최소 하나 이상의 포스트잇을 붙여야 한다. 이때 꼭 거듭 언급해야 할 것은 회사와 제품, 그리고 현재와 과거를 넘어서는 '확장'이 있어야 한다는 사실이다. 이것은 미래의 옵션과 비즈니스 디자인 기준을 이끌어주고, 현재 몸담고 있는 산업 분야나 그 세상의 맥락을 이해하는 방법이다.

핵심 동력 포착하기

모든 팀이 각자의 캔버스 섹션에서 핵심 동력을 찾아냈다면, 공통의 캔버스에 붙여가며 그것에 관한 토론을 하자. 이것은 무엇이 중요하고 혹은 연관성 있는 동력인지를 다른 팀과 함께 더 깊이 대화할 수 있게 만든다.

집단의 관점

캔버스의 모든 섹션이 채워졌다면, 팀 전체를 동원하여 미래 조직의 디자인 여정에 영향을 미칠 가장 중요한 동력을 선택하자. 여기서 한 발짝 물러나 보면, 전문가 한 명의 의견이 아닌 팀 전체, 집단의 관점을 통해 미래를 엿볼 수 있다.

인구통계학적 트렌드
학력, 취업 등 인구통계학적 자료를 보자.
이 분야의 큰 변화는 무엇인가? 또 정치
적·법적 규제는 어떠한가?

경제적 맥락
단어로 기술하거나 추상적인 말을 피하
고 구체적으로 표현하자. 어떠한 경제적
맥락이 비즈니스에 영향을 미치는가?

경쟁자
예상치 못한 경쟁자가 있는가? 새로운
시장 진입자가 있는가?

다운로드
아래 웹사이트에서
맥락 캔버스를 다운로드할 수 있다.
www.designabetterbusiness.com

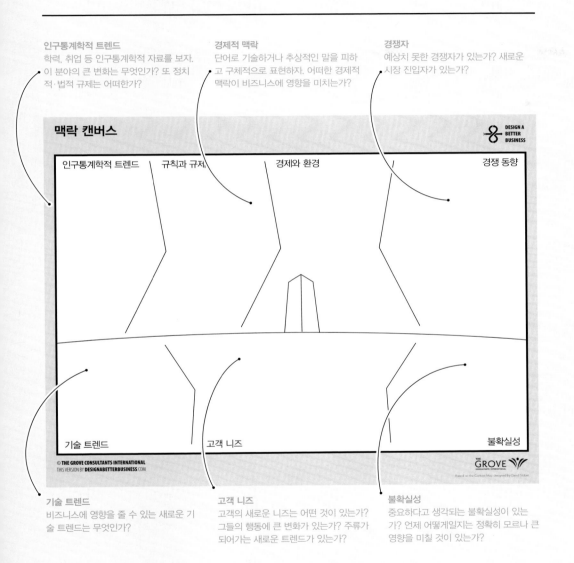

맥락 캔버스

DESIGN A BETTER BUSINESS

인구통계학적 트렌드 　 규칙과 규제 　 경제와 환경 　 경쟁 동향

기술 트렌드 　 고객 니즈 　 불확실성

© THE GROVE CONSULTANTS INTERNATIONAL
THIS VERSION BY DESIGNABETTERBUSINESS.COM

THE GROVE
CONSULTANTS INTERNATIONAL

Based on the Context Map, designed by David Sibbet

기술 트렌드
비즈니스에 영향을 줄 수 있는 새로운 기
술 트렌드는 무엇인가?

고객 니즈
고객의 새로운 니즈는 어떤 것이 있는가?
그들의 행동에 큰 변화가 있는가? 주류가
되어가는 새로운 트렌드가 있는가?

불확실성
중요하다고 생각되는 불확실성이 있는
가? 언제 어떻게일지는 정확히 모르나 큰
영향을 미칠 것이 있는가?

111

점검표

☐ 캔버스의 모든 칸을 채워야 한다.

☐ 캔버스에 기재한 내용은 증거가 있어야 한다.

☐ 가장 중요한 3가지 우선순위의 위험과 기회를
찾아야 한다.

다음 단계

〉 당신의 추측을 뒷받침할 만한 증거를 찾기.

〉 당신이 찾은 것을 다른 사람들이 생각하는 것
과 비교하기.

〉 세 달 후에 이 캔버스를 다시 꺼내 업데이트
하고 확인하기.

〉 관점 업데이트하기.

맥락 캔버스 사례: 비앤피파리바스 포티스

맥락 캔버스

인구통계학적 트렌드

규칙과 규제

경제와 환경

경쟁 동향

고령화

강화된 규제

저성장

규제 적은 분야 신규 진입

낮은 이자율

인센티브 하락

핀테크

그림자 은행

필요자본

내부 통제

기존 은행은 지속하다.

더 많은 세비스를 요구하는 고객

이윤 하락

저성과

애플 페이

일관성 있는 경험

매슬로 자아실현

특명성

클라우드

초연결된 고객들

개인화

부동산 거품

세계 경제

데이터

기술 트렌드

고객 요구

불확실

강화되는 규제

클라우드

CLOUD 그림자 은행

고객의 니즈는 무엇인가?

경쟁자는 누구인가?

돌아가기

MOVE:

THE GROVE
CONSULTANTS INTERNATIONAL
Based on the Context Map designed by Dav

DESIGN A BETTER BUSINESS

긴박감을 공유하자

내 직무는 경영의 다양한 도전 과제를 숫자와 이미지 그리고 이야기로 바꾸어 누구나 이해할 수 있게 만드는 것이다. 나는 주로 비유를 활용한다. 2014년 우리가 알던 은행이 더 이상 존재하지 않게 되었는데도 불구하고, 사람들은 여전히 과거의 생각을 고수하고 있었다.

과장해서 말하자면, 과거 은행원들은 3–6–3이라는 세 가지 숫자만 알면 되었다. 저축 이자율은 3퍼센트, 대출 금리는 6퍼센트, 그리고 3시부터는 골프를 치러 간다는 의미였다.

변화에 잘 적응하려면 은행원도 상황을 잘 인지하고 있어야 한다. 그래서 나는 사람들이 관심을 갖고 은행을 변화시키는 것에 자극을 받도록 귀에 착 달라붙는 이야기를 이미지로 전달해야 했다. 우리는 2,000여 명의 동료들과 '은행 세계'라는 맥락 캔버스를 만들고, 그 결과물을 디자이너들과 함께 시각화 했다. 이를 통해 구성원들의 관심을 유도하고, 변화하는 세상과 우리의 상황을 한눈에 이해할 수 있었으며, 동료들과 도전 과제를 수월하게 공유할 수 있었다.

113

피터 드 케이저
비앤피파리바 포티스 수석 이코노미스트

비즈니스 모델 소개

경영 전략이든 신제품이나 서비스에 관한 전략이든 미래를 위해서는 우선 비즈니스의 안팎을 이해하려고 노력해야 한다. 비즈니스 모델 캔버스는 비즈니스가 어떻게 창조되고, 전달되며, 가치를 포착하는지 알 수 있게 한다.

자신의 비즈니스 모델 이해하기

우리는 고객의 삶에 어떠한 가치를 더할 수 있는지 반드시 알고 있어야 한다. 이것은 비즈니스와 관련된 모든 토론의 기본이다.

당신의 고객은 누구이며 그들의 어떤 문제를 해결할 것인가? 그리고 그 가치를 어떻게 전달할 것인가?

비즈니스 모델 캔버스를 이용하면 이 문제를 가장 쉽게 풀 수 있다. 〈비즈니스 모델의 탄생〉이 출간된 후, 비즈니스 모델 캔버스는 더 짜임새 있고 상식적이며 일반적 언어로 전략적 대화를 가능하게 하는 완벽한 플랫폼 기능을 하고 있다.

보다 자세한 사항은 알렉산더 오스터왈더의 〈비즈니스 모델의 탄생〉을 참고하자.

모든 팀이 회사의 비즈니스 모델을 이해하고 있다고 가정하면 안 된다.

큰 조직에서 일하고 있다면 다양한 가치와 비즈니스 모델을 발견할 수도 있다. 병원을 예로 들어보자. 대학병원의 경우 크게 세 가지의 서로 다른 비즈니스 모델로 구성되어 있다. ① 환자 치료 ② 교육 ③ 리서치. 이러한 비즈니스 모델은 각기 다른 고객과 가치 제안, 그리고 수익원이 있다.

경쟁자의 비즈니스 모델 이해하기

우리는 경쟁자에게서 많은 것을 배운다. 일부 경쟁자를 선택하여 그들의 비즈니스 모델을 그려보자. 이것을 무기로 고객이 원하고, 고객이 기꺼이 지불하고자 하는 것이 무엇인지에 관한 깊은 통찰을 얻을 수 있다. 바로 고객 니즈가 어떻게 전체 산업에 관통하고 있는지 명확한 관점을 갖게 되는 것이다. 더 나아가 다른 회사들 혹은 정말 성공적인 비즈니스를 하고 있는 회사가 어떻게 시장에서 독보적인 자리를 차지하고 있었는지를 제대로 알 수 있다.

산업의 비즈니스 모델 이해하기

새로운 아이디어로 특정 산업에 뛰어들기 전에 잠재 고객과 가치를 주고받는 가장 흔한 비즈니스 모델에 관해 이해해야 한다. 예를 들어, 기후 관련 분야나 태양광 산업에 참여하고 싶다면 그 분야를 선도하는 선에디슨 회사가 어떻게 가치 창출을 하는지 이해하고 넘어가야 한다. 선에디슨의 창업자이자 대표인 지거 샤는 태양광 산업을 공부하면서 고객이 태양광 패널을 구매하는 것보다 전기세를 적게 내는 것에 관심이 있다는 사실을 알게 되었다. 이후 그는 태양광 패널이 아닌 에너지 계약을 팔고 다녔다. 그는 전력구매계약(Power Purchase Agreement)이라는 비즈니스 모델을 디자인했다. 이 비즈니스 모델로 회사는 태양광 패널 구매에 따른 자본 비용이나 운영비 걱정 없이 장기적이고 예측 가능한 가격으로 태양광 에너지 서비스 계약을 맺을 수 있게 되었다. 선에디슨 회사의 비즈니스 모델은 태양광을 세계적으로 수십억 달러의 비즈니스로 만든 선구자로 인정받고 있다.

자신의 비즈니스 모델을 평가하자

모든 비즈니스는 고객 세그먼트에 대한 이해를 지속적으로 높여나가야 한다. 117쪽에 오스트왈더가 적용했던 가장 유명한 (그리고 가장 유용한) 질문 7개가 있다.

너무 많은 비즈니스 모델

2010년 우리는 환자에 초점을 맞춘 새로운 전략을 디자인하고 싶었다. 우리는 한 병원 안에도 서로 다른 시스템으로 운영되는 다양한 부서가 있음을 알았다.

그들은 서로 다른 고객을 상대했고, 서로 다른 파트너들과 다른 가치 제안을 가지고 있었다. 결국 우리에게 다양한 비즈니스 모델이 존재한다는 것을 깨닫고 원점에서부터 다시 시작하기로 했다. 우선 각 부서별 비즈니스 모델이 어떤 것인지, 어떻게 병원의 비즈니스 모델에 반영되는지를 이해하고 그것들을 하나씩 배워갔다.

115

자신의 비즈니스 모델을 이해하는 것은 비즈니스에 더 나은 통찰을 제시하고 더불어 남을 이해하는 데에도 도움이 되었다.

(117쪽에서 마스트릭트대학 메디컬센터가 비즈니스 모델 포트폴리오를 어떻게 제작했는지 참고하자.)

대부분의 회사는 그들의 고객을 잘 모른다. 그저 거래만을 알고 있을 뿐이다.

프리츠 반 메로드
마스트릭트대학 메디컬센터 이사

비즈니스 모델 캔버스

알렉산더 오스트왈더 개발

비즈니스 모델 캔버스는 비즈니스 모델을 구조적으로 이해하는 데 도움을 주는 뛰어난 도구다. 캔버스를 통해 고객은 누구이고, 어떤 경로로 고객에게 가치 제안이 되는지, 회사가 어떻게 돈을 버는지에 대한 통찰을 가질 수 있다. 또한 비즈니스 모델 캔버스는 자신의 비즈니스 모델뿐 아니라 경쟁자를 이해하는 데에도 도움이 된다.

포커스
자신의 비즈니스
이해하기

45–60분
세션

3–5명
그룹당 인원

비즈니스 모델 캔버스는 알랙산더 오스터왈더와 예스 피구누어가 개발했다. 보다 자세한 내용은 《비즈니스 모델의 탄생》을 참고하자.

가치 제안
당신의 제품과 서비스는 무엇인가? 당신은 고객을 위해 어떠한 일을 하는가?

핵심 파트너
이들 없이는 비즈니스가 불가능한 파트너를(공급자 제외) 나열해보자.

핵심 활동
비즈니스 모델을 운영하기 위해 매일 하는 활동은 무엇인가?

핵심 자원
비즈니스를 위해 필요한 사람, 지식, 수단 그리고 자금을 적어보자.

비용 구조
핵심 활동과 핵심 자원을 유지하기 위해 드는 가장 높은 비용을 나열하자.

비즈니스 모델 캔버스

핵심 파트너	핵심 활동	가치 제안	고객 관계	고객 세그먼트
	핵심 자원		채널	
비용 구조		수익원		

DESIGNED BY **STRATEGYZER AG**

ⓦ Strategyzer
strategyzer.com

고객 세그먼트
가장 중요한 고객군 세 개를 적어보자. 가장 큰 매출을 가져다주는 고객군은 어디인가?

고객 관계
고객과의 관계가 어떻게 나타나는가? 그리고 관계를 어떻게 유지하고 있는가?

채널
고객과 어떻게 커뮤니케이션하는가? 어떻게 가치 제안을 전달하는가?

수익원
가장 높은 수익원 세 개를 나열하자. 무료로 제공되는 게 있다면, 그것도 기록하자.

1 비즈니스 모델의 필수적이고 가장 중요한 측면을 중심으로, 큰 그림을 그리며 시작하자.

2 (캔버스의) 빌딩 블록을 연결하자. 모든 가치 제안은 고객 세그먼트와 수익원이 있어야 한다.

3 서로 다른 부서, 지금 일어나고 있는 일, 미래에 일어날 일에 대한 아이디어를 섞지 말자.

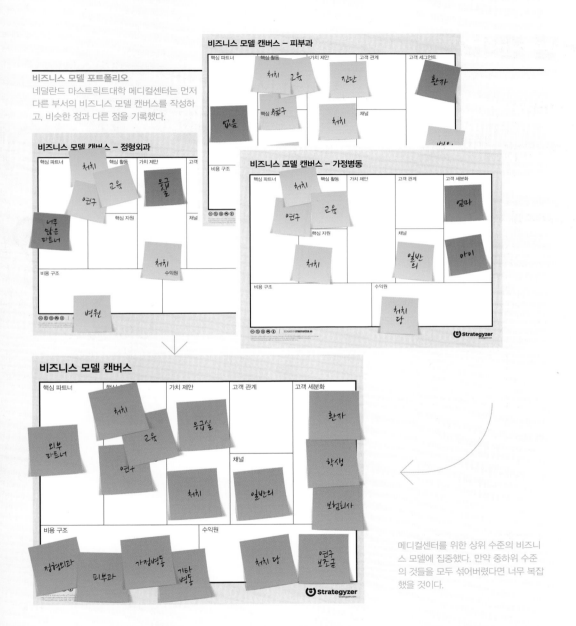

비즈니스 모델 포트폴리오

네덜란드 마스트리트대학 메디컬센터는 먼저 다른 부서의 비즈니스 모델 캔버스를 작성하고, 비슷한 점과 다른 점을 기록했다.

메디컬센터를 위한 상위 수준의 비즈니스 모델에 집중했다. 만약 중하위 수준의 것들을 모두 섞어버렸다면 너무 복잡했을 것이다.

117

점검표

각 질문마다 비즈니스 모델의
점수를 매겨보자.
(0 = 나쁜 ~ 10 = 훌륭한)

☐ 고객 이탈 시 전환 비용은 얼마나 발생하는가?

☐ 비즈니스 모델은 확장 가능한가?

☐ 비즈니스 모델은 지속적으로 수익을 창출하는가?

☐ 돈을 벌어서 쓰는가, 쓰고 나서 버는가?

☐ 다른 사람이 할 수 있는 일은 얼마나 되는가?

☐ 비즈니스 모델은 경쟁자로부터 보호받을 수 있는가?

☐ 비즈니스 모델은 기존의 상황을 바꿀 수 있는 가격 구조에 기반하고 있는가?

다음 단계

> 디자인 기준을 걸러내고, 당신이 가정한 것들 테스트하기.

비즈니스 모델 캔버스 시각화 사례

비즈니스 모델 캔버스를 스케치하면 더 크고 넓게 볼 수 있고, 참여자를 몰입하게 만들수 있다.

비즈니스 모델 캔버스에서 세부 사항에 집착하면 종종 중요한 포인트를 놓친다. 간단명료함과 연관성이 중요하다. '무성한 수풀에 뛰어드는 것'은 창의적인 과정을 없애고, 정작 봐야 할 것을 보지 못하게 하며, 불필요한 토론을 만든다. 먼저 스케치하고 토의하는 것이 솔루션이 될 수 있다. 큰 그림을 그리는 것에 집중하자. 그것이 제일 중요하다.

비즈니스 모델을 만들면서 경쟁사의 비즈니스 모델이나 다른 비즈니스 모델과 비교하고 싶다면, 핵심은 간단명료함이다. 위대한 비즈니스 모델은 확실하고 간단하다. 너무 세부적인 것은 초점을 흐리게 한다.

스토리의 요점을 간단명료하게 하려면 말 대신 그림이나 스케치를 이용하자. 더 좋은 방법은 손으로 그린 아이콘을 템플릿에서 잘라 비즈니스 모델에 끼워 맞춰보는 것이다(비주얼 스토리 텔링에 관한 것은 72쪽 참고).

이것은 전통적인 택시 회사의 비즈니스 모델 사례다. 전통적인 택시 회사의 모델은 단순하고 요즘 고객 니즈와의 연결성도 부족하다.

www.designabetterbusiness.com에서 자신만의 아이콘 세트를 다운로드하자.

관계　　고객 세그먼트

예시로 두 가지 비즈니스 모델을 제작했다. 하나는 전통적인
택시 회사의 것, 하나는 우버의 것이다. 이것으로 두 모델을
비교하면서 각각의 강점과 약점을 쉽게 찾을 수 있었다.

119

비즈니스 모델 캔버스 – 우버

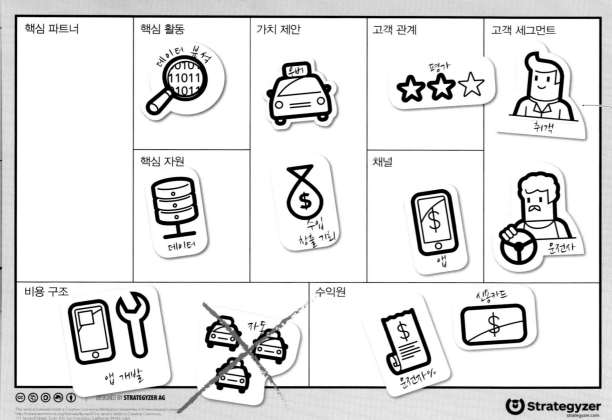

핵심 파트너	핵심 활동	가치 제안	고객 관계	고객 세그먼트
	데이터 분석	우버	평가	취객
	핵심 자원		채널	
	데이터	수익 창출 기회	앱	운전사
비용 구조		수익원		
앱 개발	자동	운전자임	신용카드	

DESIGNED BY **STRATEGYZER AG**

Strategyzer
strategyzer.com

우버의 비즈니스 모델은 서로
다른 고객층을 대상으로 한
멀티 사이드 플랫폼이다. 수입이
필요한 운전사와, A에서 B로
이동해야 하는 사람들. 우버의
강점은 플랫품을 생성하는
데이터와 이송 그리고 주문
방식의 투명성에 있다.

이해하기 집중 탐구

온라인 사파리

인터넷 시대에 온라인 사파리를 생략하는 것은 바보 같은 짓이다. 사람들이 온라인으로 실제 무엇을 하는지 빠르게 알아내기 위한 방법이 몇 개 있다. 자기 회사 온라인 포럼이나 경쟁사의 사용자 포럼을 살펴보자. 사람들이 어떤 것에 불만을 가지고 있는가? 어떤 대화를 하는가? 비슷한 제품에 관해 글을 쓰는 사람들과 트위터로 연락해보자. 그들은 소셜미디어에 어떤 종류의 사진을 올리는가? 비슷한 주제에 대한 비디오 블로그나 유튜브 채널이 있는가? 얼마나 유명한가? 거기서 당신은 어떤 트렌드를 발견할 수 있는가? 온라인에서 유명한 사람들을 팔로우하면 단시간에 많은 정보를 얻을 수 있다.

고객 사파리에 관한 보다 자세한 내용은 102쪽을 참고하자.

고객 사파리에 관한 보다 자세한 내용은 102쪽을 참고하자.

직접 해보자

한동안 고객의 입장이 되어보는 것은 손해볼 일이 아니다. 고객 그리고 그들이 선호하는 것을 알고 싶다면, 그들의 입장이 되어 그들이 하는 대로 하고, 그들이 쇼핑을 하는 곳에서 직접 해보자. 우리는 이 방법을 전문 소매 음식 마케터에게서 배웠다. 고객이 무엇에 흥미를 갖는지 궁금하면, 그들이 가는 상점에서 그들을 관찰하며 당신의 흥미를 끄는 것을 꺼내 카트에 담자. 당신의 카트에 담은 것과 고객의 것을 비교해보자. 당신이 생각하는 고객과 유사한 고객층을 발견할 수도 있고, 그들이 자주 구매하는 비슷한 품질의 제품도 찾을 수 있다. 가장 좋은 점은 고객이 당신의 경쟁자의 무엇에 끌리는지를 빠르게 배울 수 있다는 것이다.

바리스타가 되자!

정말 고객의 생각을 바꾸고 그들을 놀라게 하고 싶다면, 더 멀리 나가보자. 괜찮은 커피 카트를 구해(혹은 만들어) 사람들과 대화를 시작하자. 고객들이 시간을 보내는 곳에서 그들에게 커피를 나눠주며 이야기를 나누자. 그들이 바리스타에게 어떤 얘기들을 하는지 알게 된다면 아주 놀랄 것이다! 이게 무슨 말이냐 하면, 호스트가 되어 고객과 완벽하게 소통해보라는 것이다.

커피 챌린지를 해보자

팀원들이 사무실 밖으로 나가기를 두려워한다면 커피 챌린지를 고려하자.

앞으로 2~3주 동안 고객들과 25잔의 커피를 마시게 하자.

외부 사람과 대화할 때마다, 목록에서 커피잔 그림을 하나씩 체크한다. 가장 먼저 카드를 끝내는 사람이 이긴다! 그리고 누군가가 고객과 커피를 마시다 유효하거나 새로운 통찰을 얻어 온다면 팀 전체가 승리한다.

조직 구성원들이 이것을 도전으로 생각하게 만들자! 커피뿐 아니라 다른 많은 통찰도 함께 얻을 수 있다!

지금까지

> **어떻게 관찰하고 질문하는지를 이해했다.** 86–88쪽

> **고객의 니즈를 이해했다.** 106쪽

> **당신의 맥락을 이해했다.** 110쪽

> **당신의 비즈니스 모델을 이해했다.** 116쪽

다음 단계

> **아이디어 내기.** 140쪽
실용적인 테크닉으로 자신과 팀이 창의력 넘치는 천재가 될 수 있게 만들자.

> **혁신적인 테크닉 적용하기.** 146쪽
혁신 매트릭스는 최고의 아이디어를 골라내는 데 큰 도움을 줄 것이다.

요약

당신은 고객과 몇 잔의 커피를 마시고 싶은가?

당연한 것을 뛰어넘자.

팀원들이 당신의 비즈니스 모델을 알고 있다고 가정해서는 안 된다.

대답이 문제가 아니다.
올바른 질문이 중요하다.

당신이 지금 어디 있는지를 모르는데, 앞으로 어디로 갈지를 어떻게 알겠는가?

123

그래서
이제
알았다.

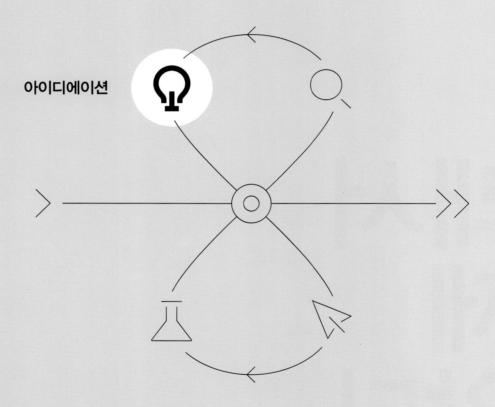

아이디에이션

디자인 여정 아이디에이션

아이디에이션 배우기
아이디어 **확장하기**
프로토타이핑할 아이디어 **선택하기**

창의적인 천재 되기

사람들은 모두 아이디어가 있다. 어떤 아이디어가 떠오르면 끝을 보고 싶어 밤을 꼬박 새우는 경우도 있다. 그럴 때면 그 아이디어가 최고라고 믿곤 한다. 하지만 실제로 쓸모 있는 아이디어는 그리 많지 않다. 아이디어는 추가되고 확장될 때 그 효과가 생기기 때문이다. 아이디어는 많으면 많을수록 좋다.

아이디에이션

샤워하다 문득 기발한 아이디어가 떠오른 적이 있는가? 대단하다고 생각할 수도 있다. 그러나 갑자기 떠오른 아이디어는 문제를 해결하거나 잠재적 니즈를 보여주는 여러 가지 방법 중 하나에 불과하다. 단 하나의 아이디어로는 어떤 문제나 잠재적 니즈에 대한 완전하고 올바른 해결책을 제시하지 못한다.

아이디에이션은 신속하게 많은 아이디어를 생성하는 것이다. 빅 아이디어, 대담한 아이디어, 실현 가능한 아이디어, 불가능한 아이디어, 심지어 진절머리 나는 아이디어 등 창의적이고 낙관적인 사고방식과 평가 또는 판단 없이 오른쪽 뇌를 사용하여, 다른 사람이 샤워하다 떠올릴 수 있는 아이디어를 가능한 한 많이 만들어내는 것이다.

아이디어가 마술처럼 갑자기 솟아나는가?

아이디에이션이 끝나면 독창적이고 재미있는 아이디어가 담긴 포스트잇이 500개 이상 생기곤 한다.

이것이 바로 미래의 선택을 이끌어 내는 연료다.

아이디어는 어디서 오는가?

우리 머릿속에는 무작위로 떠오르는 수많은 아이디어가 있다. 마치 마술처럼 불쑥 나타나기도 하고 우주에서 떨어지는 것처럼 갑자기 생기기도 한다. 또 어떤 사람들은 항상 '멋진 아이디어'를 내놓는다. 다른 사람들보다 더 자주, 더 좋은 아이디어를 내는 사람들이 있다. 그 사람은 천재일까? 그들은 최고의 아이디어를 발견하는 특별한 안테나라도 갖고 있는 것일까?

짧은 대답은 "아니요"다. 진부한 표현이지만, 사람들은 모두가 호기심과 창의력을 갖고 태어난다. 단지 활용 방법을 모르고 있을 뿐이다.

우리가 창의적인 천재라고 부르는 사람은 선천적인 호기심 감각을 사용하여 아이디어를 검증하는 능력을 배운 사람이다. 중요한 것은 우리도 똑같은 것을 배울 수 있다는 사실이다. 조금 연습하면 당신도 '창의적인 천재'와 똑같은 양의 훌륭한 아이디어를 만들어낼 수 있다. 두고 보자. 모두가 천재다.

아이디어는 아이디어일 뿐

좋은 아이디어와 위대한 아이디어는 문맥과 내용이 아니라 아이디어가 진정 실행 가능하고 효과를 발휘할 수 있는가에 있다. 간단히 말해, 아이디어는 가정에 기초한 생각에 불과하다.

아이디어 자체로는 거의 가치가 없다. 그래서 검증을 통해 아이디어를 분리해야 한다. 아이디에이션을 하면 사람들은 넓은 그물을 던져 가능한 한 단시간에 많은 아이디어를 생성하고 싶어 한다. 아이디에이션을 잘 활용하면 당신과 당신 팀은 초기 아이디어를 결합하고, 평가하며, 프로토타입을 만들고, 검증할 수 있는 새로운 아이디어를 많이 만들 수 있게 된다.

뇌에 변속기를 달자

샤워나 산책과 같은 일상생활에서 가장 창의적인 능력을 발휘하는 사람이 있다. 그러나 직장 생활에서는 비창의적인 실행 모드로 전환된다.

디자이너라면 창조적 모드에서 분석적이고 결정적 모드로의 전환이 원활해야 한다. 이것이 디자인 프로세스의 일부다. 당신과 당신의 팀도 마찬가지다. 처음에는 당신이 갖고 있는 실행 도구 벨트에 관찰과 같은 디자인 도구를 추가하는 것이 어려울 수 있다. 아마 평가하고 판단하는 것에 익숙해서 창조적인 생각과 활동을 하는 것이 어색할 수 있다. 그러나 그것만의 가치가 있다. 팀이 협력하여 서로의 아이디어를 기반으로 새로운 아이디어를 만들다 보면, 팀은 보다 빨리 동일한 목표를 향하고 있음을 알게 된다.

물론 광범위하고 체계적인 방식으로 아이디어를 구상할 수 있도록 돕는 도구와 기술은 많다. 이 챕터의 마지막에는 창조적 모드로 전환하고 더 많은 아이디어를 생성하기 위해 상자 밖에서 생각할 수 있는 새로운 방법을 보여줄 것이다. 또한 프로토타이핑과 그 유효성을 검증하기 전에, 아이디어를 평가할 수 있는 새로운 방법도 제시한다.

127

아이디에이션 완전 정복

1 창의적 엔진에 시동 걸기

팀원들과 함께 많은 아이디어를 도출하는 방법을 알고 있다면 창의적 엔진에 시동을 거는 일이 그리 어렵지는 않다. 하나의 작업 수행에 중점을 두고 창의적 사고로 적절한 분위기(공간)에서 알맞은 도구를 사용하면 된다. 시간을 제한하는 것도 중요하다. 하루 종일 아이디어를 짜내는 것은 비생산적이다. 시간을 제한하고 주어진 공간에서 아이디어를 내놓자. 연료를 다 써버렸다고 생각되면, 아이디어를 재구성하고 그것들을 구조화하자.

2 디딤돌 쌓기

많은 아이디어를 쏟아놓을수록 많은 기회가 생긴다. 아이디어 위에 새로운 아이디어를 쌓고 흥미로운 연결을 만들어낼 기회가 더 많아진다는 말이다. 미래를 향한 디딤돌은 순서와 숫자가 중요한 것이 아니다.

3 의식 만들기

숙달된 사람도 정신을 가다듬고 창의성을 발휘하여 아이디어를 짜내는 데는 시간이 필요하다. 특정한 아이디에이션 의식을 불쏘시개처럼 사용하는 것도 나쁘지 않다(114쪽 참고). 꾸준히 연습하면 그 영역에 도달할 때까지 어느 정도의 시간이 필요한지를 알 수 있게 된다. 중요한 것은 그 시간 동안은 어떠한 방해도 없어야 한다는 것이다.

4 도구 이용하기

브레인스토밍만으로 아이디어를 정복하려는 생각은 위험하다. 가치 있는 아이디어를 만들어내기 위한 도구는 많다. 비즈니스 모델 캔버스와 크리에이티브 매트릭스 등이 그것이다.

TIP! 어떻게 해야 더 많은 디딤돌을 만들 수 있을까?

무작위 추출
사전에서 무작위로 단어를 추출해서 사용해보자. 10~20개의 단어를 골라 조합하면 새로운 연상과 아이디어를 도출할 수 있다.

유추
비슷한 상황을 찾는다. 당신의 아이디어 혹은 문제를 핸드폰으로 옮겨 생각해보자. 경마장으로 옮겨 볼 수도 있는가? 주변에서 영감을 주는 모든 것을 찾자.

결합
아이디어를 전혀 상관없는 것과 결합해본다. 또는 책상 위에 있는 물건, 사람, 행동에 적용해보자. 다르게 보이는가?

극단적 생각
당신이 직면할 수 있는 아이디어의 극단적 상황은 무엇인가? 아이디어를 날려버릴 수도 있는가? 당신 아이디어의 정반대에는 무엇이 있는가?

의인화
아이디어를 동물로 가정해보자. 어떤 동물에 가까운가? 특징은 무엇인가? 집에서 키울 수 있는가? 차라면? 혹은 사람이라면?

아이디어 묘사 도구를 사용하면 새로운 아이디어를 확장하고 탐구하기에 용이하다. 예를 들어 비즈니스 모델 캔버스는 각각의 아이디어를 더 깊이 파고 들어갈 수 있는 프레임워크를 제공한다.

5 깊이 파고들기

많은 아이디어를 도출했으면 이를 공유하며 확장해 나갈 차례다. 프로토타입을 작성하고 검증 단계에 적용할 아이디어를 몇 개 선택하여 좀 더 깊이 검토하자. 각 아이디어의 핵심은 무엇인가? 누구의, 어떤 문제를 해결하고자 하는가? 고객은 기꺼이 지불할 것인가? 처음에 고객에게 그것을 어떻게 알릴 것인가?

이러한 것을 전부 깊이 탐구할 수는 없다. 그러나 일부 아이디어의 경우 맥락을 파헤치고 당신과 팀이 도출하는 아이디어가 가장 가치 있다고 생각하면 못할 것도 아니다.

초기 아이디어를 과감히 버리자

디자인과 비즈니스의 핵심은 새로운 아이디어를 개발하는 것이다. 그러나 우리는 더 중요한 것이 '편집'이라는 사실을 잊곤 한다. 아이디어 과정에서 단어나 이미지 또는 두 가지 모두를 사용해 최대한 많은 아이디어를 종이에 표현해야 한다.

우리는 종종 아이디어 중 일부가 어리석거나 불확실할 수 있다는 사실을 두려워한다. 두려움을 버리자. 첫 번째 아이디어를 버리는 것은 더 깊은 사고를 위한 공간 확보에 도움이 된다. 첫 번째 아이디어가 실제로 가장 적절한 것으로 밝혀질 수도 있지만, 정확하게 평가하기 전에는 가능한 한 많은 옵션을 탐구해야 한다. 개발할 수 있는 아이디어가 많을수록 최선의 선택을 할 가능성이 커진다. 11시간 만에 떠오른 아이디어를 버릴 수 있는 용기도 필요하다.

아이디어는 어디에서나 올 수 있지만, 언제든지 지워질 수 있음을 명심하자. 아이디에이션은 여러 사람이 동시에 참여할 때 가장 큰 영향력이 생긴다. 그렇게 하면 우리는 다른 사람의 생각을 기반으로 더욱 발전할 수 있다.

케빈 핀
더섬오브 크리에이티브 디렉터

1에서 10까지

건강 관련 프로젝트의 일환으로 우리는 프로토타입 몇 개를 만들었다. 인터뷰와 시장 조사에서 훌륭한 통찰력을 갖게 되었으며, 그것은 바로 우리가 필요로 하는 새로운 비즈니스 모델 전략이었다.

전자제품을 제조하는 회사가 제품 판매를 주도할 수도 있다는 사실을 알았다. 또한 우리는 온라인 서비스를 통해 새로운 부가가치를 만들어내는 방법에도 관심이 많았다.

새로운 아이디어 창출을 위해 팀은 며칠간 혁신 룸에 모였다. 신제품에 대한 아이디어를 비즈니스 모델 캔버스에 빠르게 그려 넣고, 300개 이상의 아이디어를 도출했으며, 이러한 아이디어를 10개의 서로 다른 비즈니스 모델 옵션으로 묶었다.

탐구와 디자인 접근법을 사용하여 새로운 옵션을 신속하게 만들 수 있었다. 또한 기본 가정을 분석할 수 있는 프레임워크를 제공했다. 다양한 비즈니스 모델 대안을 평가하기 위해 프레임워크에 고객 중심의 접근법을 적용했다.

이러한 새로운 방식의 아이디에이션으로 혁신이 더욱 활성화되었고, 우리는 이러한 도구를 프로세스의 일부로 사용하게 되었다.

가브리엘 루빈스키, 파나소닉 신제품 혁신 담당 매니저

약 판매 말고 뭐?

한 제약 회사는 비즈니스 모델 캔버스를 새로운 아이디에이션 연습에 사용했다. 의약품 판매 사업에 확신을 갖고 있던 회사는 캔버스에서 그것을 제거하는 것에 큰 우려를 표시했다.

CEO는 "여러분이 우리 사업을 제대로 이해하지 못하고 있습니다. 회사 매출의 100%가 약 판매에서 나오거든요"라고 반박했다.

그럼에도 우리는 우스꽝스러운 시나리오를 30분 넘게 발표하면서, 참여한 사람들이 무엇을 생각할 수 있는지 지켜보았다.

강제적이었지만 이러한 과정을 통해 완전히 새로운 시각으로 비즈니스를 보게 되었다. 연구팀은 잠재적 수익원으로 고려하지 않고 있는 암 치료에 대한 엄청난 지식을 갖고 있음을 발견했다.

**아이디어를 낼 때, 목록을 만들라고 하지 말자. 이것은 7개 이상의 아이디어를 낼 수 있는 사람의 능력을 제한하는 것과 같다.
또한 일관되거나 완벽한 결과를 미리 촉구하는 것과 같다. 처음에는 정리되지 않은 포스트잇으로 아이디어를 자유롭게 낼 수 있게 하자.**

수백만 명의 삶 개선하기

나는 의료, 기술, 마케팅 및 다양한 기능 부서의 대표들과 아이디에이션을 진행했다. 우리는 많은 아이디어를 스케치한 후 이것들을 어떻게 구조화할 것인지 생각했다.

나는 개발도상국에 사는 천만 명의 삶을 향상시키는 단 하나의 기준만을 원했다. 하루가 끝나갈 무렵 우리는 가능성이 높은 비즈니스 모델 몇 개를 찾아냈다. 상업적 성공만이 아니라 삶의 변화를 가져올 수 있는 것이었다. 3년 뒤 지속적으로 3가지 모델을 시장에 적용해왔던 그 사람은 다시 1억 명이 넘는 사람에게 어떻게 적용할 지를 놓고 고민하고 있다.

알렉스 데이브지, 부파 비즈니스 전략 개발부장

안전하게 말하기

전통적인 금융 회사는 새로운 성장을 위한 파괴적 아이디어를 원했다. 상위 60명의 임원과 2일간 외부에서 아이디어 회의를 열었다. 항상 세부지침 준수와 위험 최소화를 강조하는 금융 회사의 기업 문화 때문에, 참여자들은 개방된 형식의 미팅에 참석하여 생생하고 다양한 아이디어를 내놓고 공유하는 것에 익숙하지 않았다.

참가자가 더욱 적극적으로 참여할 수 있도록 진행자는 도발적인 질문과 솔직한 피드백을 뒷받침할 수 있는 장치가 필요했다. 그래서 '안전한 말하기'라는 놀이 카드를 만들었다. 참가자들은 보다 개방적이고 질문에 기반한 행동을 모델링하기 위해 서로를 칭찬했다.

놀이 카드는 새로운 아이디어 개발을 촉진할 뿐 아니라 동료의 창의적인 면을 볼 수 있는 기회가 되었다.

131

토요타 금융서비스는 어떻게 그들의 창의적 천재성을 북돋울 수 있었나?

우리는 음반 회사처럼
망하고 싶지 않다.

조지 보스트, 토요타금융서비스 CEO

토요타 사례 연구

토요타금융서비스와
빅 아이디어

2012년 토요타자동차 자회사인 토요타금융서비스 그룹은 많은 도전과 압력 속에 있었다. 토요타자동차는 엄청난 수의 자동차를 리콜했고 외부 경제 환경은 크게 바뀌고 있었다. 토요타금융서비스 CEO인 조지 보스트는 이런 환경 변화에 따라 사업에도 큰 변화가 필요하다고 느꼈다.

이익 늘리기

긴박감을 공유하고 이익을 늘리기 위해 조지 보스트는 경영진에게 거의 불가능할 정도로 높은 목표치를 설정했다. 그는 모든 지출을 동결하고 5년 후에 회사 이익을 두 배 늘리라고 지시했다. 그리고 혁신 팀을 만들어 시장 변화에 대응할 수 있는 새로운 방법을 찾으라고 지시했다. 과거 토요타금융서비스의 많은 직원들은 미래를 생각하며 회사를 운영해왔지만, 새로운 파괴적 기회를 찾을 기회가 생기면 여전히 전통적인 평가와 관행에서 벗어나지 못했다. 누군가 새로운 것을 제시하면 거기에는 지식의 저주가 있었다. 계획 위에 계획, 스프레드시트 위에 스프레드시트, 매트릭스 위에 매트릭스가, 그리고 스코어카드 위에 스코어카드가 있었다. 대부분의 사업 계획은 모두 시장 트렌드 보고서에서 가져왔다. 경

토요타금융서비스와 **빅 아이디어**

영진은 전통적인 방법으로는 회사의 미래 목표를 제대로 만들 수 없다는 사실을 알게 되었다. 새로운 도구와 방법을 찾기 위해 전혀 새로운 팀을 조직했다.

변화를 위한 준비

회사는 임직원들이 향후 5년 동안 어떻게 사업을 확장하고 싶어 하는지를 알고자 했다. 직원들에게 내부 포털을 통해 자원 최적화와 비용 관리 등에 초점을 맞춘 아이디어를 제출하게 했다.

60개 이상의 아이디어가 나왔고 아이디어를 혁신 매트릭스에 그려 넣자 경영진은 두 가지를 발견했다.

첫째, 모든 아이디어는 비즈니스 모델 캔버스 왼쪽 측면, 즉 내부 운영에 몰려 있었다. 그 어떤 아이디어도 고객과 회사를 위한 가치 창출에 해당하는 오른쪽 4분면에 있지 않았다.

인사이트 비용을 줄이는 것은 쉽다. 그러나 가치 창출을 위한 새로운 아이디어를 찾는 건 쉽지 않다.

인사이트 시작을 잘해야 프로세스가 제대로 돌아간다.

둘째, 경영진은 대부분의 아이디어를 점진적 변화에 관한 것으로 인식했다. 하지만 점진적 변화로는 5년 후 두 배의 매출을 올릴 수 있다고 확신하는 사람이 아무도 없었다.

위기 탈출용 부싯돌

경영진은 해당 팀이 더 넓게 생각하고 초기 아이디어를 확장하면서 새로운 가치를 만들어낼 수 있도록 만들고자 했다. 외부의 도움을 받아 해당 팀에 위기 탈출용 부싯돌이 될 수 있을 만한 질문 네 개를 준비했다.

외부 팀의 목적은 두 가지였다. 간단하고 직관적인 질문을 중심으로 해당 팀을 도전적으로 만드는 것, 그리고 해당 팀이 5년 후 두 배의 매출과 새로운 가치를 창출한다는 중요한 목표를 만들어 낼 수 있도록 관리하는 것이었다.

부싯돌 준비하기

1 ### 보험에 대해 다시 생각하기

보험에 대해 다시 생각해보면 어떨까?
만약 사업을 원점에서 다시 시작한다면?

2 ### 경비 50% 삭감하기

경비를 50% 삭감하려면 어떻게 해야 할까?
어느 지점에서부터 방향을 돌려야 할까?

3 ### 파트너 놀라게 하기

어떻게 하면 우리 파트너 또는 딜러를 놀라게 해줄 수
있을까? 그들과 함께 만들어갈 수 있을까?

4 ### 브랜드 사랑하게 만들기

어떤 재무적 도움이 있어야
고객이 우리 브랜드를 사랑할까?

부싯돌을 시각화하고
워크숍을 하는 장소에 이를 붙여 놓으면
아이디에이션에 큰 도움이 된다.

좀 더 나은 미래를 디자인하는 것, 이것이 바로 당신 일상의 주요 업무다.

– 조지 보스트, 토요타금융서비스 전 CEO

예행 연습

아이디에이션에 들어가기 전에 경영진이 원하는 것들을 파악하기 위해 사전 워크숍을 진행했다. 몇몇 사업부의 핵심 리더는 회사와 고객의 현재 상태를 보여주는 비즈니스 모델과 가치 제안 캔버스를 하루 반나절 만에 만들어냈다.

진행 팀은 사전 워크숍을 통해 회사 경영진 내에서도 현재 비즈니스 모델에 대한 합의와 이해가 부족하다는 사실을 알게 되었고, 결국 이것이 경영진 내에서 회사의 전략 방향을 제시하지 못하는 요인으로 작용한다는 사실을 알았다. 진행 팀은 또한 다양한 도구 사용과 시각화 작업으로 대화를 훨씬 쉽고 실용적으로 만들 수 있음을 깨달았다.

실전 회의

예행 연습이 끝나고 토요타금융서비스의 최고 경영진과 관리자 55명이 미국 캘리포니아주 산타모니카에서 2시간 동안의 전략 계획 워크숍을 가졌다. 준비가 끝난 후, 주최 측은 참가자들이 회사의 더 밝은 미래를 설계하는 방법에 대해 더 잘 이해할 수 있기를 원했다. 〉〉

135

토요타금융서비스와 **빅 아이디어**

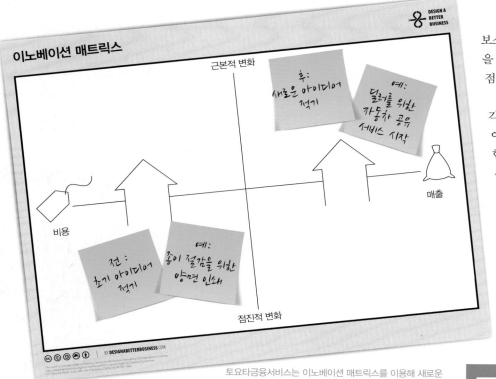

이노베이션 매트릭스

근본적 변화

후:
새로운 아이디어
적기

예:
딜러를 위한
자동차 공유
서비스 시작

비용 ——— 매출

전:
초기 아이디어
적기

예:
종이 절감을 위한
양면 인쇄

점진적 변화

BY **DESIGNABETTERBUSINESS**.COM

토요타금융서비스는 이노베이션 매트릭스를 이용해 새로운
아이디어를 검증했으며 적용할 수 있는 적합한 아이디어를
선별했다. 어떻게 사용하는지는 146쪽을 참고하자.

보스트는 상황을 설정한 후 슬로건을 제시했다. "5년 후 이익을 두 배로 늘린다." 첫날부터 참석자들 대부분은 그들의 관점을 바꿔야만 했다.

각 팀이 비즈니스 모델을 구축하기 시작하면서 놀라운 발전이 있었다. 진행 팀은 주요 고객이 실제로 누구인지에 대한 합의가 부족했다는 것을 알게 되었다. 자동차 딜러 또는 최종 소비자인지 혹은 둘 다인지. 딜러가 고객인가? 보스트는 참가자들에게 "우리가 토론하고 의견을 달리할 수는 있지만, 결정을 내려야 한다"라고 말했다.

팀은 회사가 비즈니스 모델에서 제공하는 주요 고객이 딜러와 최종 소비자 모두라고 결론을 냈다. 그들은 현재의 비즈니스 모델에 대한 공감대를 가지고 첫날을 마감했는데, 이런 적은 처음이었다.

인사이트 우리는 긴장감을 공유하기 위해 슬로건부터 만들기 시작했다.

DAY 2
아이디에이션

인사이트 사람들이 상자 밖에서 생각하게 할 수 있도록 필요한 기법을 사용하자.

다음 날 참가자들은 첫날 얻은 다양한 부싯돌을 사용해서 새로운 비즈니스 모델 구상을 시작했다.

그들은 새로운 비즈니스 모델 캔버스의 왼쪽과 오른쪽이 가치 창출, 전달, 포착이라는 목표에 의해 서로 연결되어 있는지를 확인했다. 또한 목표를 향하고 있는지, 다른 블록과 링크가 되어 있는지를 확인했다.

하루 일과가 끝나면 각 그룹은 디자인 기준에 따라 새로운 비즈니스 모델에 적용할 수 있는 가장 유망한 아이디어를 선택하고 무대 위에서 발표했다. 청중은 각 아이디어를 CEO처럼 평가하여 이익을 두 배로 늘릴 수 있는 모델에만 자금을 할당했다.

두 번째 날이 끝날 무렵, 각 그룹은 회사를 발전시키기 위한 4가지 구체적인 모델을 제시했다.

DAY 3
더블 루프

외부 회의를 마무리하는 것은 시작하는 것 못지않게 중요하다. 진행 팀은 다음 단계가 제대로 준비되어 있는지 확인했다.

"이번에는 우리가 아이디어를 구체적으로 만들었고 앞으로 어떻게 할 것인가도 알았습니다. 어떤 방식으로든 이를 수행할 만한 사람이 부족하지는 않습니다. 저는 이런 일이 생길 것이란 사실을 전혀 몰랐어요."라고 CFO 크리스 볼링거가 말했다.

보스트는 외부 회의를 통해 아주 실질적인 도구를 갖게 되었다고 결론짓고, 이러한 과정을 필요할 때마다 정기적으로 진행하자고 했다. 그는 경영진과 관리자가 그동안 기울여온 노력을 지속시킬 수 있도록 지원하는 것이 자신의 임무라고 말했다.

인사이트 우리는 토론하고 논쟁했지만 동의하지 않았다. 그러나 결정할 필요가 있었고, 우리는 그렇게 했다.

더 나은 미래를 디자인하는 것은 부업으로 해야 하는 일이 아니다. 매일 해야 하는 중요한 업무다.

우리는 부싯돌을 시각화했고 워크숍 회의실 벽에 붙였다. 아이디에이션 하는 동안 이것들은 큰 도움이 되었다.

137

아이디에이션 소개

샤워하는 도중에 떠오른 아이디어를 책상 위로 꺼내 오기 위해서는 아이디어를 확장하고 탐구하는 적정한 규모의 팀과 올바른 도구가 있어야 한다. 여기 팀과 함께하는 아이디에이션 방법이 있다.

시작하기

아이디에이션을 시작할 때는 '평가'에서 벗어나 있어야 한다. 물론 쉬운 일은 아니다. 특히 비판적 사고에 젖어 있거나, 많은 결정을 내리거나, 다른 사람의 일을 평가하는 직업을 갖고 있으면 더욱 어렵다. 하지만 너무 걱정하지 말자. 이상주의자들을 위해 만들어진 약간의 도구와 스킬을 사용하면 시간을 단축할 수 있다.

시간을 갖자

자신과 팀이 본격적인 아이디에이션 모드로 전환하기 위해서는 15~20분 정도의 시간이 필요하다. 이를 아이스브레이킹이라 하는데, 이는 아주 큰 변화를 가져온다. 보다 즐겁고 재미있는 사고 방식으로의 전환이 아이디에이션에 큰 도움이 된다. 다른 것과 마찬가지로 연습하면 할수록 더 좋아진다.

주의 사항: 하루 종일 아이디에이션을 하는 것은 좋지 않다. 비효율적일 뿐 아니라 빨리 지친다. 아이디어 확장보다는 아이디어에 대한 논쟁에 빠질 가능성이 크다.

차단하지 말자

창조적 흐름을 방해하는 '차단'에 유의해야 한다. 아이디어를 조기에 평가하고 판단하려 하면 창조적 흐름이 막힌다. 이를 극복하려면 "예. 그러나"보다는 "예, 그리고"의 말을 사용하자. 팀원 모두가 성과를 위해 노력하는지 확인하자. 언젠가 악당처럼 변할 수도 있다.

지나치게 많이 생각하지 말자

아이디에이션에서 중요한 점은 벽에 붙어 있는 모든 아이디어의 의미를 너무 깊이 생각하지 않는 것이다. 두뇌가 원하는 것은 무엇이든 끌어낼 수 있어야 한다. 그리고 진행자는 생각의 흐름을 유도하는 것이 아니라, 녹음기와 같은 역할을 해야 한다. 이 또한 연습이 필요하다.

캔버스를 활용하자

창의적 엔진에 시동을 거는 것은 쉽지 않다. 물론 사람들은 자신이 좋아하는 아이디어를 발전시키려 한다. 그러나 아이디에이션에서는 아이디어 이상의 것을 만들고 확장하려 노력해야 한다. 가장 좋은 방법은 비즈니스 모델 캔버스 또는 가치 제안 캔버스를 활용하여 세션을 구성하고 확장하는 것이다. 비즈니스 모델 캔버스를 사용하면 더 깊이 생각할 수 있다.

상상 속 세계로 나가자

때론 우주여행을 떠나보는 것도 좋다. 완전히 새로운 상상을 하는 것이다. 모든 것을 처음부터 다시 시작해야 한다면 어떨까? 오늘 당장 당신이 하는 일을 모두 그만두면 어떤 일이 벌어질까? 이 질문은 팀의 현재 전략과 한계를 뛰어넘어 아이디어를 확장하는 데 도움이 된다. 현실에서 벗어나면 다른 사람의 아이디어를 바탕으로 더 큰 아이디어를 많이 만들어낼 수 있다. 지구에 다시 착륙했을 때 당신은 전력을 보강하거나 전혀 새로운 것을 만들어낼 수 있는 무언가를 배웠을 것이다.

아이디어 벽

바쁜 아이디어 세션의 결과를 기록하는 가장 좋은 방법이다. 포스트잇을 벽에 붙이면 내성적인 사람에서 외향적인 사람까지 모두가 창조적으로 함께 참여했다는 성취감을 갖게 된다. 다른 팀이 아이디어 벽에 새로운 것을 덧붙일 수도 있다. 이는 누군가의 제안을 재미있고 흥미로운 방식으로 지적하는 것과 같다.

지구로의 귀환

팀과 함께 아이디에이션을 하면서 느꼈던 긴장 상태는 어느 시점이 되면 느슨해진다. 아이디어 만드는 속도가 느려지고, 이제는 정말 새로운 아이디어가 필요하다고 느끼게 된다. 집단 에너지가 사라지기 시작한 것이다. 이 상태를 정확하게 인식해야 한다. 바로 휴식이 필요한 순간이다. 당신과 당신의 팀이 만든 아이디어를

> **TIP!** 당신이 만든 창작물에 먼지가 쌓이지 않도록 하자. 즉시 처리하고 숨겨진 보석을 찾는 게 중요하다.

평가해보자. 에너지 레벨을 높이는 데 도움이 될 것이다.

노력의 결과

아마 수백 개의 아이디어를 생성하고 (실제로는 아니겠지만) 이것들로 아이디어 벽을 가득 채웠을 것이다. 이제 정리할 때다. 이것을 잡무로 생각해서는 안 된다. 아이디어를 정리하다 보면 실제로 새로운 조합의 아이디어가 생기곤 한다(디딤돌 개념을 기억하자). 비슷한 아이디어를 함께 모아 큰 제목이나 헤드라인으로 묶는 것이 아이디어를 정리하는 좋은 방법이다. 아이디어가 만족스러울 때까지 반복하자.

만족할 만한 아이디어가 모아지면 적용 가능한 것을 골라내야 한다. 이 부분 또한 고민할 필요가 없다. 이 챕터의 뒷부분에 신속하고 정확하게 작업을 수행하는 데 도움이 되는 좋은 도구들을 제시했다. 어떤 아이디어가 좋은지 골라내는 긴 시간의 논쟁을 종이 위에서 하는 것은 시간 낭비다.

크리에이티브 매트릭스

일반 옵션
아이디어
생성하기

± 15분
압력솥

3–5명
그룹당 인원

만약 모든 사람의 아이디어가 동일한 영역에서 나타난다면, 이제는 생각의 경계를 넓혀야 할 순간이다.
지금 바로 크리에이티브 매트릭스를 사용하자.

크리에이티브 매트릭스

아이디에이션의 목표는 팀원의 생각과 아이디어를 확장하는 것이다. 무언가를 창조하기 위해 아주 중요한 순간이다. 전후 맥락의 연결이나 연습이 없다면, 우리가 알고 있는 것 혹은 샤워할 때 번뜻 떠오른 아이디어를 뛰어넘는 것 이상으로 확장할 수 없다.

크리에이티브 매트릭스는 이러한 것을 고려해 고안되었다. 기본적으로 크리에이티브 매트릭스는 분리된 카테고리의 교차점에서 새로운 아이디어를 발굴하는 데 도움이 된다. 이는 확산적 사고에 관한 것이다. 무엇보다도 자신의 디자인 기준, 활동하고 있는 시장, 제품과 서비스를 사용하고 있는 고객 등과 같은 기준을 바탕으로 자신만의 독창적인 크리에이티브 매트릭스를 만들 수 있다.

그리드

자신만의 크리에이티브 매트릭스를 만들려면 화이트보드나 포스터 용지에 그리드를 5행 5열 이하로 그리고, 각 행에 토픽이나 "우리가 이렇게 해볼까?"와 같은 솔루션을 적는다.

각각의 행에 기존 혹은 새로운 고객 세그먼트를 지정하고, 각 열에는 특정 기술이나 가능한 솔루션 혹은 가치 제안을 지정한다. 때론 마지막 행과 열을 오픈 아이디어를 위한 와일드카드로 지정할 수도 있다.

셀 채우기

매트릭스를 그렸으면 이제는 생각할 시간이다. 포스트잇을 사용하면 매트릭스에 사람들의 많은 아이디어를 빠르게 채울 수 있다. 단어도 좋고 사진이나 이미지면 더 좋다. 목표는 단일 셀에 하나 이상의 아이디어를 적는 것이다.

더 많은 아이디어를 도출하기 위해 인센티브를 부여하려면, 각각의 포스트잇에 점수를 준다. 가장 높은 점수를 획득하면 승자가 된다.

모든 셀이 채워지고 제한 시간이 되면 아이디어를 검토하자. 마치 그림처럼 크리에이티브 매트릭스 주변에 아이디어가 모여 있다. 모든 사람이 서로의 작품을 볼 수 있는 기회를 충분히 준 후, 각자가 좋아하는 아이디어를 외치게 한다. 거기서부터 앞으로 진행할 가장 유망한 아이디어를 선택한다.

각 세그먼트의 가치, 수익 모델 등 원하는 것을 추가하거나 같은 것에 변화를 주고 생각해보자.

위에는 다른 고객을 넣어보자. 이런 식으로 각각 고객의 요구에 부응하는 아이디어를 도출할 수 있다.

원하는 만큼 칼럼을 추가할 수 있지만, 효과적인 결과 도출을 위해서는 20개 정도의 셀이 적당하다.

한밤중까지 사무실에 남아 있는 사람들을 어떻게 하면 좋을까?

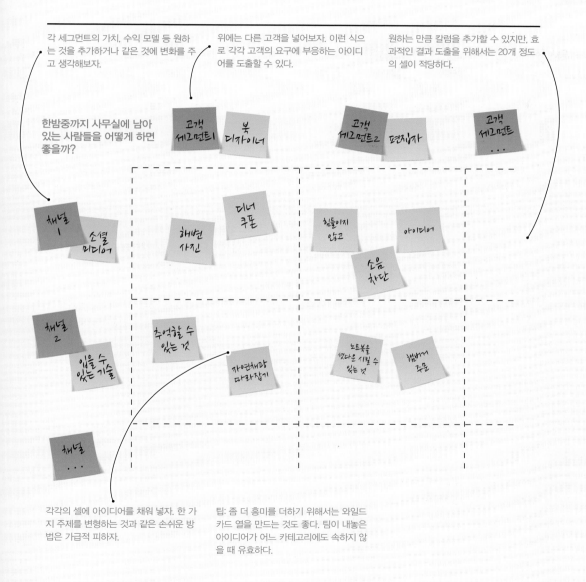

고객
세그먼트1

북
디자이너

고객
세그먼트2

편집자

고객
세그먼트
...

채널
1

소셜
미디어

해변
사진

디너
쿠폰

힘들이지
않고

아이디어

소음
차단

채널
2

얻을 수
있는 기술

추억할 수
있는 것

자연채광
따라잡기

노트북을
껏다운 시킬 수
있는 것

한밤거리
주문

채널
...

각각의 셀에 아이디어를 채워 넣자. 한 가지 주제를 변형하는 것과 같은 손쉬운 방법은 가급적 피하자.

팁: 좀 더 흥미를 더하기 위해서는 와일드 카드 열을 만드는 것도 좋다. 팀이 내놓은 아이디어가 어느 카테고리에도 속하지 않을 때 유효하다.

141

점검표

- [ ] 각 셀의 아이디어가 말이 된다.
- [ ] 아이디어가 구체적이고 잘 정의되었다.
- [ ] 빠진 카테고리가 없다.

다음 단계

〉 새로운 아이디어 검증해보기.

비즈니스 모델 캔버스 아이디에이션

비즈니스 모델 캔버스를 제대로만 활용하면 아주 기가 막힌 아이디에이션 도구가 된다.
여기서 소개하는 도구를 좀 더 개발해서 나중에 사용할 수도 있다. 잘 준비하자.

일반 옵션
아이디어
생성하기

± 30분
압력솥

3–5명
그룹당 인원

비즈니스 모델
캔버스에 관해서는
116쪽을 참고하자.

새로운 관찰

현재 비즈니스 모델을 기반으로 한 가장 이상적인 아이디어는 무엇인가? 다른 회사의 비즈니스 모델을 사용하여 크리에이티브 엔진을 개선해보자. 이것이 새로운 관찰을 위한 아이디에이션의 목적이다.

새로운 관찰은 비즈니스 업계 외부의 다른 회사 비즈니스 모델을 혼합하고 매칭하여 어떤 변화가 생기는지를 확인하는 것이다. 예를 들어, 우버 또는 아마존의 모델을 당신 회사에 적용하면 어떻게 될까? 넷플릭스나 스포티파이와 같이 회사를 운영하면 어떻게 될까? 이지제트 또는 애플이 정보를 제공한다면 가치 제안은 어떻게 바뀔까?

회사가 온라인 비즈니스든 오프라인 소매점이든, 아니면 유명하든 유명하지 않든 중요하지 않다. 당신은 다른 회사의 렌즈를 통해 자신의 비즈니스를 보는 것이다.

자신의 핵심 가치를 제거하자

자신만의 특별한 역량(가치를 창출하고 전달하며 확보하기 위해 보유하고 있는 것)을 정의하기 위해 비즈니스 모델을 점검하자. 예를 들어, 당신이 소프트웨어 관련 사업을 한다면, 아마도 소프트웨어를 개발하고 판매하는 것이 최우선일 것이다. 또는 대체하기 불가능한 파트너를 갖고 있거나 특별한 고객

층이 있을 수 있다.

이제 포스트잇을 하나씩 제거하자. 비즈니스 모델에 큰 구멍이 생긴 것에 기회가 있다. 이제 숙제는 그것을 교정하려 노력하는 것이다. 부정행위는 없다. 제거된 포스트잇을 다시 몰래 사용해서는 안 된다. 이렇게 함으로써 분명히 새로운 아이디어가 생길 것이다.

진원지

비즈니스 모델 캔버스는 동적인 시스템이다. 각 블록마다 상호 작용의 원인과 결과가 있다. 하나의 요소를 변경하면 다른 요소에 영향을 준다.

진원지 중심의 아이디에이션을 활용하여 9개의 서로 다른 상자 혹은 진원지를 효과적으로 정리할 수 있다. 진원지 한 곳을 남겨두고 나머지는 모두 지우는 방법도 있다. 한 가지만을 유지하면서 새롭게 만들 수 있는 것은 무엇인가? 규칙을 지키면서 만들 수 있는 것은 무엇일까? 기존에 가지고 있는 회사 자원만으로도 완전히 새로운 비즈니스 모델을 만들어낼 수 있을까?

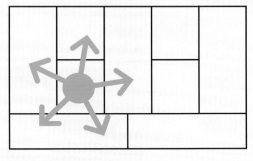

진원지: 자원 유도
모든 비즈니스는 주요 자원을 가지고 있다. 아마존의 경우 IT 인프라다. 지금 갖고 있는 주요 자원을 활용해 새롭게 시작할 수 있는 사업은 어떤 것이 있을까?

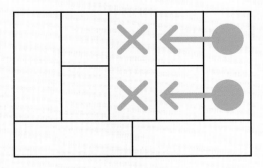

패턴: 다면 플랫폼
다면 플랫폼은 두 개 혹은 그 이상의 고객 세그먼트를 제공하는 비즈니스 모델이다. 하나의 고객 세그먼트는 일반적으로 다른 고객 세그먼트와 가치를 교환하기 위해 채널을 플랫폼으로 사용한다. 구글은 애드워즈라는 다면 플랫폼을 사용하여 광고주로부터 수익을 창출하고 있다.

아마존은 클라우드 인프라를 사용하여 수익을 창출할 수 있다고 생각했다.

이 방법을 사용하는 데 집중할 수 있는 영역으로는 고객 세그먼트(고객에 제공할 수 있는 다른 것), 가치 제안(회사가 처리할 수 있는 다른 고객 세그먼트), 수익 흐름(다른 방법으로 판매 또는 임대할 수 있는 제품 혹은 서비스), 채널(채널을 활용하여 할 수 있는 다른 것) 등이 있다.

패턴 따라 하기

기존의 비즈니스 모델을 조사하면 다양한 패턴이 있음을 알게 된다. 기존의 비즈니스 모델 패턴을 적용하여 새로운 고객 요구를 해결하고 새로운 수익을 창출할 수도 있다. 잘 알려진 비즈니스 모델 패턴의 사례로는 가입비를 수입원으로 사용하거나, 플랫폼을 이용하여 제품을 판매하는 것이다(값싼 손잡이와 비싼 면도기 날, 값싼 프린터와 비싼 잉크 등).

점검표

- ☐ 6가지 이상의 비즈니스 모델 옵션을 찾는다.
- ☐ 발견한 모든 옵션은 서로가 완전히 다르다.
- ☐ 사업에 특화된 구체적인 옵션을 만들었다.

143

다음 단계

> 아이디어를 펼쳐놓고 어떤 아이디어가 잘 어울리는지 확인하기.

> 가치 제안 캔버스로 전환하고 싶은 비즈니스 모델 선택하기.

> 프로토타입으로 만들고 싶은 모델 선택하기.

아이디어 벽

'만약에'라고 묻는 것은 멋진 아이디어 벽을 채우는 가장 좋은 방법이다. 이 질문을 자유롭게 사용하고 자신을 위한 질문도 만들어보자. 팀원들에게 빠르게 묻고 대답하며 가능한 한 많은 아이디어를 만들 수 있도록 독려하자.

일반 옵션
아이디어
생성하기

± 30분
압력솥

솔로
그러나 모두 함께

만약 . . .

10~15분 내외로 질문 시간을 설정하고, 20~30개 정도의 방아쇠 질문을 만들자.

당신 회사의 최고 상품 판매를 중단한다면?
그걸 공짜로 제공한다면?
당신의 제품을 서비스 부서로 넘긴다면?
제품을 온라인 또는 오프라인에서만 판매해야 한다면?
가입비 형식의 사업 모델을 제안한다면?
미끼와 후크 모델을 사용한다면?
프리미엄 모델을 제안한다면?
B2C 또는 B2B로만 제안할 수 있다면?
고정비를 제거해야 한다면? 어떻게?

> 500개의 아이디어

방아쇠 질문

아이디어 벽이라는 도구의 목적은 짧은 시간 내에 팀이 생성한 아이디어로 벽 전체를 채우는 것이다. 방아쇠 질문을 사용하면 창조적인 흐름을 쉽게 만들 수 있다.

아이디어 벽 만들기에는 준비가 필요하다. 먼저 방아쇠 질문 목록을 결정한다. 팀원들에게 (30초에 하나씩) 빠르게 연속적으로 질문한다. 위에 언급한 것 중 관련 없는 것을 제외하고 하나를 선택하여 시작한다. 기존의 비즈니스 모델 캔버스를 새로운 질문을 위한 마중물로 사용해도 좋다. 예를 들어, 도매상을 통해 제품을 판매하던 것을 온라인을 통해 소비자에게 직접 판매하게 되면 어떻게 될 것인가? 그림이 그려질 것이다.

방아쇠 질문이 주어지면, 팀원 각자가 마커를 사용하여 포스트잇에 떠오르는 아이디어를 적는다. 마지막에는 팀원들 앞에 포스트잇이 쌓여 있을 것이다.

주차장

아이디어를 클러스터링하자
관련성 매핑 방식을 이용하여 비슷한 아
이디어를 모으자.

주차장
직접 관련이 없거나 유용하지 않은 아이
디어를 발견할 수도 있다. 이런 것을 주차
장으로 빼놓자.

눈에 보이게 보관하자
아이디어 벽은 눈에 잘 띄는 곳에 만들어
사람들이 언제나 볼 수 있게 하자.
마지막까지 놓치는 아이디어가 없는지
확인하자.

클러스터 3

3—5개의 클러스터 ⟶

클러스터 1

클러스터 2

작업 내용을 기록하자
아이디어 벽을 촬영하자.

145

아이디어 클러스터링

일단 질문이 모두 끝나면 사람들에게 앞으로 나와 포스트
잇을 하나씩 벽에 붙이게 한다. 그래야 사람들이 추가된
내용을 분명히 알 수 있다. 처음부터 어떻게 정리해야 할
지를 걱정할 필요는 없다.

다음에는 아이디어를 최대 5개의 클러스터로 모으자. 사
전에 클러스터를 정의하거나 관련성 있는 것끼리 묶는 작
업을 한 후 합친다.

클러스터링이 끝나면 결과를 기록하자. 사진을 찍는 것도
방법이다. 팀원에게 보여주고 앞으로의 진행 과정을 알려
주는 것도 잊지 말자.

점검표

☐ 500개 이상의 아이디어를 만들었다
  (또는 한 명당 25개씩).

☐ 합리적인 주제로 나눴다.

다음 단계

〉 선택하기: 앞으로 계속 진행할 유망한
  아이디어를 선택하자.

혁신 매트릭스

아이디어 벽에 수백 개의 아이디어가 붙어 있고 결정의 시간이 다가왔다.
무엇이 가장 유망한 아이디어인가? 혁신 매트릭스와 랭킹 시스템으로 최고의 아이디어를 골라내자.

포커스
아이디어
선별하기

± 45분
시간

3–5명
그룹당 인원

아이디어를 카테고리로 나누자

인간은 뭔가를 분류하는 데 뛰어나다. 이제는 카테고리로 나누고 또다시 하위 카테고리를 만들어 이것을 나누는 데 많은 시간을 할애해야 한다. 아이디어 벽에 있는 아이디어를 카테고리로 묶는 데 2 x 2 매트릭스는 인간의 타고난 능력을 활용할 수 있는 완벽한 도구다.

혁신 매트릭스는 점진적 변화와 근본적 변화를 나타내는 열, 비용 절감과 매출 증대를 나타내는 행으로 구성되어 있다. 열과 행을 만들 때는 자신만의 기준을 적용할 수 있다. 어떤 기준을 선택하든지 뚜렷하게 구분되어야 아이디어를 구성하고 프로토타이핑을 하며 유효성 검사로 나아가는 데 도움이 된다.

모 아니면 도

이 도구는 '서서히 쉽게 달성할 수 있는 변화의 아이디어'와 '갑작스럽게 큰 차이를 만들어내는 혁신의 아이디어'로 분리되어 있다. 예를 들어 모든 사람이 복사할 때 양면 페이지를 사용하게 하는 아이디어는 점진적으로 쉽게 달성할 수 있는 것이다. 대기업이라면 경비를 어느 정도 줄일 수 있다. 그러나 이는 당연히 해야 하는 것일 수 있다. 큰 변화는 큰 움직임을 필요로 한다.

매트릭스 사용하기

혁신 매트릭스를 사용하려면 벽이나 캔버스에서 아이디어를 끄집어내 팀별로 각각의 아이디어가 어느 매트릭스에 속하는지 토론해야 한다. 자신의 축을 표현하기 위해 캔버스를 수정하지 않았다면, 현재 시점에서의 토론은 타당성 또는 실행 가능성에 대한 것이 아닐 수 있다. 이는 변화의 잠재성에 관한 것이 된다. 그것은 점진적 변화인가? 회사가 다른 자원을 투입하지 않고 얻을 수 있는 것인가? 아이디어는 아마도 행렬의 아래쪽 절반에 위치하게 된다. 더 많은 매출을 올리는 아이디어라면 오른쪽 절반에 위치할 것이다.

좀 더 크게 생각하자

토요타금융서비스 사례에서 설명한 것처럼, 매트릭스 하단 절반에 있는 작고 점진적인 아이디어에 집착하는 사람들이 많다면 새로운 방법을 찾는 것이 좋다. 부싯돌 질문이나 '우주 속으로'의 연습을 통해 경계를 밀어내고 더 크게 생각할 수 있게 하자.

혁신 매트릭스

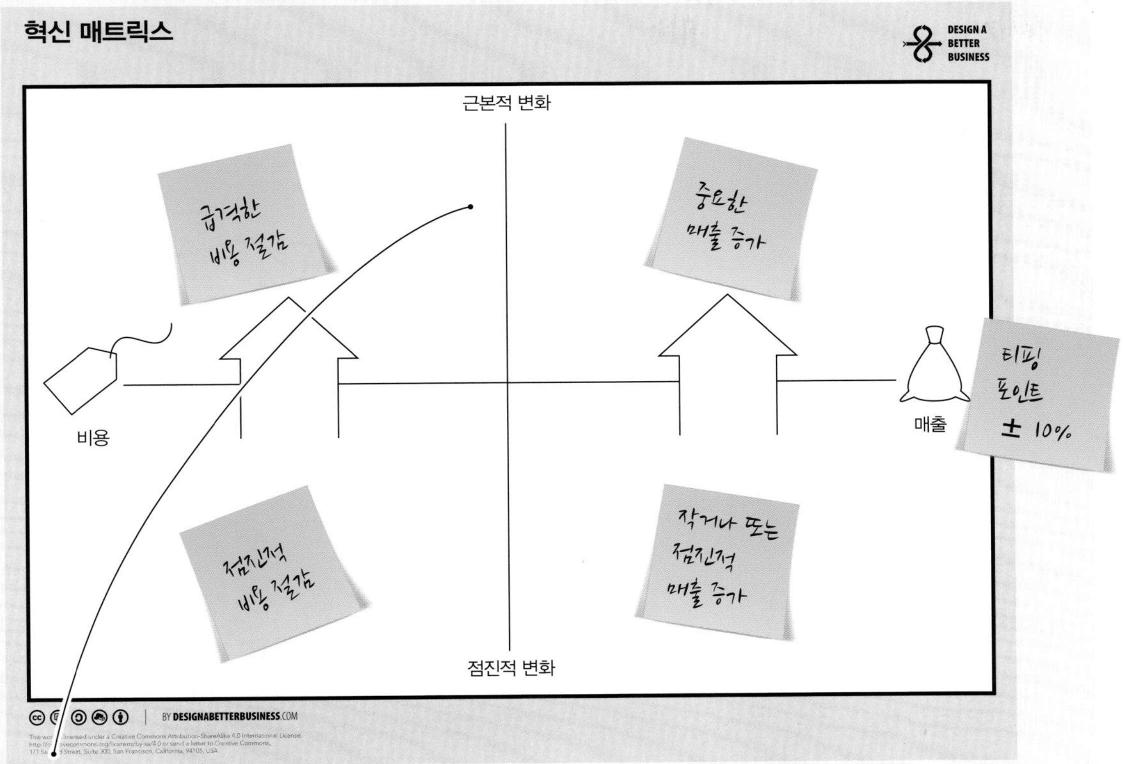
DESIGN A BETTER BUSINESS
근본적 변화
급격한 비용 절감
중요한 매출 증가
비용
매출
티핑 포인트 ± 10%
점진적 비용 절감
작거나 또는 점진적 매출 증가
점진적 변화
BY DESIGNABETTERBUSINESS.COM

4분면 상단
아이디어가 마지막에 도달해야 하는 곳

멈추지 말자
상단에 아이디어가 꽉 차지 않았다고 포기하지 말자. 아이디에이션을 한 번 더 하자.

낮게 매달린 과일

낮게 매달린 과일은 빨리 수확할 수 있다. 매트릭스를 완벽하게 채우고 나면 사람들에게 골고루 나눠주고 아이디어를 좀 더 발전시켜야 한다. 그러나 가장 높이 매달린 과일이 맛있다. 상단에 있는 아이디어가 가장 큰 변화를 만들어 낸다.

다운로드
아래 웹사이트에서
혁신 매트릭스 캔버스를 다운로드할 수 있다.
www.designabetterbusiness.com

점검표

- ☐ 대부분의 아이디어가 상단의 2개 분면에 있다.
- ☐ 투표로 선택한 결과가 중요하다.
- ☐ 디자인 기준에 따라 명확한 선택을 할 수 있었다.

다음 단계

> 당신의 아이디어를 검증할 수 있나?

아이디에이션 집중 탐구

최악의 나이트 메어

비즈니스 모델 캔버스를 기반으로 하는 아이디에이션 연습은 최악의 악몽을 상상하는 것이다.

과거의 유산이 전혀 없는 상태에서 사업을 새로 시작한다면? 어떤 경쟁사가 우리를 완전히 몰아냈다면? 이러한 상상은 최악의 악몽일 것이다. 만약 이런 것들을 탐구해보지 않는다면, 기회는 다른 사람에게 돌아간다.

게임처럼 하는 아이디에이션

참가자들이 아이디어의 질과 양에 집중하게 만들자.

최고의 아이디어를 낸 사람에게 상품을 주자.

요점은 상이 아니라 건강한 경쟁이 사람들로 하여금 불확실성과 공포를 극복하게 만든다는 것이다.

스타트업처럼 생각하기

창업자의 시각으로 당신의 조직이 해결해야 할 도전과 기회를 살펴보자. 이 방법을 사용하여 회사의 비즈니스 모델 캔버스를 다시 만들어보자.

당신은 어떻게 할 것인가? 고객이 필요로 하고 원하는 것은 무엇이며, 당신의 가치 제안을 그것과 어떻게 조화시킬 것인가?

149

그리기

아이디어를 적지 말고 그려보자. 이는 재미도 있고 참가자들이 아이디어를 추상적이지 않고 구체적으로 묘사하게 한다.

사람들이 그림 실력에 신경을 쓴다면 레고시리어스플레이를 사용하게 하는 것도 방법이다.

야외에서 하는 아이디에이션

사람들을 바깥으로 데리고 나가자. 시끄럽고 번잡한 지역으로 이동해서 다양한 자극을 받으며 아이디에이션 세션을 진행해보자.

그들을 둘러싸고 있는 무수히 많은 신호를 영감의 원천으로 활용할 수 있다. 소음을 조정하는 것이 뇌에 도움이 된다.

의외의 용의자

아이디에이션이 창의적인 부서나 연구개발 부서만의 독점적 영역은 아니다. 의외의 용의자에게 합류해달라고 요청하자. 그들은 당신을 놀라게 할 수도 있다. 자신의 일반적인 관점에서 벗어나자. 현재의 관점에서만 생각하지 말자. 이미 알고 있는 것에서 벗어나 완전히 다른 기반에서부터 시작해보자.

지금까지

다음 단계

요약

단 하나의 올바른 해결책은 존재하지 않는다.
아이디어는 디딤돌이다.

재미는 아이디에이션 최고의 묘약이다.

아이디어는 마법에서 오지 않다.
크리에이티브 엔진에 시동을 걸자.

생각을 넓힐 수 있는 도구를 사용하고, 더 깊고 더 나은 아이디어를 얻기 위한 도구를 활용하자.

앞으로 나아가기 전에 아이디어를 선정하자.
500개의 아이디어를 한꺼번에 테스트할 수는 없다.

초기 아이디어를
버려야 더 깊이
생각할 수 있는
공간이 생긴다.

151

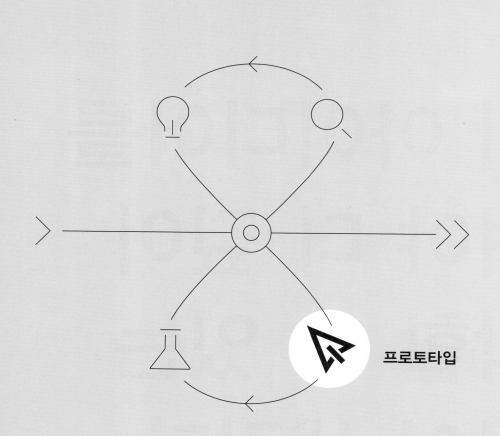

프로토타입

디자인 여정　프로토타입

아이디어에 생명을 불어넣는 방법

프로토타입 **스케치**

프로토타입 **만들기**

메이커 마인드세트

사람들은 대부분 자신이 제안하고 이해한 아이디어에 시간과 에너지를 쏟으려 한다. 기술적 문제는 이미 널리 알려져 있어 잘 드러난다. 그래서 이를 무시하고 올바른 알고리즘을 개발하는 것처럼 '큰 문제를 해결'하는 데 더 많은 시간을 보내려 한다. 왜 그럴까?

"먼저 만들면 된다"라는 신화

사람들은 자신의 아이디어에 대해 하루 종일 이야기하는 것을 재미있어할 수 있다. 그렇게 멋진 아이디어를 생각한 자신이 자랑스럽고 이를 위해 많은 시간과 에너지, 그리고 두뇌 파워를 사용했을 것이다. 또한 기술자나 개발 팀 사람들은 아이디어 자체의 테스트 방법론을 탐구하기도 전에 아이디어의 기술적 문제를 먼저 해결하려 달려들 것이다.

사람들은 자신이 잘 알고 있는 것에서 편안함을 느낀다. 가급적이면 상자 밖으로 나오지 않은 채 자신이 이해하는 것에 몰두하며 만족해한다. 그리고 그런 것으로 쉽게 보상을 받기도 한다. 그래서 우리는 필요한 절차를 건너뛰어 앞으로 가거나 '큰 문제를 해결하기' 위해 많은 시간을 투자하기도 한다. 적합한 알고리즘, 유통 채널, 또는 생산 시스템과 같은 문제 말이다.

퍼즐을 푸는 것은 재미있고 자체적으로 많은 에너지가 있어야 가능하지만, 고객 지향적 제품에 이르는 데는 지름길이 없다. 가장 어려운 문제를 해결할 수 있는 방법을 찾아야 한다. 이것이 고객에게 울림을 줄 수 있는가? 현재의 문제를 풀지 않으면, 미래의 문제는 더더욱 풀 수 없다. 처음부터 시작하자!

작은 것부터 시작하기

엔지니어 또는 건축가처럼 생각하자. 라이트 형제가 인간 크기의 비행기를 만들기 전에 연을 만들었던 것처럼 건축가는 항상 모형을 먼저 만든다. 물론 분명한 이유가 있다. 거대한 스톤헨지(Stonehenge)를 만들기 위해서는 소규모 테스트를 하는 것이 효과적이기 때문이다. 무작정 수백 명의 사람을 고용해서 수백 톤의 거석을 옮기면서 생각해볼 수는 없지 않겠는가.

레오나르도 다 빈치도 마찬가지였다. 실물을 만들기 전에 수백 개의 스케치로 발생 가능한 문제를 파악하고 이것을 미리 제거했다. 스케치는 실제에서 발생할 수 있는 다양한 문제를 예측하고 해결하는 데 도움을 줄 뿐 아니라, 자신의 아이디어를 후원자들에게 설명하고 사전에 판매할 수 있는 기회를 주기도 한다.

라이트 형제, 스톤헨지의 건축가, 레오나르도 다 빈치 등은 프로토타이핑의 달인이었다. 그들은 첫 번째 시도에서 아이디어를 충분히 이해하고 완벽하게 구성하는 것이 거의 불가능하다는 사실을 이미 알고 있었다. 게다가 다른 사람에게 자신의 아이디어를 설명하고 이해시킬 필요가 있다는 사실도 알고 있었다. 아이디어는 먼저 눈에 보여야 한다.

아이디어는 현실이 아니다

아이디어는 아이디어일 뿐이다. 여러 가지 가정을 전제로 한 아이디어는 오직 종이 위에서만 위대해 보인다. 아이디어는 추상적이며 그것만으로는 내용이 거의 없다. 물론 세상의 판을 바꿀 만한 위대한 아이디어도 간혹 나온다. 그러나 아이디어는 현실에서 구현됨으로써 가치가 있다. 디자인 여정 초기에 이뤄지는 프로토타입은 아이디어의 잠재력을 파악하는 데 도움을 준다.

프로토타입은 만질 수 있는 예술품이다

드롭박스 창립자들은 고객과 함께 자신의 아이디어를 프로토타이핑했다. 사람들이 언제 어디서나 파일을 저장하고 모든 기기에서 동기화할 수 있다는 아주 간단한 아이디어였다. 그러나 당시에는 그런 제품이나 서비스가 없었다.

기술적으로는 가능했지만 드롭박스의 CEO 드류 휴스턴은 과연 고객이 자신의 서비스를 기꺼이 사용할지 그 여부를 알고 싶었다. 그는 제품과 서비스 전체의 코딩에 많은 시간과 돈을 쏟아붓는 대신 제품의 기본 기능과 비전에 대한 자신의 생각을 비디오로 만드는 데 열중했다. 판매용 비디오가 아니라 경험에 대한 프로토타입이었다. 궁극적으로 프로토타입은 드류와 그의 팀이 지금의 브랜드를 갖게 되

프로토타입은 형태와 기능에 대한 아이디어를 제공한다.

는 고객 경험을 제공했던 것이다.

드롭박스가 만든 비디오 형태의 프로토타입은 완제품이 아니었다. 고객 경험을 위해 제작한 것으로, 궁극적으로는 그들의 아이디어를 더 발전시키고자 했다. 프로토타입을 제작하면 아이디어가 생각보다 더 풍부해진다. 그리고 심지어 종이에 적힌 설명서보다 더 깊고 상세한 이해를 제공하기도 한다. 프로토타입을 만들어보면 다른 관점에서의 생각도 촉진된다.

프로토타입이 중요한 것은 과학에 근거한다고 볼 수 있기 때문이다. 사람들은 시각적으로 청각적으로 그리고 직접 경험해보기를 원한다.

155

메이커 마인드세트

보고, 만지고, 스스로 조작하고, 무게를 느끼며, 특정 행동에 반응하다 보면 설명서에 적힌 내용보다 더 깊이 이해할 수 있다. 이것이 바로 프로토타입의 역할이다.

아이디어 안전 테스트

아이디어에 생명을 불어넣기 위해 좀 더 배워보자. 이것이 프로토타입 제작이 의미하는 전부다. 프로토타입 제작을 통제된 환경에서 실시하는 자동차 안전 테스트로 생각해보자. 이를 통해 좀 더 알고 싶은 것은 무엇인가? 전반적인 경험, 부분적인 경험, 도시 주변을 운전하는 경험인가? 어떤 아이디어든 실제 세계에서 테스트할 수 있게 하는 것이 프로토타입이다. 프로토타입에는 두 가지 주요한 특징이 있다.

① 프로토타입은 작동하거나 작동하지 않을 수 있다는 것을 보다 정확하게 이해하는 것이다.
② 프로토타입은 고객(또는 사용자)과 함께 테스트하기 위한 것이다.

두 가지 경우 모두 먼저 무엇을 테스트할 것인지 정해야 한다. 진짜 알고 싶은 것은 무엇인가? 검증을 다룬 챕터에서 다양한 도구가 제공되며, 당신 제품을 고객에게 테스트할 수 있는 방법이 나와 있다. 그러나 프로토타입을 만들 때 중요한 것은 아이디어의 특징이 무엇인지를 정확하게 알고 있어야 한다는 것이다.

테스트하고 싶은 부분을 고려해 프로토타입 디자인하기

프로토타입을 통해 진짜 알고 싶은 것을 정했으면 이제는 프로토타입을 디자인하자. 예산에 맞는 최소한의 프로토타입을 만들어야 한다. 작게 시작하고, 정말로 필요할 때 복잡하고 크게 만드는 것이 좋다. 항상 잊지 말아야 할 질문이 있다. 더 단순해질 수 있을까? 무엇을 더 제거할 것인가? 모든 기능이 정말로 필요할까?

프로토타입 제작은 빠를수록 좋다는 것을 명심하자. 아이디어를 프로토타입으로 제작하든, 어떤 일의 한 부분으로 프로토타입을 제작하든 핵심은 같다. 당신이 알고 싶은 것을 정의한 후, 가장 간단하게 시작하자. 드류 휴스턴은 드롭박스 사례에서 가장 정확하게 말했다.

"론칭하지 못하는 것은 고통스럽고, 가르침이 없는 것은 치명적이다."

쓸데없는 것은 지겨운 것은 다르다

초기에 프로토타입을 너무 정교하게 만들 필요는 없다. 실제로 조금 어설퍼도 괜찮다. 원하는 것을 달성할 수만 있으면 된다. 고객이나 당신 팀이 이해할 수 있을 정도면 충분하다.

이제 본격적인 작업을 위한 올바른 프로토타입을 디자인하는 것으로 돌아가자. 여정의 초기에는 디자인의 충실도를 만족시키고 이를 테스트하느라 자원을 너무 많이 사용할 필요가 없다. 이것은 자원 낭비다. 프로토타입 제작에서는 기본적인 것만 테스트하면 된다. 가짜로 만드는 것도 괜찮다. 그것을 가장 낮은 수준으로 유지하고 가능한 한 많이 배우자. 그러나 빠르게 반복하자.

기다릴 필요가 없다

간혹 경험 많은 디자이너까지도 프로토타입을 멋있게 만들려고 하는 생각에 빠질 때가 있다. 멋진 프로토타입은 그 아이디어에 내재된 근원적인 문제를 제대로 들여다보지 못하게 할 수도 있어, 이를 경계해야 한다.

사람들이 프로토타입의 외형을 보고 마음에 들어할 경우, 프로토타입을 통해 실제로 얻고 싶어 하는 것을 얻지 못할 수도 있다. 이는 디자인 여정을 잘못된 방향으로 이끌어가는 것과 같다. 프로토타입의 세부 수준은 디자인 여정의 단계에 따라 다르다. 먼저 작고 간단하게 시작하고, 나중에 크고 멋지게 만들자.

나머지 부분에서는 프로토타입을 제작하는 데 도움이 되는 몇 가지 사례와 도구를 제공한다. 될 수 있으면 빨리 시작하는 게 좋다. 진짜다.

자신이 먼저 실험 대상이 되자

자신의 머릿속에 모든 것이 있다고 단정하지 말자. 프로토타입은 고객뿐 아니라 당신 자신의 생각을 검증하는 도구다.

모든 디자인 프로세스에서 디자인 팀은 가능한 한 철저하고 완전하게 디자인을 이해하고 있어야 한다. 무엇을 만들고 있는가? 어떻게 작동하는가? 느낌이 어떤가? 디지털 서비스의 경우 화면(또는 종이)에 생명을 불어넣으려면 무엇이 필요한가? 이를 위해 파워포인트나 키노트를 사용할 수도 있다. 그것이 물리적 제품인 경우, 모양과 무게를 대략적으로 수정할 수 있는 다른 방법이 있는가?

새로운 단계마다 디자인에 익숙해져야 한다. 가장 좋은 방법은 직접 해보는 것이다. 디자이너로서 자기 자신이 먼저 실험 대상이 되어야 한다.

프로토타입을 만들고 이것으로 팀원들과 소통하다 보면 문제 해결에 필요한 아이디어가 무엇인지, 고객이 어떻게 반응할 것인지, 그리고 다음 단계는 무엇이 될 것인지 등에 대한 아이디어를 얻을 수 있다.

제품 프로토타입의 경우, 고객이 사용하는 것과 같은 방식으로 직접 사용해보는 것이 최선이다. 프로세스나 서비스를 디자인했다면, 당신이 첫 번째 사용자가 되어야 한다.

157

프로토타입 완전 정복

1 먼저 스케치하기

스케치는 프로토타입을 다른 각도에서 더 빠르게 만들어볼 수 있는 좋은 방법이다. 냅킨 뒷면, 카드 보드, 코드, 스프레드시트, 레고 블록 또는 식탁 위에 있는 소금과 후춧가루 통 등 모든 것을 이용해 스케치해볼 수 있다.

스케치는 우선 대략적으로 해보는 것이다. 대충 만드는 것에 불과하다. 자세한 이야기는 뒤에 나온다.

2 단순하게 유지하기

예산과 시간이 충분하지 않다면 어떻게 해야 하나? 30분 이내에 무언가를 만들 수 있는가? 일정한 제약 조건을 설정하면 창의력이 발휘된다. 완벽하게 만들려고 하는 생각에서도 자유로워질 수 있다. 아웃소싱을 하거나 개발자를 고용하여 최종 제품을 만드는 것과 같은 명청한 짓도 피할 수도 있다.

맥가이버(그렇다. 이제는 옥스퍼드 사전에도 동사로 나온다)와 같이 책상 위에 있는 모든 재료로 프로토타입을 만들어보자. 바로 시작할 수 있고, 새로운 것을 배울 수도 있다.

> **TIP!** 다음과 같은 질문을 스스로에게 하자. 정말, 꼭 만들어야 하는가? 책상이나 선반 위에 필요한 재료가 대부분 있는가? 기존 제품과 연결해서 만들 수 있는가?

3 재료는 주변에 널려 있다

첫 번째 프로토타입 제작에 있어서 원하는 것을 분명히 알고 있다면 근사한 재료가 많이 필요하지는 않을 것이다. 사무용품이나 종이 등 모든 것을 활용하여 우선 대충이라도 만들어보는 것이 좋다. 커피잔은 고객이 되고, 휴대전화는 점포 관리자가 되어 상점의 상호작용을 재현할 수 있다. 테스트하기 전에 값비싼 부품이나 복잡한 과정이 필요할 것이란 생각을 경계하자. 먼저 어떻게 하면 '가짜'로 만들 수 있는지 그 방법을 찾자.

4 프로토타입을 프로토타이핑하기

많은 아이디어를 생성하고 공유하며 확장하는 것이 중요하다. 그러나 프로토타입을 작성하고 검증할 몇 가지 아이디어를 선택한 경우에는 다양한 아이디어 가운데 일부를 좀 더 깊이 탐구해야 한다. 핵심 아이디어는 무엇인가? 해결하려는 목표는 무엇이며, 누구를 위한 것인가? 고객은 어떤 것에 지불하고, 그것을 어떻게 찾을 것인가?

모든 것을 깊이 있게 탐구할 수는 없다. 그러나 아이디어가 무엇을 위한 것인지, 아이디어를 생성할 때 (또는 팀이 만든) 만든 가정이 무엇인지를 분명하게 이해하기 위해서는 더 많은 맥락이 있어야 한다.

투표 과정을 프로토타입하다

유권자 투표율과 같은 골치 아픈 문제를 해결하기 위한 아이디어를 어떻게 프로토타입으로 만들 수 있을까? 먼저 유권자들이 가장 고통스러워하는 부분을 찾았다.

투표에서 유권자들이 가장 고통스러워하는 부분은 투표를 위한 등록 절차에서 발견되었다. 한 MBA 학생 그룹이 아이디어 테스트를 위한 프로토타입 제작을 진행했다.

이들은 새로운 등록 절차를 프로토타입으로 만들었고, 이것을 받아들이는 사람들을 녹화했다. 아주 소중한 경험이었다.

---

5 프레젠테이션이 중요하다

프레젠테이션은 프로토타입의 일부다. 손글씨로 쓴 메모라도 누군가가 그것을 액면 그대로 받아들이고 정직한 의견을 제시해주기를 원한다면, 프로토타입을 실제 제품으로 생각하고 그들 앞에서 프레젠테이션해야 한다. 프레젠테이션을 할 때는 우선 기대치를 설정해야 한다. 그러나 기대치를 잘못 설정하면 원하는 것을 얻지 못할 수 있다.

6 시간을 지키자

마감 시간을 빠듯하게 정했는지 확인하자. 시간을 제한하면 창의력이 발휘되고 가능한 범위 내에서 가장 빠르게 프로토타입을 만들 수 있다. 그러지 않으면 프로토타입을 실제 제품처럼 만들려고 할 수 있고, 나아가 불필요한 기능을 자꾸 추가하려고 시도할 수도 있다.

159

투표 프로토타입 제작 프로젝트는 MACCR 팀이 수행했다. 이들은 DMBA 혁신 팀의 일원으로 릴레이 모인스, 신시아 랜돌프, 메간 루스, 아모디니 샤브라, 산드리마 듀리 등이 참여했다.

진짜 만들기 전에 가짜 만들어보기

돈을 들여 진짜 프로토타입을 만들기 전에, 우선 가짜로 만들어보는 방법이 있다. 원하는 프로토타입 종류에 따라 다양한 방법을 선택할 수 있다. 지금 조달은 또 다른 선택의 문제다. 종종 간단한 프로토타입으로도 충분할 수 있기 때문이다. 물론 좀 더 정교한 그 무언가가 필요할 수도 있다. 여기서 여러 가지 쉬운 방법을 찾아보자.

티켓 판매
사람들이 가장 많은 반응을 보이는 것이 무엇인지를 알기 위해서는 원가를 직접 팔아보자.

반응
홍보 방식을 바꿔보면 어떤 약속을 해야 하는지 진짜 내용을 알 수 있다.

끝까지 검토하자
가장 간단한 프로토타입을 만들고, 자신이 생각했던 스케치와 비슷한지 검토하자.

디지털 가능성
클릭할 수 있는 랜딩 페이지를 만들어 사람들이 좋아하는 서비스를 확인하면 보다 많은 통찰을 얻을 수 있다.

컨시어지 (1)
프로토타입을 위한 완벽한 논리를 세팅하기 전에 스스로 다양한 형태로 구조화해보자.

팝업 스토어
온라인과 오프라인을 통해 무언가를 판매하려고 하는가? 팝업 스토어는 상호작용, 제품 배치 등 여러 가지 반응을 테스트할 수 있다. 그리고 사람들과 자연스럽게 교감할 수 있는 자리를 만들어준다.

오즈의 마법사
환상만으로 충분하다면 왜 실제 세계를 만들까? 마법사는 교묘한 속임수로 그것을 해낸다. 연기와 거울로 사람을 속인다.

이런 눈속임에는 여러 가지 형태가 있다. 기본적인 아이디어만 부분적으로 잘 드러내면 된다. 내부 업무(서비스 기획, 시설 준비, 이벤트 등)는 누군가에게 맡겨도 좋다.

컨시어지 (2)
스스로 무엇이 잘못되었는지 혹은 무엇을 간과했는지를 자세히 살피고 관찰하자.

3D 프린팅
3D 프린터를 활용해 전체 제작 프로세스를 점검할 수 있다. 장점은 제작하려 했던 제품을 우선 간단히 만들어볼 수 있다는 것이다. 스스로 제품 유형을 확인할 수 있는 순간이기도 하다.

161

카드 데크

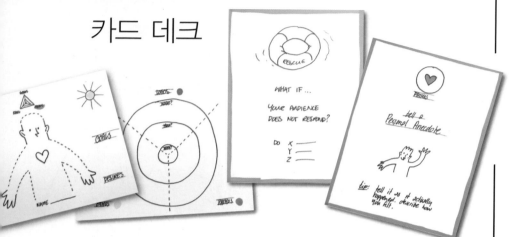

스토리텔링 포맷을 활용하여 프로토타이핑을 시작했다. 카드 데크를 이용하면 10가지 단계로 사람들이 이야기를 만들고 공유할 수 있다. 프로토타이핑을 하는 동안 우리는 깜짝 놀랄 만큼 손쉬운 프로토타입을 발견했다.

스토리텔링과 관련해서는 74쪽 참고

VIP 서비스 프로토타이핑

한 대형 은행이 러시아에 있는 VIP 고객을 좀 더 빠르게 응대할 수 있는 서비스 개발을 의뢰했다. 우선 고객 반응을 측정하고 설문을 통해 시장 조사를 하기로 했다. 우리는 은행 하나를 선정해 고객을 대상으로 서비스 프로토타입을 만들어 직접 조사했다. 고객으로부터의 피드백을 통해 아이디어를 검증하고 또 다른 개선을 위한 의견을 제시했다.

비즈니스 제트기 경험 프로토타이핑

암스테르담과 파리 사이의 비즈니스 제트기 서비스에 대한 새로운 아이디어가 과연 실현 가능한지를 알아보기 위해 우리는 며칠 동안 레일유럽(Thalys) 고속 열차를 타고, 비즈니스 여행자로 보이는 사람들에게 제트기 항공권을 살 것인지 물었다. 이는 시장 테스트에 필요한 절차였으며 목표 고객에 대한 올바른 접근이었다. 간단하면서도 효과적인 프로토타이핑이었으며, 기차 티켓 비용만으로도 엄청난 가치를 발견했다.

플레이모빌 프로토타이핑

우리는 유럽의 대형 은행 임원들과 큰 규모의 전략 행사를 준비하면서 플레이모빌(Playmobil)을 사용하여 전체 이벤트의 진행 과정을 프로토타이핑하자는 아이디어를 내놓았다. 이를 통해 모든 참가자는 자신의 역할과 자신이 있어야 할 곳을 정확하게 알 수 있었다. 서류만 갖고서는 결코 해결할 수 없는 문제였다.

거품 없애기

우리는 사회적 스타트업의 아이디어를 비즈니스로 전환하는 것을 도왔다. 참가자 중 한 명이 스포츠 센터에 샴푸를 갖고 오지 않은 사람을 위해 유기농 샴푸 디스펜서를 비치하자고 했다. 그 사람은 우선 비싼 디스펜서를 개발해서 스포츠센터에 비치하는 것이 첫걸음이라 생각하고 있었다.

우리는 그에게 샴푸 몇 개를 사서 스포츠센터 문 앞에 비치해보자고 제안했다. 그는 많은 시간과 돈 을 쓰지 않고도 똑같은 피드백을 얻을 수 있었다.

가격표 프로토타이핑

한 스타트업은 출시 예정 상품의 가격 경험을 프로토타이핑하고 싶었다.

그들은 실물 크기의 모형을 여러 가게에 놓고 서로 다른 가격을 매겨 소비자의 반응을 조사했다. 같은 상품이라도 장소에 따라 가격이 다를 수 있었다.

프로토타입을 브랜드화하자

한 소비재 회사의 혁신 워크숍에서 각 팀은 스타트업처럼 생각하고 일하라는 과제를 받았다. 좀 더 현실적으로 느끼 게 하기 위해, 전체 워크숍 일정을 변경하여 각 팀에게 스 타트업 브랜드를 부여하고 해당 브랜드가 새겨진 티셔츠 를 입혔다. 때론 형식이 마인드세트를 규정한다.

163

미래를
프로토타이핑하자

AUTODESK®

미래를 프로토타이핑하자

오토데스크는 많은 사람들이 알고 있는 대표적인 디자인 소프트웨어 오토캐드 (AutoCAD)를 만든 회사로 30년 이상 디자인 관련 소프트웨어를 개발·판매하고 있다.

오토캐드를 넘어서

사람들은 오토데스크라는 회사를 잘 모르지만, 이 회사가 만든 소프트웨어는 정말로 많은 사람들의 일과 삶에 큰 영향을 주었다. 지난 30년간 사람이 디자인하고 만든 모든 것(당신이 앉아 있는 의자부터 살고 있는 건물, 당신의 차, 영화에서 본 특수 효과에 이르기까지)은 오토데스크의 소프트웨어로 만들어졌을 가능성이 크다.

이러한 소프트웨어 확산을 경험해온 오토데스크의 경영진은 미래 먹거리를 위한 새로운 기회를 탐구하고자 했다. 기존 제품의 점진적 향상 이외에도 오토데스크는 고객이 향후 직면하게 될 디자인 문제를 해결할 수 있는 새로운 도구를 개발해왔다.

자신을 열혈 메이커로 칭하는 오토데스크의 CEO 칼 바스는 잠재 시장을 확대해나가는 것에 관심이 있었다. 또한 그는 회사나 고객에게 큰 문제가 생겼을 때, 프로토타이핑을 통해 통찰을 얻고자 했다.

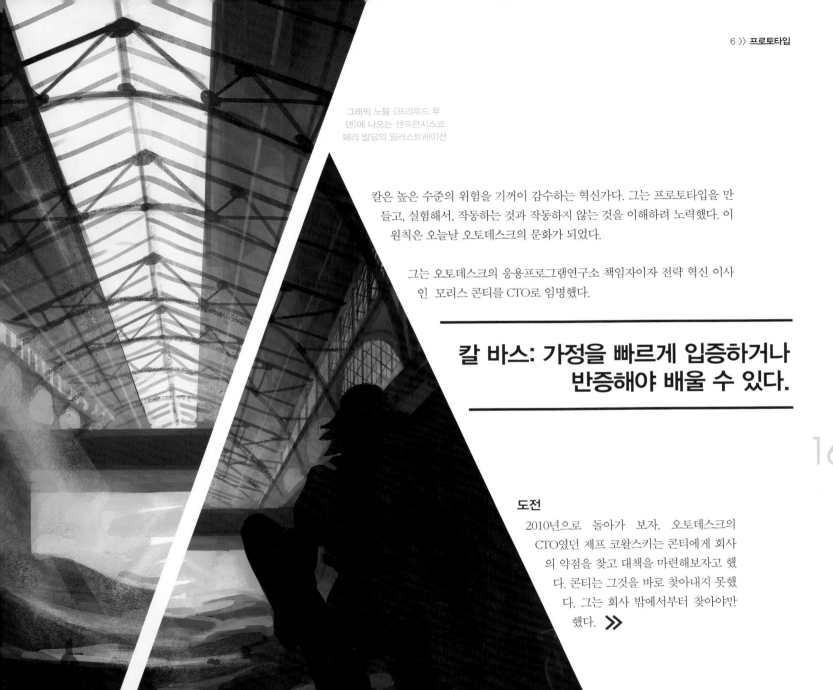

그래픽 노블 〈프리루드 투 댄〉에 나오는 샌프란시스코 페리 빌딩의 일러스트레이션

칼은 높은 수준의 위험을 기꺼이 감수하는 혁신가다. 그는 프로토타입을 만들고, 실험해서, 작동하는 것과 작동하지 않는 것을 이해하려 노력했다. 이 원칙은 오늘날 오토데스크의 문화가 되었다.

그는 오토데스크의 응용프로그램연구소 책임자이자 전략 혁신 이사인 모리스 콘티를 CTO로 임명했다.

칼 바스: 가정을 빠르게 입증하거나 반증해야 배울 수 있다.

165

도전

2010년으로 돌아가 보자. 오토데스크의 CTO였던 제프 코왈스키는 콘티에게 회사의 약점을 찾고 대책을 마련해보자고 했다. 콘티는 그것을 바로 찾아내지 못했다. 그는 회사 밖에서부터 찾아야만 했다. >>

오토데스크 사례 연구: 미래를 프로토타이핑하자

새로운 기회를 찾으려면 누구도 생각하지 못한 것을 생각해야 한다. 콘티는 조사를 시작했다.

아하!의 순간

콘티는 회사의 맹점(blind spots)을 확인하기 위해, 회사가 오랫동안 집중해왔던 시장과 인접한 곳을 살폈다. 예를 들면, 오토데스크의 가장 큰 시장인 제조업 분야를 파고들자, 고급 로봇 분야에서 새로운 기회를 확인할 수 있었다. 콘티는 회사가 이 시장에 대해 전혀 모르고 있으며 어떤 전략도 없다고 판단했다. 콘티는 정말로 중요한 것을 놓치고 있다고 느꼈다.

콘티에게 흥미로웠던 사실은 로봇이 인간의 능력을 더욱 향상시킬 수 있다는 것이었다. 로봇의 사용 증가로 결국 로봇이 인간을 통제할 것이라는 현재의 논쟁에 대해, 콘티는 다른 관점을 갖고 있었다. 로봇도 잘하지 못하는 분야가 많을 것이라는 사실이었다. 따라서 로봇과 함께 일하게 하는 것이 중요했다. 일종의 공생 관계에서 본질적으로 어떻게 보다 많은 작업을 안전하고 효율적으로 수행할 수 있을 것인가?

콘티와 그의 팀은 거꾸로 그 기회에 집중했다. 많은 질문과 관찰을 통해 인간과 로봇이 나란히 함께 일하는 시나리오를 프로토타입으로 만들었다. 이를 테스트하기 위해 콘티 팀의 수석 연구 엔지니어 데이비드 토마손은 인간을 보고 배우는 작고 저렴한 데스크 탑 크기의 로봇을 만들기 시작했다. "장인을 주시하는 로봇이 있다. 예를 들어 조각을 하는 것처럼. 그리고 당신이 좋아하는 형태로 자르는 것을

학습한다. 그리고 그것을 반복하게 하거나 혹은 당신이 원하는 방식으로 바꿀 수도 있다. 당신은 로봇과 함께 일한다."

콘티 팀은 아이디어를 프로토타입하면서 새로운 통찰을 얻었지만, 동시에 더 많은 질문도 생겼다. 어떻게 하면 산업용 로봇을 쉽게 프로그래밍할 수 있을까? 제조업체에서 제공하는 소프트웨어는 로봇이 한 가지 일을 수천 번 반복하는 것에 집중되어 있다. 그러나 한 번에 수천 가지 다른 일을 하고 싶다면? CAD와 CAM 없이 실시간으로 로봇과 상호 작용을 할 수 있을까? 동작과 자연어만으로 가능할까? 스스로 일하는 법을 배우게 하려면 어떻게 해야 할까? 원하는 것을 일일이 말하지 않고 로봇에게 딥러닝 시스템을 가르칠 수는 없을까?

콘티의 철학은 이런 종류의 질문을 깊이 이해하는 것이었다. 프로토타입을 통해 이 같은 질문에 실제로 대답하려 했다. ≫

오토데스크 사례 연구: 미래를 프로토타이핑하자

너는 상상하고 디자인해!
나는 새로운 것을 만들게!

디자인 여정
오토데스크 응용
연구소가 쓴 그래
픽 노블에서 인용

이야기의 교훈

콘티 팀은 연구개발에 관한 독창적인 접근법을 갖고 있었다. 이를 위험과 결정론이라 불렀다. 오토데스크의 제품 개발팀은 우수한 품질의 소프트웨어를 적시에 제공하기 위해 노력하고 있었다. 그들은 개발에 따른 여러 가지 위험을 회피하고자 했고, 회사는 그런 결정에 의존하고 있었다. 콘티 팀은 대조적으로 많은 위험을 감수하면서 일반적인 회사의 개발 팀과는 다르게 일했다. 6명의 디자이너와 엔지니어로 구성된 그의 작은 팀은 새로운 아이디어와 개념을 신속하고 반복적으로 프로토타이핑했다. 많은 자원을 투자를 하지 않고도 핵심 과제와 기회에 대한 이해를 바탕으로 제품을 신속하게 개발할 수 있다.

콘티 생각에 성공의 열쇠는 여기에 있었다. 경영진과 직접 연결되어 있으면 혁신 아이디어 개발에 따르는 실제 위험을 기꺼이 감수할 수 있는 분위기가 생긴다는 것이다. 또한 짧은 피드백 루프를 만들어 실험실 연구 결과를 신속하게 전달하여 회사 전략에 영향을 줄 수도 있었다.

프로토타입을 만들고 가치를 입증할 수 있는 짧고 공격적인 일정이 중요했다. 일반적으로 응용연구소는 3개월 단위의 연구를 진행했다. 일부 개념은 완전한 개발에 오랜 시간이 걸리지만 프로토타이핑은 신속하고 반복적으로 수행된다는 이점이 있다.

또한 아이디어와 프로토타입은 결국 회사의 비전 및 핵심 전략과 연결되어야 했다. 팀은 자신의 업무가 회사 가치를 높이는지 확인해가며 일에 매달렸다.

마지막으로 프로토타이핑은 물리적일 필요가 없고 비용도 많이 들지 않았다. 실제로 스토리텔링은 아이디어를 빠르게 프로토타이핑하는 아주 좋은 방법이었다.

이런 방식으로 콘티와 그의 팀은 미래 개념을 효과적으로 탐구하기 위한 방법을 개발했다. 그들은 이것을 전략적 미래라고 칭했지만 기술자들은 사이파이 미래, 시나리오 계획, 또는 새로운 세계 구축이라 불렀다.

오토데스크는 그래픽 노블 형태의 스토리텔링을 사용하여 회사와 관련된 미래를 탐구했다. 그리고 아이디어를 현실화하기 위한 시간과 돈을 낭비하지 않으면서도 새로운 비즈니스 모델을 검증하고 실행했다.

먼 훗날

오토데스크 응용연구소

미래를 프로토타이핑하기 위해서는 뛰어난 창의력과 강력한 관점이 필요하다.

산만해지기

오토데스크가 진행하고 있는 대부분의 일은 실현 가능한 미래를 프로토타이핑하는 것이다. 대개 18개월이면 끝난다. 그러나 머나먼 미래를 계획할 때는 응용연구소가 참여한다.

디자인의 먼 미래를 생각한다면, 로봇과 '마이너리티 리포트' 스타일의 사용자 인터페이스를 떠올릴 수 있다. 좀 더 멀리 가면 더 깊고 언뜻 보기에 다른 세상처럼 보이는 것을 생각할 수도 있다.

바로 이 순간, 오토데스크의 연구원과 엔지니어는 나노 단위의 생물학적 구조물을 설계하기 위해 소프트웨어를 개발하기 시작했다. 단일 분자의 암 치료제가 사람의 혈류를 통해 움직이며 암세포를 만날 때만 열리는 생물학적 금고 같은 것이었다. 또는 맞춤 제작된 게놈으로 효모 세포를 3D 인쇄하는 것도 있었다.

먼 훗날을 위해 자원을 사용하는 데 가장 큰 도전은 이 연구를 하는 이유와 차후의 프로토타입을 설명하기가 어렵

다는 사실이다. 스토리텔링이 필요한 이유다.

스토리텔링

지난해 오토데스크 응용연구소의 선임 엔지니어인 에반 애서톤과 소수의 인턴들이 먼 훗날에 관한 이야기를 프로토타이핑하기 위해 그래픽 노블을 썼다. 이 무모한 팀은 오토데스크가 현재 작업 중인 기술의 가능성을 사람들에게 전달하는 데 큰 역할을 했다. 300년 뒤의 멋진 모습을 눈앞에 보여준 것이다. 이는 브랜드에 의존하는 마케팅 자료가 아니다. 이 이야기는 회사 내부와 외부의 사람을 연결하여 서로 질문하고 답할 수 있는 플랫폼을 제공하는 것과 같다.

그리고 그 결과가 보여주듯, 비용은 거의 들지 않았다.

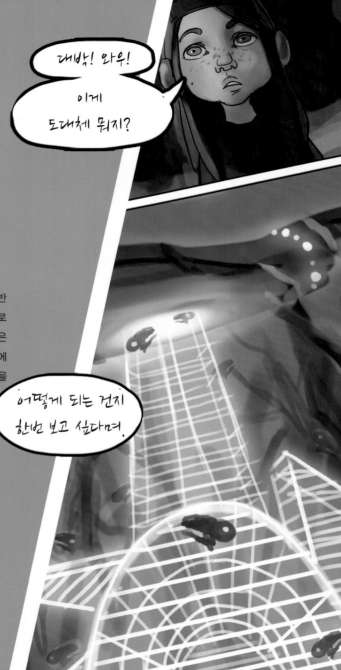

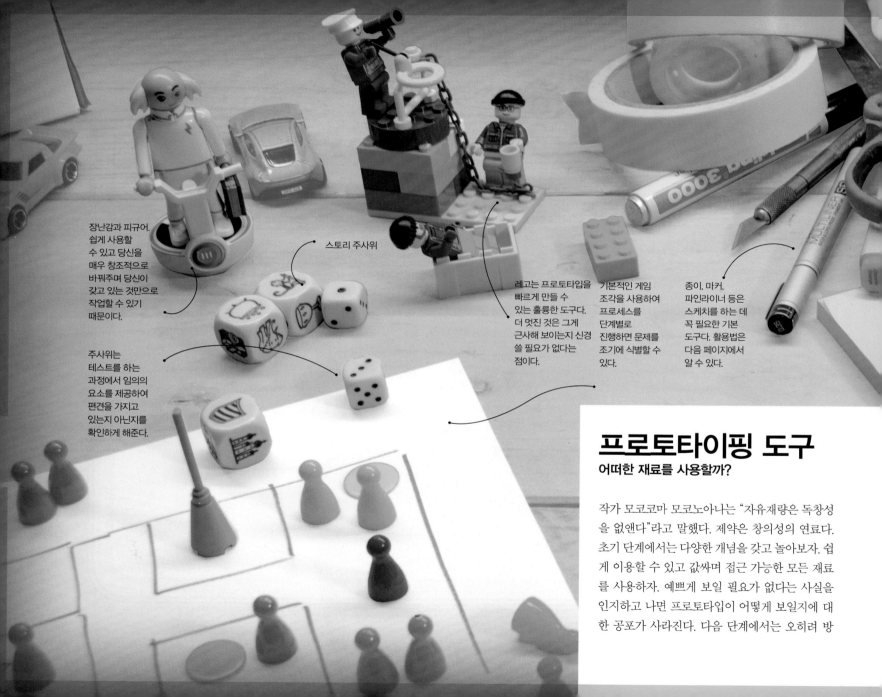

장난감과 피규어.
쉽게 사용할
수 있고 당신을
매우 창조적으로
바꿔주며 당신이
갖고 있는 것만으로
작업할 수 있기
때문이다.

스토리 주사위

주사위는
테스트를 하는
과정에서 임의의
요소를 제공하여
편견을 가지고
있는지 아닌지를
확인하게 해준다.

레고는 프로토타입을
빠르게 만들 수
있는 훌륭한 도구다.
더 멋진 것은 그게
근사해 보이는지 신경
쓸 필요가 없다는
점이다.

기본적인 게임
조각을 사용하여
프로세스를
단계별로
진행하면 문제를
조기에 식별할 수
있다.

종이, 마커,
파인라이너 등은
스케치를 하는 데
꼭 필요한 기본
도구다. 활용법은
다음 페이지에서
알 수 있다.

프로토타이핑 도구
어떠한 재료를 사용할까?

작가 모코코마 모코노아나는 "자유재량은 독창성
을 없앤다"라고 말했다. 제약은 창의성의 연료다.
초기 단계에서는 다양한 개념을 갖고 놀아보자. 쉽
게 이용할 수 있고 값싸며 접근 가능한 모든 재료
를 사용하자. 예쁘게 보일 필요가 없다는 사실을
인지하고 나면 프로토타입이 어떻게 보일지에 대
한 공포가 사라진다. 다음 단계에서는 오히려 방

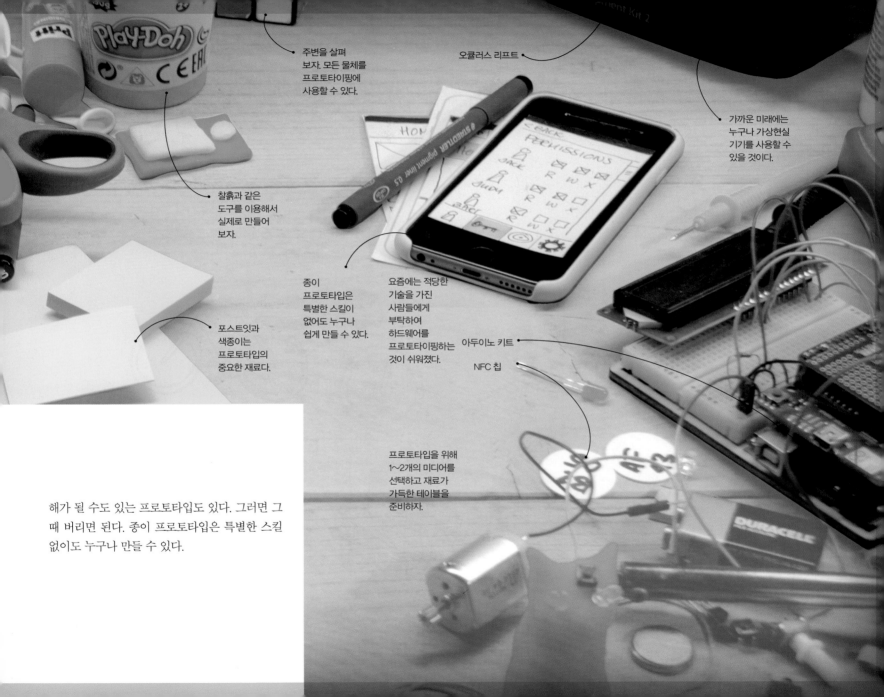

주변을 살펴
보자. 모든 물체를
프로토타이핑에
사용할 수 있다.

오큘러스 리프트

가까운 미래에는
누구나 가상현실
기기를 사용할 수
있을 것이다.

찰흙과 같은
도구를 이용해서
실제로 만들어
보자.

종이
프로토타입은
특별한 스킬이
없어도 누구나
쉽게 만들 수 있다.

요즘에는 적당한
기술을 가진
사람들에게
부탁하여
하드웨어를
프로토타이핑하는
것이 쉬워졌다.

아두이노 키트

NFC 칩

포스트잇과
색종이는
프로토타입의
중요한 재료다.

프로토타입을 위해
1~2개의 미디어를
선택하고 재료가
가득한 테이블을
준비하자.

해가 될 수도 있는 프로토타입도 있다. 그러면 그
때 버리면 된다. 종이 프로토타입은 특별한 스킬
없이도 누구나 만들 수 있다.

스케치

② 한 번에 한 가지 문제 해결. 첫 번째로 다루고 싶은 문제는 무엇인가? 참여한 사람들에게 관점을 분명히 해두자. 무엇을 프로토타이핑하는지 모두가 이해하고 있는가?

유형
프로토타입
스케치하기

± 30분
세션

솔로 / 팀
결과 공유하기

마커와 종이 한 장만 있으면 모든 문제를 해결할 수 있다.

프로토타입 스케치하기

팀과 함께 종이에 스케치해보는 것은 아주 좋은 방법이다.

가상으로 만든 사례를 이용하여 스케치 도구가 어떻게 활용되는지 알아보자. 한 회사가 자전거에 기반한 새로운 건강 지향 교통수단을 개발하고자 한다.

① 1. 해결해야 할 문제는 무엇인가? 먼저 디자인 기준을 설정하여 범위를 정하자(68쪽 관점 참고). 건강, 칼로리 태우기. 자전거 디자인에 기반. 다루기 쉬운, 우린 모두 운동이 필요하다.

자전거 디자인

건강

칼로리 태우기

손쉬운 작동이 보기에도 좋음

우리 모두 운동이 필요해

자전거 바퀴가 몇 개 있어야 근사해 보일까?

스케치에 관해 궁금하면 댄 로암의 저서 〈냅킨의 뒷면〉을 참고하자.

③ 프로토타입 또는 스케치를 위해 세부적인 것이 얼마나 필요한지 결정하자. 세부적인 것이 적으면 적을수록 문제에 집중하기 쉽다. 필요한 바퀴의 수, 색깔, 재료, 헤드라이트의 위치 등을 확인하자. 이런 게 중요하지 않을까?

모든 스킬은 연습할수록 좋아진다. 그러나 지금 당장 모든 문제를 척척 해결하는 레오나르도 다 빈치가 될 필요는 없다.

④ 프로토타입을 이용하여 다루고 싶었던 문제가 드러나면 새로운 장면을 설정해야 한다. 쓰레기 더미를 보여주려는 게 아니다. 판도를 바꿀만한 뭔가를 보여줘야 한다. 드로잉 실력을 비판하지 말고 모두가 참여하게 하자. 드로잉 실력은 중요하지 않다는 점을 이해하자.

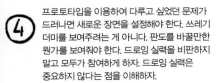

스케칭은 프로토타이핑이다

시각적 사고와 스케칭은 물리적 눈과 마음의 눈 두 가지로 볼 수 있는 우리의 기능을 활용하여 보이지 않는 아이디어를 발견하고 그 아이디어를 빠르고 직관적으로 개발한 후 아이디어를 '얻는' 방식으로 다른 사람들과 공유하는 것이다.

비즈니스에서 디자인을 보는 완전히 새로운 세상에 온 것을 환영한다. 화이트보드에 새로운 조직도를 스케치하거나 테이블 주위에 앉아 포스트잇에 재미있는 그림을 간단히 그려 넣을 때, 스케치는 관점과 아이디어를 전달할 수 있는 매우 강력하고 효과적인 방법이다.

직사각형, 삼각형, 원, 선과 같은 간단한 도형을 그릴 수만 있다면 모든 것을 스케치하여 아이디어를 시각화할 수 있다.

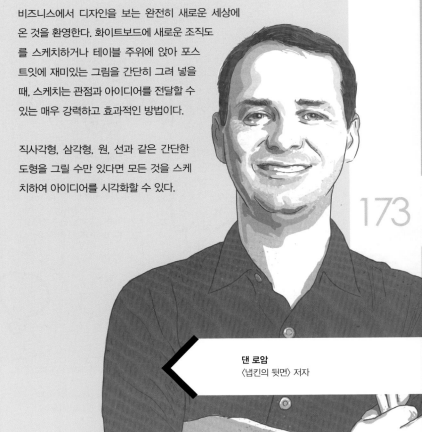

173

댄 로암
〈냅킨의 뒷면〉 저자

점검표

☐ 서로 다른 20개의 배리에이션을 만들었다.

☐ 스케치를 발표할 수 있다.

다음 단계

> 프로토타입에 대한 다른 사람의 피트백 모으기.

> 실험에서 프로토타입 사용하기.

다운로드
아래 웹사이트에서
비주얼 씽킹 사례를 다운로드할 수 있다.
www.designabetterbusiness.com

종이 프로토타입

유형
종이 프로토타입
만들기

± 30분
세션

최대 5명
그룹당 인원

종이 프로토타이핑으로 아이디어를
살아 숨쉬게 만드는 4가지 방법

1 프로세스 프로토타입

게임보드 만들기
프로세스를 게임보드처럼 스케치하자. 프로
세스상에 위험, 막다른 길, 에너지 충전소 등
필요한 단계를 포함하자.

부서 A   부서 B

부서 C

프로세스 게임
각 팀에 프로세스 게임을 하게
하자. 일상의 프로세스에 기반한
각기 다른 시나리오로 놀자. 어
떤 일이 일어나는지 기록하자.

고객 전화	미팅 시간!	전달상 문제
관련된 정보 1개당 1포인트씩 제공	당신의 아이디어를 전달하는 시간	어느 부서가 할 것인가?

**흥미를 돋우기 위한 찬스 카드
사용하기**
예기치 못한 상황을 대비하여
찬스 카드를 만들어 사용하자.

2 제품 프로토타입

경쟁자 집중 탐구
기존에 존재하는 제품을 활용하여 프로토타
입을 만들자. 예를 들면, 경쟁자가 만든 것을
사용하는 것이다.

테이프

가짜 브랜드
가짜 브랜드를 만들어
프린트해보자.

붙이자
기존의 제품에 자신의
디자인을 붙여보자.

느낄 수 있는가?
박스를 들고 어떻게 생겼
고 어떤 느낌인지 확인
한 다음에 서로에게 피
드백하자.

superfun3000

AcmE.co

선반에 올려놓아 보기
실제 가게 선반 위에
올려놓고 사람들의 반
응을 살피자. 옆에 있는
다른 물건과 비교해 어
떻게 보이는가?

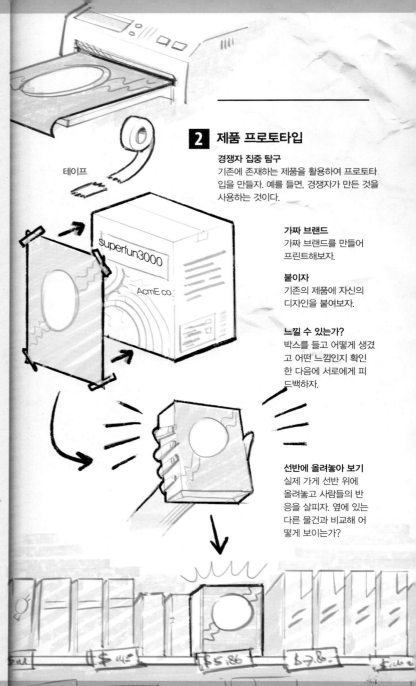

3 애플리케이션 또는 웹사이트 프로토타입

와이어 프레임을 만들기 전에
작은 스크린에서 작동하는지 알아볼 필요
가 있다면 와이어 프레임을 통해서 말할 필
요는 없다.

**모든 것을 보여주려고
하지 말자**
테스트 대상자에게 보
여줄 때 지금 당장 파
악할 필요가 없는 것은
남겨두자.

선택하기
입증하고 싶은 것을 요
약해 만들자.

반복하기
맞다고 느낄 때까지
해보자.

붙여보기
스마트폰이나 태블릿에
붙여보자.

반응 보기
테스트하고 느껴보자.
바깥으로 가지고 나가거
나 실제 앱을 사용하는
환경에서 한번 해보자.

프로토타입 만들기
진짜 쉬운데!

느껴보기
너무 작은 것 같은가?
너무 큰가? 답답한가?
버튼을 쉽게 찾을 수
있는가?

4 프로토타입 상호작용

온라인 도구를 이용하자
상호작용을 테스트해보고 싶은가? 온라인 모
형 도구를 이용해서 스케치에 생명을 불어
넣자.

☑ 우선순위 정하기
☑ 스케치 만들고 리뷰하기
☑ 와이어 프레임 만들기
☑ 논리적으로 배열하기
☑ 10~15명에게 테스트하기
☑ 피드백 받기
☐ 실제 버전 만들기

온라인
프로토타입 도구를
찾아보자

175

점검표
☐ 다른 사람에게 보여줄 수 있거나 상호
작용할 수 있는 무언가를 만들었다.

☐ 사람들이 프로토타입에 반응하거나 새
로운 통찰을 제공했다

다음 단계
> 프로토타입에 관해 다른 사람들의 피드
백 받기.

> 프로토타입을 실험실에서 사용해보기.

프로토타이핑 집중 탐구

함께 만들기

프로토타입을 함께 만든다는 것은 생각을 시각적으로 보여주는 것과 같다. 반복하다 보면 사람들의 참여도가 높아질 것이며, 당신의 아이디어와 프로토타입의 전령사를 쉽게 찾을 수도 있다.

주의 사항: 그룹은 5명 미만이 좋다. 5는 모두가 참여하면서도 역동감을 유지할 수 있는 최대 숫자다.

고객과 함께 만들기

안전지대를 벗어나 예상조차 하기 힘든 새로운 반응을 얻고 싶다면, 고객을 참여시켜 스스로 문제를 해결할 수 있게 하자.

디자인 기준과 범위에 동의하는지를 확인하자. 한 가지 확실한 것은 회사의 관점으로는 결코 문제를 볼 수 없다는 점이다. 외부를 통한 접근 방식은 분명히 사각지대를 정확히 지적하는 데 도움이 된다.

경쟁자 집중 탐구

경쟁자의 제품과 포장재를 사용하여 제품 이름을 비롯한 모든 것을 바꿔보자.

이 방법은 미래 제품의 모형을 만드는 데 들어가는 시간을 절약해준다.

브랜드, 색상, 크기, 무게 등 기존 제품에 대한 사람들의 생각을 알고 여기에 맞게 프로토타입을 만들고 싶다면 이 방법을 사용하는 것이 좋다.

헐!
이 불쌍한
광대..

177

그림 그리며 놀기

아이디어를 쓰지 말고 그려보자. 자신의 아이디어를 그리거나 다른 사람의 아이디어를 그려보라고 권하자. 우선 이것은 재미있다. 추상적으로 그리기보다는 구체적으로 그리라고 요구하자.

사람들이 그림 그리기를 두려워할 경우에는 레고시리어스플레이를 사용해도 좋다.

자주 쓰는 사무실 도구 사용하기

구글벤처의 제이크 냅, 존 제라스키, 브래든 코위츠가 지은 〈스프린트〉에서는 프레젠테이션 소프트웨어인 키노트를 이용하여 로봇용 인터페이스를 실물 크기 모형으로 만들었다.

이 모형으로 고객의 반응을 충분히 파악할 수 있었고, 사람들이 대부분 키노트를 갖고 있었기 때문에 아주 적은 시간과 비용으로 프로토타입을 만들 수 있었다.

눈으로 마시기

가장 흥미롭고 열린 브레인스토밍은 어디서 하는 게 좋을까? 커피숍과 바가 좋다! 사람들은 회사 밖에서 규칙이나 의제, 추측 등에서 자유로운 경향이 있다.

비주얼 씽킹과 '비주얼 드링킹'을 하기에 가장 좋은 장소는 직장 밖이다. 대신 마커를 항상 챙기자. 컵받침, 냅킨, 탁자, 메뉴 카드를 사용하여 시각적으로 브레인스토밍하자. 최우수 아이디어는 컵받침 중 하나에 있을 수 있다!

지금까지

> **스케치를 통해 아이디어를**
> **활성화하는 법을 배웠다.**

> **적어도 하나 이상의**
> **종이 프로토타입을 만들었다.**

> **고객에게서 프로토타입에 대한**
> **피드백을 받았고, 이를 이해했다.**

다음 단계

> **프로토타입 평가하기.**
> 만들고 실험하기.

> **자신의 발견을 추적하기.**
> 시간이 지남에 따라 어떻게 발전하는지.

> **프로토타이핑 반복하기.**
> 발견한 것을 기반으로 프로토타입을 다시 만들어보기.

요약

프로토타입 ≠ 솔루션
스스로 실험 대상이 되어보고 아이디어를 테
스트해보자.

자신의 머릿속 내용도 제대로 알기 힘들다.
프로토타입은 (잘 알려지지 않은) 문제 해결
방법이다.

메이커의 마인드세트를 채택하자.
단편적인 것이라고 모두 쓰레기는 아니다.
그냥 시작해보자.

단순함을 유지하고,
모두 함께 맥가이버처럼 만들자.

미래를 스토리텔링으로 프로토타이핑하자.

잊지 말자.
본드 냄새를
맡아서는
안 된다.

179

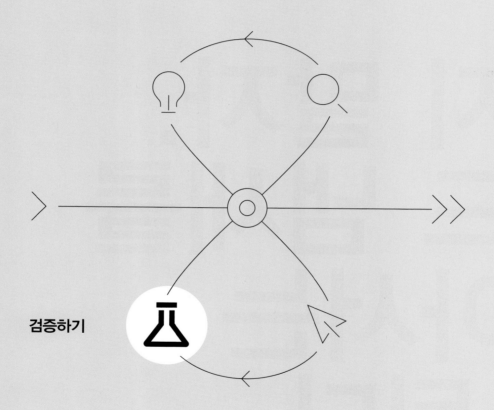

검증하기

디자인 여정 **검증하기**

가장 위험한 가정 찾기

실험하기

피봇 추적하기

가장 아끼는 아이디어 죽이기

아이디어는 누구나 있다. 머릿속에 번쩍 떠오른 아이디어 때문에 때론 밤을 꼬박 새우기도 한다. 아이디어를 끝까지 쫓아야만 할 것 같고 반드시 실행에 옮겨야 할 것만 같다. 물론 그 아이디어는 이제까지 없었던 최고의 아이디어일 수 있다. 하지만 솔직히 말하면, 아이디어는 아이디어에 불과하다. 아이디어는 더해지고 확장될 때 영향력이 생긴다. 즉, 많으면 많을수록 좋다.

세계 최고의 아이디어

사람들은 대부분 당면한 사업상 문제를 해결하거나 사업 기회를 찾기 위해 어떻게 해야 하는지 해답을 알고 있다. 어떤 회사가 킬러 앱이나 새로운 제품 혹은 서비스로 큰돈을 벌었다는 소식을 듣곤 한다. 아마 "우리 아이디어도 아주 훌륭해. 분명히 성공할 거야. 우리 회사 서비스는 다른 어떤 것보다 낫다고. 그렇지?"라고 생각할 수 있다. 그러나 현실은 만만치 않다. 그 어떤 아이디어나 상품도 현실에서 실제 테스트를 거치기 전까지는 추정에 근거한 하나의 생각에 불과하다. 널리 알려진 블록 쌓기 게임 젠가를 예로 들어보면, 다른 블록을 떠받치고 있는 하나의 블록이 잘못되면 전체 블록이 무너지듯 당신의 아이디어도 이와 같다. 핵심 가정 하나가 잘못되면 전체 아이디어가 무너진다. 아이디어는 수많은 가능성 중 하나에 지나지 않는다는 사실을 우리는 종종 간과한다. 디자인과 혁신의 여정에서 오직 하나만 존재하는 솔루션이라는 것은 없다. 다양한 옵션이 있을 뿐이다. 검증을 거쳐 다양한 옵션 가운데 최선의 아이디어를 찾아내고, 그 아이디어가 실현 가능하도록 이끄는 것이 바로 우리가 해야 할 일이다.

> ## 아무리 훌륭한 아이디어라도 테스트를 거치기 전까지는 무용지물이다.

당신을 위한 DVD는 없다

2011년 거대 스트리밍 회사 넷플릭스는 스트리밍과 DVD 사업을 별개의 이름과 웹사이트를 가진 두 개의 사업으로 분리하기로 결정했다. 사업명은 스트리밍 서비스인 넷플릭스와, 이메일을 통한 DVD 렌탈 서비스 퀵스터로 했다. 서류상으로는 이 아이디어가 굉장해 보였다. 후속 비즈니스 모델을 전격적으로 분리하여 각각의 비즈니스 모델에 맞는 운영 및 마케팅 전략을 개발해나갈 수 있을 것이라 생각했기 때문이다. 물론, 일리가 있었다.

하지만 고객은 이 계획을 전혀 이해할 수 없었다. 넷플릭스는 그동안 고객을 즐겁게 해주는 일련의 서비스를 제공해왔다. 넷플릭스가 고객의 주목을 끌 수 있었던 것은 고객이 요구하는 엔터테인먼트적 요구에 부합하기 위해 끊임없이 노력했기 때문이다. 그러나 넷플릭스는 서비스를 둘로 나눈다는 아이디어와 그로 인해 생길 결과에 대해 고객의 검증을 받지 않았다. 사업을 분리한 직후, 넷플릭스 CEO 리드 헤스팅은 다음과 같이 말했다. "많은 회원이 두 개의 웹사이트를 별도로 이용하는 것이 어렵고 불편하다고 여기고 있음이 분명하다. 결국 우리는 스트리밍과 DVD를 모두 한곳에서 이용할 수 있도록 넷플릭스를 다시 통합할 것이다." 사업을 두 개로 나누기 전에 가정을 검증하지 않은 넷플릭스는 고객이 떠난 이유를 알아내기 위해 많은 시간과 자원을 쏟아부어야 했고 결국 결정을 번복할 수밖에 없었다.

최초의 아이디어는 대개 쓸모없다

우리가 관찰한 500개 이상의 스타트업 가운데 처음에 낸 아이디어 하나만으로 성공한 기업은 없었다. 이들은 모두 피봇을 통해 아이디어를 발전시켰다.

'피봇'은 스타트업에 가장 인기 있는 용어다. 에릭 라이스가 소개한 것으로, 스타트업이 프로토타이핑과 검증을 통해 수집한 통찰과 다른 기술 혹은 맥락적 발견을 기반으로, 사업의 방향을 빠르게 전환해나가는 것을 의미한다.

스타트업은 이미 구축된 데이터와 발견된 결과를 활용하여 새로운 고객을 대상으로 시장 조사를 시도하거나, 동일한 고객에 대해 새로운 방식의 테스트를 도입하거나, 과거의 아이디어로 되돌아가 테스트를 하거나, 일련의 생각을 모아보거나, 심지어 아예 완전히 다른 아이디어로 변경하는 등의 결정을 한다.

중요한 것은 창업자의 결심이다. 사업을 바라보는 자신의 관점과 그 관점의 배경을 유지하며 신속히 사업의 방향을 바꾸어나가는 것이다. 피봇에는 탄력적 태도가 필요하다. 마지못해 선택하는 대안은 위험하다. 다른 관점으로 비약적으로 옮겨 가는 것은 죽음의 소용돌이 속으로 빨려 들어가는 것과 같다.

자신이 선택한 아이디어에만 매몰되어 변화를 거부한 스타트업이 사업적으로 성공할 확률은 아주 낮음을 기억하자.

 보다 자세한 내용은 에릭 라이스의
〈린 스타트업〉을 참고하자.

가정 검증하기

가정 검증 프로세스를 통해 우리는 새로운 것을 배울 수 있다. 당신이 세운 최초의 가정이 틀렸다는 사실도 알게 되고 실험과 테스트 프로세스에서 실패를 경험하기도 한다. 사실 이러한 과정은 좋은 신호다. 실패한다는 것은 이를 통해 많은 것을 배우고 경험한다는 것을 의미하기 때문이다. 또한 대규모 투자를 하거나 큰 사업적 위험을 경험하기 전에 상황을 개선할 수 있는 방법을 미리 배울 수도 있다.

거침없는 사람 되기

검증은 아이디어의 진화를 의미한다. 최초의 아이디어는 정말 아무것도 아닐 수 있고, 가장 애정을 가지고 있는 아이디어조차도 한계가 있을 수 있다. 맹목적인 믿음과 신념만으로는 부족하다. 증명이 필요하다. 마치 과학자나 탐정처럼, 그 증거가 어디에서 기인했는지를 입증하기 위해 치밀하고 끈질기게 조사해야 한다. 소중했던 아이디어를 과감히 버릴 수 있는 자세도 중요하다. 이것이야말로 디자인과 혁신의 참된 의미다.

다음에 또 새로운 아이디어가 떠오른다면 아이디어를 실행하기 전에 반드시 검증하자. 아이디어 검증을 통해 시간과 자원을 절약할 수 있음은 물론 더 나은 새로운 아이디어를 도출할 수 있고 아이디어를 뒷받침하는 증거까지 찾을 수 있다. 그래야 고객이 사랑한다.

183

검증 완전 정복

1 일찍 실패하고, 자주 실패하기

첫 번째 사업 아이디어가 고객에게 의미 있게 다가갈 가능성은 극히 낮다. 따라서 배우고 적응해나가야 한다. 사업을 전환하는 과정에서 고객을 제대로 알고, 솔루션을 찾고, 잠재적 솔루션을 마련하는 방법을 배워야 한다. 적은 비용으로 이렇게 배울 수 있는 방법은 무엇일까? 바로 일찍 실패하는 것이다.

이런 방식의 실패 경험이 실제 실패를 의미하지는 않는다. 맞다. 아쉽게도 첫 아이디어와 작별하고 새로운 방향을 찾아야 한다. 그렇게 함으로써 성공을 향한 새로운 발걸음을 내딛게 되는 것이다.

보다 빨리 검증 프로세스를 배우기 위해서는 실험이라는 도구를 쓸 수도 있다. 실험에서 실패하는 것은 자신의 통제하에서 경험하는 실패에 불과하기 때문이다.

2 피봇

실험을 통해 아이디어의 기본 가정에 문제가 있다는 사실이 밝혀지면 사업 방향을 바꿔야 한다. 피봇이 필요한 시기다.

피봇은 단순히 제품 가격을 변동하는 정도가 될 수도 있지만, 훨씬 더 복잡한 상황이 생길 수도 있다. 예를 들면, 검증한 결과가 고

4가지 서로 다른 피봇

고객 니즈 피봇
고객은 당신이 해결한 문제에 관해 전혀 관심이 없다는 피드백을 보냈다. 고객이 관심을 갖는 문제, 그리고 기꺼이 지갑을 열 의사가 있는 문제를 찾아보자.

고객 세그먼트 피봇
현재 고객은 당신 제품에 관심이 없지만, 피드백 결과 다른 유형의 고객이 적극적으로 수용하고자 한다면 고객 세그먼트를 변경해야 한다.

수익 모델 피봇
수익 창출 방법이 그다지 효과가 없는 경우, 다른 효과적인 모델을 찾아야 한다. '공짜' 모델은 수익을 창출할 수 없다. 누군가는 돈을 지불해야 한다.

맥락 피봇
아직까지 시장은 당신의 가치를 받아들일 준비가 되어 있지 않다. 시장에 발을 들여놓기 전에 이미 유사한 경쟁자가 있고, 여러 규제가 시장 진입을 방해하고 있다면, 다른 시장을 찾아야 한다.

객 유형별로 완전히 다른 방식의 접근이 필요하다고 밝혀지면 어떻게 할 것인가?

아직까지 예측하지 못한 목표 고객의 다른 문제를 발견하거나, 목표 고객의 니즈가 전혀 다른 것으로 알려지거나 하는 경우 말이다.

3 인내하기

이와 반대로 실험 결과가 당신의 가정이 옳았음을 증명할 수도 있다. 이 경우, 다음 가정을 검증하기 위한 단계로 넘어가면 된다. 이렇게 꾸준히 하나씩 모든 가정을 검증하자.

서로 다른 두 가지 결과가 나올 경우 경고의 의미로 해석할 수 있다. 실험이 잘못 수행되고 있는 것이다. 어쩌면 엉뚱한 사람에게 질문했을 수도 있고, 실험을 잘못 진행했을 수도 있다. 무엇이 되었든 중요한 결정을 내리기에 앞서 위의 경고를 명심하고 이로 인한 위험 요소를 배제하는 것이 중요하다.

4 다시 해보기

그렇다면 아이디어 검증을 언제까지 해야 하나? 솔직히 디자이너라면 검증을 멈추어서는 안 된다. 고객에게 가장 잘 접근할 수 있는 방법은 고객만이 알려준다. 꾸준한 검증으로 계속 배워야 한다.

잘못된 것으로 밝혀지는 가정을 계속 만들어나가자. 실패한 실험을 통해 보다 나은 성과에 한발 더 다가서게 된다.

검증의 교훈

마크는 수차례 회사를 창업하고, 매각하고, 폐업하면서 평생 수술을 22차례 받았고 4번 넘게 걷는 훈련을 받아야 했다. 마크는 말 그대로 본인이 스타트업이고 검증을 통해 얻은 교훈을 공유하고자 했다.

마크: "스타트업은 사업을 시작할 때 자신이 롤스로이스를 만들 것이라 기대하지만, 저는 아니었어요. 저는 그냥 하나씩 차근차근 채워나가길 바랄 뿐이었습니다. 문제는 스타트업이 이를 이해할 것인지, 아니면 자신의 아이디어와 사랑에 빠질 것인지 둘 중 하나입니다."

"자신이 만든 제품에 푹 빠져 있는 팀은 자신이 원하는 방식으로 검증을 합니다. 자신의 아이디어를 더욱 확고히 하는 검증만을 따르는 것이지요. 그래서 경영자의 입장에서 이를 바라볼 필요가 있으며, 보다 큰 그림을 그리는 데에 집중해야 합니다."

"검증을 통해 우리는 배웁니다. 피봇을 거듭하며 비즈니스 모델의 방향을 지속적으로 바꾸어나가는 팀이 성공에 더 가까워질 것입니다."

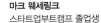

마크 웨세링크
스타트업부트캠프 졸업생

185

붙여보자! | 씹어보자!

우리는 3M이 만든 포스트잇을 좋아한다. 간단히 붙였다 뗄 수 있기 때문이다. 3M은 우연한 기회에 이 제품의 아이디어를 찾아낸 것으로 알려졌다. 1968년에 새로운 초강력 접착제를 개발하고자 했던 3M의 한 과학자가 우연히 접착성이 약하고 재사용이 가능한 접착제를 발견한 것이었다.

5년 후, 한 동료가 책갈피로 사용하기 위해 노란 메모지 한 장에 이 접착제를 사용하기 시작했다. 이 아이디어는 3M 사내에서부터 널리 채택되었고, 완전히 새로운 제품 라인과 고객 영역을 개척했다.

미국의 유명한 추잉껌 제조업체는 사실 처음부터 껌 판매 사업을 한 것은 아니었다. 윌리엄 리글리는 자신이 판매하는 비누에 덤으로 껌을 몇 개씩 얹어주었다. 그러다가 어느 순간 덤으로 나눠주는 껌이 비누보다 더 인기가 있음을 알았다. 그는 신속하게 사업을 전환했고, 자신만의 추잉껌 생산라인을 갖추고 껌을 생산하기 시작했다.

매료된 청중

트위치 TV는 유명한 스타 게이머의 비디오 게임을 생중계하고 토너먼트 경기를 공유하는 공간이다. 팬들은 연간 수백만 시간 동안 라이브 스트림을 보는 충성도 높은 시청자들이다. 트위치 TV는 초기 라이브 스트림을 제공했던 저스틴 TV에서 분리되었지만, 저스틴 TV보다 훨씬 더 광범위한 고객층을 목표로 삼았다.

피봇.
전에는
실패로
여겨졌다.

마크 안드레센, 투자가, 기업가, 엔지니어

페이팔

페이팔이 늘 결제에 초점을 맞추고 있는 것은 변함 없지만, 실제로는 많은 변화를 겪었다. 원래 페이팔은 1999년 PDA 기기를 이용하여 결제를 할 수 있도록 컨피니티라는 회사에서 개발한 것이다.

이후 X.com이라는 금융 서비스 회사에 합병된 후, 이베이 판매자들이 선호하는 온라인 결제 시스템으로 자리 잡으면서 명성이 높아졌다.

경쟁의 선두 주자

인기 있는 업무용 채팅 어플 슬랙은 현재 20억 달러 상당의 가치를 지닌 회사이지만, 처음에는 글리치라는 완전히 다른 형태의 소셜 비디오 게임 사업을 시작했다. 글리치가 수익을 내는 사업이 될 수 없겠다고 판단되자, 회사는 새로운 기업명과 새로운 제품으로 사업을 바꿨다.

여기서 재미난 사실은 슬랙의 창업자인 스튜어트 버터필드가 이전에도 사업을 바꾼 적이 있다는 것이다. 2004년에 네버엔딩(Never-ending)이라는 게임을 제작하기 시작한 그는 결국 유명한 사진 공유 사이트 플리커 운영으로 주력 사업을 바꿨다.

187

피봇의
달인에 대해
알아보자

고스파크
피봇의

고통의
영혼 얼굴

엠마누엘 프란치오니, 고스파크 공동 창업자

달인

어떤 사업이든 진화와 발전을 거듭해야 한다. 그렇지 않으면 소멸한다. 전 세계 사람들로부터 큰 관심과 호응을 얻었던 기술 제품 콤모도어(Commodore)는 계속 변화해야 한다는 사실을 잊었고 결국 사업에 실패했다.

만약 무엇을 어떻게 피봇해야 할지 모른다면, 나는 피봇을 통해 이루고 싶은 것이 정확히 무엇인지 되묻고 싶다. 나는 피봇을 각 개인에게 서로 다른 의미가 될 수 있는 창업 세계의 전문 용어로 정의한다. 나는 사업을 바꿔나가는 것이 사업 존속의 열쇠라 믿기 때문이다. 아직까지 만나지 못한 고객의 요구 사항에까지 귀를 기울여야 한다.

우리 팀은 자동차 내비게이션 회사인 톰톰으로 출발했다. 우리는 위치 정보 제공 서비스에 대한 열정을 갖고 있었다. 우리 팀 최초의 아이디어는 최상의 위치 제공 서비스 제품을 개발하는 것이었다. 일 년 반 동안의 준비 기간을 거친 후, 우리는 세계 최고라 자부하는 실외 위치 정보 기술을 개발했다. 이제 이 제품을 필요로 하는 소비자들과 비즈니스 모델을 찾기만 하면 되었다. ▶▶

고스파크 사례 연구: 피봇의 달인

첫 번째 피봇 = 관료주의

영국 교육계가 우리 소프트웨어를 필요로 한다는 사실을 알게 되었다. 영국으로 유학 온 학생들이 수업에 빠지는 일이 잦았는데, 대학은 이 문제를 해결하기 위해 값비싼 인프라를 구축하고 있었다. 하지만 우리 회사 소프트웨어가 훨씬 저렴하고 기술적으로도 뛰어났다. 우리는 고객의 요구를 파악하여 솔루션을 찾았고 같은 상황을 해결하기 위해 돈을 지불할 의향이 있는 대학이 많다는 사실을 확인했다. 하지만 피봇이 필요했다. 기술 판매를 위해서는 각 대학에 입찰서를 제출해야 했고 이 과정은 3년이나 걸리기 때문이었다. 우리는 재빨리 다른 방법을 찾았다.

두 번째 피봇 = 데이터에 흥미가 없음

우리는 다른 시장을 조사하기 시작했다. 스포츠 분야가 흥미로웠다. 운동선수들에게 포지셔닝 데이터를 제공하여 경기력 개선에 기여할 수 있다고 생각했다. 이것이 바로 우리가 찾고 있었던 고객의 니즈였다. 그러나 고객 기반이 그다지 견고하지 않았다. 문제를 잘 풀어갈 수 있다고 생각했지만, 실제로는 솔루션 적용 방법을 잘 모르고 있었다.

이 사업에 필요한 정보를 얻으려면, 축적된 콘텐츠와 데이터가 필요했다. 대수롭지 않게 여겼던 시장에서 많은 노력을 기울여야 할 필요가 있었던 것이다. 만일 어떤 분야의 전문가가 아니라면 시작하지 말아야 했다. 우리는 현실을 직시하고 다시 피봇을 했다. 그러나 실제로는 절반 정도만 피봇한 것이다. 이 기술을 캐나다 사업 파트너에게 팔았기 때문이다.

세 번째 피봇 = 다른 관점의 우선순위

우리는 여러 차례의 피봇을 거듭하면서, 공동으로 무언가를 개발하는 이해당사자들에게 지적재산권에 대한 라이선스를 제공할 수 있는 단계에까지 도달했다. 이를 위해 우리는 수익 공유 모델을 구현할 수 있게 되었다. 이 모델을 바탕으로 계속 솔루션을 개발하고, 다양한 다른 제품을 만들었으며, 파트너들은 이를 상업화했다. 이는 시장 탐색에 필요한 시간을 줄일 수 있다는 의미였으며, 파트너가 수익을 창출하면 우리도 덩달아 돈을 벌 수 있다는 의미였다.

네 번째 피봇 = 자잘한 피봇의 연속

지금까지는 자잘한 피봇이 계속 생기는 단계였다. 작고 다양한 변화들 말이다. 우리는 고유한 기술을 개발하고 이를 판매하기로 결정했다. 첫 번째 솔루션은 모든 사람이 공감하고 있는 문제, 즉 주차에 관한 것이었다. 반짝 떠오른 아이디어를 바탕으로 우리가 개발한 도구는 바로 주차용 충전기였다. 이 충전기를 차량에 연결하면 주차요금을 자동으로 정산해주는 것이었다. 하지만 다시 새로운 질문이 생겼다. 이게 과연 사용자를 위한 것인가, 기업을 위한 것인가?

고객

고객이 좋아할 만한 것을 합리적인 가격으로 제공할 수 있어야만 솔루션으로서 가치가 있다. 고객의 니즈는 기업의 니즈와 다르다. 솔루션은 소비자의 입장에서 볼 때 '쿨'해야 한다. 검증을 통해 또 다른 고객의 요구사항 두 가지를 발견했다. 첫째, 초과비용이 지불되지 않도록 주차공간을 확인하는 것이다.

처음에 이 아이디어를 낸 것은 파트너였다. 아이디어는 모든 가정을 확인한 것처럼 보였다. 파트너는 우리에게 아이디어를 팔고 싶어 했다. 우리는 고객 기반을 확보하고 있었고 이를 대량으로 판매할 예정이었다. 이 모델은 4개의 파트너십 모델로 구현되었다. 그러나 역시 문제가 발생했다. 판매와 사업 전략을 전혀 통제할 수가 없었다. 기술 부분은 준비가 되었지만, 파트너들이 갑작스럽게 우선순위를 다르게 재배치한 것이다. 충분한 고객 기반, 준비된 자본, 제품의 시장 적합성 등 시장을 주도할 만한 모든 요인을 갖추었음에도 불구하고 우리는 다시 피봇을 택해야 했다. 뭔가를 통제할 수 없다면, 피봇 외에는 방법이 없다.

191

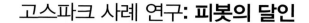

고스파크 사례 연구: 피봇의 달인

둘째, 동전을 사용하지 않고 주차료를 정산할 수 있어야 했다. 우리가 제안하는 가치는 '주차 비용을 절약하는 것'이다. 하지만 실제로 소비자가 원하는 것은 이것이 아니었다. 이것은 쿨하지 않았지만 어느 정도 효과는 있었다. 일부 초기 수용자는 기술 지향적 마인드를 갖고 있다. 그들은 뭔가를 만들 수 있는 색다른 것을 원했다. 우리는 이 기회를 확실히 잡을 수 있었다. 이제 이전과는 완전히 다른 방법으로 커뮤니티를 지원해야 했다. 지금 단계에서 사업을 확장하려면 새로운 고객을 찾아야 했다.

비즈니스

기업은 경비 절감을 원하지 않았다. 대신 직원들의 주차 비용을 기꺼이 지불하되 회사 소유 차량을 관리해주기를 원했다. 기업을 대상으로 개발한 솔루션 검증을 위해 실시간 차량 추적 기능을 차에 부착했다. 그러자 이 아이디어가 새로운 상품으로 떠올랐다. 적어도 10개 이상의 유료 시제품을 판매할 수 있었고, 우리는 사업 성공을 점쳤다. 잃은 것보다 얻을 것이 더 많아 보였다. 심지어 세무 당국조차도 이 제품을 원했다. 사업 성공에 대한 확실한 희망을 갖고, 우리는 기꺼이 파일럿 테스트를 했다. 그러나 역시, 그런 일은 일어나지 않았다.

이제: **킬러 앱이 생겼다!**

이런저런 방법으로 킬러 앱이 생겼다. 우리는 시제품 운영 중 수많은 대중교통 회사들과 대화를 나누었고 똑같은 질문을 반복해서 받았다. 승객의 승하차를 어떻게 확인할 수 있는가?

승객이 스스로 버스에 태그해서 탑승할 수 있는가? 이 시스템이 네덜란드의 오브이(OV) 칩 시스템(설치 시 차량당 8,000유로, 유지보수에 차량당 월 15,000유로가 드는)보다 확장성이 뛰어난가? 우리 솔루션은 고객의 니즈에 잘 부합하는 것으로 보였다.

이제 드디어 뭔가 대단한 일을 시작했다!
...아니, 그렇다고 생각했다.

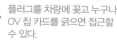

플러그를 차량에 꽂고 누구나 OV 칩 카드를 긁으면 접근할 수 있다.

이 시스템은 모든 차량에 적용 가능하다.

저기요! 반려견 좀 추적해주세요!

아이들 반려견을 추적하는 사업은 어떨까?

우리는 이 문제도 주의 깊게 들여다보았다. 반려견 주인과 아이의 부모 모두 처음에는 흥미를 보였지만 결국에는 큰 관심을 갖지 않았다. 만약 이 사업을 진행했다면 그건 아주 순진한 선택이 되었을 것이다.

강한 피봇과 부드러운 피봇

피봇에는 두 가지 종류 즉, 강한 피봇과 부드러운 피봇이 있다. 강한 피봇은 기술부터 제품까지 모든 것을 완전히 바꾸는 것이고, 부드러운 피봇은 고객 세그먼트를 바꾸는 것이다.

작은 피봇. 부드러운 피봇. 피봇을 선택할 때 이런 개념을 이해하지 못하는 경우가 많다. 피봇을 진행하다 보면 예전과 다른 지점에 있음을 느낀다. 피봇의 과정을 일일이 이해하지는 못했지만 사업 방향을 조금씩 조정한 결과 지금의 위치에 이르게 되었다.

록스타가 되자

비즈니스 모델 캔버스와 린 씽킹은 기타 연주와 같다. 코드를 보고 음악이 내재화될 때까지 반복해서 연주해야 한다.

그런 다음 처음부터 다시 시작해야 한다. 결국 노래와 연주가 동시에 이뤄진다. 그리고 이런 사실을 미처 깨닫기도 전에, 사람들이 당신과 함께 노래하고 있다는 사실을 알게 된다.

193

피봇으로
승리에 이르는
방법

원탭 사례: **피봇으로 성숙해진 비즈니스 모델**

호주의 한 술집에서 외상을 하고 싶으면, 다른 국가에서와 같이 신용카드를 줘야 한다. 제법 번거로운 일이다. 그래서 호주의 스콧과 폴은 바에서 모든 것을 해결할 수 있는 앱을 선보였다.

와인 세 병을 마신 후, 우리는 제품을 론칭할 준비가 되어 있었다…

 **하우스 카드**

스콧과 폴은 앱으로 결제하면 아주 편리할 것이라 확신했다. 앱을 통한 결제는 기다리거나, 카드를 잃어버리거나, 서명을 하는 등의 번거로운 문제를 해결할 것이라 생각했다.

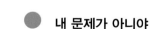 **내 문제가 아니야**

그들은 술집 고객이 자신의 편의를 위해 앱을 구매할 것이라 가정했다. 하지만 이는 잘못된 생각이었다. 앱이 문제가 아니었다.

● **술집 주인의 문제**

진짜 문제는 사기, 거래 처리, 신용 카드 분실, 떼인 외상값 등으로 고통받는 술집 주인에게 있었다. 이런 문제를 해결해준다면 술집 주인들은 앱을 구매할 분명한 의사가 있었다.

● **천국에서 만든 매치**

원탭(OneTab)이라는 플랫폼에서라면 고객에게는 편의를 제공하고, 술집 주인에게는 거래 처리에 따른 번거로움을 덜어줄 수 있었다. 고객 주문이 많아질수록 술집 주인은 사용료를 기꺼이 지불하려 했다.

⑤ **지식에 대한 접근**

포스(POS) 시스템을 통해 술집 주인은 많은 정보에 접근할 수 있었다. 추가로 원탭을 사용하면 더 많은 고객 데이터에 접근할 수 있었다. 하나의 앱에서 다중 플랫폼으로 변했고, 네 번의 피봇으로 결국 성공했다.

실험 진행하기

프로토타이핑을 통해 아이디어를 보고 느끼면서 초기의 가정을 신속하게 파악했다면, 이제는 검증을 통해 디자인 프로세스에 엄격함을 더해야 한다. 제대로 된 검증을 위해서는 가정을 테스트하고 결과를 측정하기 위한 실험이 필요하다.

내가 진짜 알고 있는 것은 무엇일까?

자신의 아이디어를 맹신해서는 안 된다. 고객은 그것을 좋아하지 않거나, 더 심한 경우에는 아주 무관심할 수 있다. 이는 다른 실패한 수많은 스타트업과 같이 위험한 길로 빠지고 있는 것이다. 기억하자. 아이디어는 검증되지 않은 가정을 쌓아놓은 것에 불과하며, 여러 가지 가정 중에서 어떤 것을 현실에 적용할 수 있는지 신중하게 검증해야 한다. 이것만이 진실과 진실이 아닌 것을 파악하는 유일한 방법이다.

투자 결정과 같은 중요한 의사 결정을 내리기 전에 이성을 깨워 최대한 상황을 정확하게 판단해야 한다.

실험

우리는 배워야 한다. 그것도 가능한 한 빨리 배워야만 한다. 어린 아이가 자꾸 넘어지면서 걷는 법을 배우는 것처럼, 진실을 찾기 위해서는 많은 실험이 필요하다. 가설을 증명하기 위해 실험을 만들고 진행하고 분석해야 한다. 그래야 필요로 하는 데이터가 나온다. 사실이나 증거, 혹은 데이터를 활용한 이성적 판단으로 당신과 당신 팀이 만든 가설이 옳음을 증명하자.

'가장 위험한 가정' 게임

이제 유효성을 검증하고 실험하자. 먼저 무엇을 테스트해야 할까? 우리가 즐기는 젠가의 은유를 사용해서 아이디어를 탑으로, 탑의 블록을 가정으로 생각해보자. 탑 하단의 가정 하나를 제거하면 탑 전체가 무너질 수 있다. 하지만 탑 꼭대기 블록을 제거하면 탑에 큰 영향을 주지 않는다. 이 책에는 시각적 템플릿이 포함되어 있어 가장 위험한 가정을 쉽게 찾을 수 있다.

실험을 어떻게 설정하는가?

가장 위험한 가정을 찾았다면 이제 실험을 시작하자. 다음 페이지에 나온 실험 캔버스를 사용하여 실험을 신속하게 구성하고 실행할 수 있다. 이를 통해 단계별 실험 설정 방법을 배우게 된다.

반증 대 입증

실험의 요점은 가정을 확인하는 것이 아니라 잘못된 것을 반증하는 것이다. 아무리 노력해도 가정을 반증하는 실험이 불가능하다고 판단되면, 그때서야 가정을 받아들일 수 있다.

그렇다고 완전히 끝난 것은 아니다. 다른 결과가 예상되는 다른 종류의 실험이 가능하다면 그것을 해봐야 한다. 다른 결과를 적극적으로 찾자. 그 정보를 얻는 데 약간의 비용이 들긴 하겠지만, 결국에는 많은 것을 절약할 수 있다!

피봇 혹은 보존

실험을 마친 후에는 결론을 내려야 한다. 본질적으로 세 가지 실험 결과가 나올 수 있다. ① 가정과 일치하거나 ② 모순되거나 ③ 확실하지 않은 것이다.

잘못된 것을 입증하기 위해 노력했음에도 실험 결과가 가정과 일치한다면, 가정을 '유효'한 것으로 표시하자. 이 실험 결과를 '보존' 상태로 남겨두고, 두 번째 위험한 가정으로 넘어가자. 확실하지 않은 경우에는 실험 설정을 확인하자. 예를 들면, 올바른 질문을 했는지, 적합한 실험 대상인지를 확인해야 한다. 마지막으로, 실험 결과가 모순된다면 방향을 바꿔야 한다. 즉, 피봇을 해야 한다.

다음 실험

이것 하나는 확신해도 좋다. 많은 실험을 하고 피봇을 여러 번 거치지 않고서는 결승선에 도달할 수 없다. 올바른 길을 따라가면서도 때론 뒤돌아보며 패턴을 쉽게 만들기 위한 린 스타트업(Lean Startup)의 검증 내용을 이 책에 포함했다.

좀 더 구체적인 내용은 애쉬 모리아의 《린 스타트업》을 참고하자.

린 실험하기

2010년에 나는 스타트업들이 빠르게 성공할 수 있도록 린 캔버스(Lean Canvas)를 개발했다. 이 방법은 실험을 하고 가정을 테스트하는 유효성 검증을 기반으로 하고 있다. 이후 린 캔버스는 린 방식을 사용하고 발전시키는 범세계적 움직임으로 변해왔다.

실험은 추측과 가정을 테스트하는 데 아주 효과적이지만, 단순히 실험을 하는 것만으로는 충분하지 않다. 실험 결과는 초기에 만든 가정과 추측의 내용에 따라 다르기 때문이다.

테스트해야 할 가장 위험한 가정을 찾고 필요한 정보를 얻는 데 가장 적절한 실험을 설정하는 것이 중요하다.

이 책의 뒷부분에 참고할 만한 실험 보고서를 만들어 첨부했다.

애쉬 모리아
《린 스타트업》 저자

197

가장 위험한 가정 소개

우리는 모두 이런 경험이 있다. 자신의 아이디어가 너무 멋져 오늘 당장이라도 사업을 벌이고 싶은 마음이 드는 경험 말이다. 하지만 자신의 아이디어가 좋은 베팅이라고 어떻게 확신하는가? 당신의 아이디어가 성공하기 위해서는 어떤 선택이 필요한가? 이는 전부 테스트가 필요한 위험한 가정에 불과하다.

내가 진짜 알고 있는 것은 무엇인가?

네덜란드 암스테르담의 치즈 가게는 항상 사람들로 붐벼, 손님들은 길게 줄을 서야만 치즈를 살 수 있다. 이것만 봐도 네덜란드 사람들이 치즈를 얼마나 좋아하는지 알 수 있다. 암스테르담에 있는 한 스타트업이 모바일 앱을 개발해 치즈 가게의 긴 줄을 해결하고자 했다. 모바일 앱을 통해 소비자들이 샌드위치를 미리 주문하면 긴 줄에 서서 기다릴 필요가 없을 것으로 생각했다. 이 사업은 아주 단순해 보였다. 디자인 여정 지도를 통해 회사는 사람들이 긴 줄에 서서 기다리는 것을 싫어한다는 가정을 세웠다.

이 가정을 검증하기 위해 연구팀은 거리로 나섰다. 50명이 넘는 고객과 대화한 후, 연구팀은 소비자들이 이를 문제 삼지 않는다는 점을 깨달았다. 소비자들은 카운터 뒤의 인상 좋은 사람들이 준비한 신선한 샌드위치를 사기 위해 기꺼이 기다렸다.

소비자들과 대화를 나누며 점심시간을 보내고 나서, 연구팀은 그들이 생각한 가장 위험한 가정이 틀렸으며 유효하지 않다는 것을 알게 되었다.

소규모 스타트업에서 일하든 대기업에서 일하든, 성공 가능성이 낮은 일에 귀중한 시간과 자원을 쏟지 않도록 가능한 한 신속하고 낮은 비용으로 가장 위험한 가정을 검증해야 한다. 그러나 이것은 보통 말처럼 쉽지 않다.

가장 위험한 가정을 찾는 것은 생각보다 어렵다

당신의 아이디어가 시내 중심가 쇼핑 거리에서 맞춤형 청바지 가게를 여는 것이라고 생각해보자. 사람들은 자신에게 꼭 맞는 맞춤형 청바지를 좋아할 것이며, 거기에 돈을 쓸 의향이 있을 것이다. 하지만 이것이 가장 위험한 가정은 아닐까?

고객의 JTBD(jobs-to-be-done), 고통, 이익, 구매 등에 관해 생각해본다면 아마 더 많은 가정과 질문을 해야 할 것이다. 소비자가 기꺼이 돈을 낼 의사가 있는가? 그들은 맞춤형 청바지 제작에 소요되는 시간만큼 기다릴 것인가? 몇 주 후에 청바지를 가지러 올 수 있는가? 등의 질문 말이다.

> **TIP!** 가정을 검증할 때는 올바른 질문을 해야 한다. 절대 잊지 말자. 89쪽의 맘 테스트를 참고하자.

자기 제품과 사랑에 빠진 창업자는 오직 검증하고 싶은 부분만 검증할 뿐, 사업에 이득이 되는 부분은 검증하지 않는다.

// 마크 웨세링크, 스타트업부트캠프

비즈니스 모델과 맥락 캔버스를 통해 다음과 같은 가정과 질문을 더 많이 떠올릴 수 있다. 사람들이 사고 싶어 하는 상품을 생산하기 위해서는 어떤 핵심 자원을 이용해야 할까? 핵심 사업 파트너가 제시간에 그리고 합리적인 가격으로 재료를 제공해줄 것인가? 충분한 이익을 얻으려면 청바지를 얼마에 팔아야 할 것인가?

당신의 가정 중 가장 위험한 것이 무엇인지를 파악하는 방법은 팀을 모아 아이디어를 분석하고 이들과 함께 브레인스토밍을 하는 것이다. 비즈니스 모델과 맥락을 분석하는 전문적인 경험을 가진 구성원이 없을 경우에는 주변의 다른 전문가를 데려와야 한다.

가정 확인하기

디자이너가 최우선적으로 집중할 대상은 고객이다. 따라서 당신이 떠올리게 되는 첫 번째 가정은 고객으로부터 나와야 한다. 그러나 이는 하나뿐인 경우가 별로 없고, 가장 위험한 가정이 아닌 경우도 많다. 더 많은 가정을 찾고자 한다면 116쪽 비즈니스 모델 캔버스를 참고하자. 고객 영역과 비즈니스 모델 캔버스의 몇몇 추정 가치 제안을 구성할 때, 위의 요소들을 몇 가지 매출 흐름과 채널을 연관지어 생각할 수 있다. 다음 4가지 모든 영역에서 가정을 떠올릴 수 있다. ① 고객은 ② 당신의 제품을 ③ 어떤 경로를 통해 ④ 얼마에 사고

싶어 하는가? 이들은 모두 비즈니스 모델 캔버스의 오른쪽 면에 있다. 이러한 가정들은 어떤 가치를 확실하게 전달하기 위해 반드시 검증해야 하는 것이다.

비즈니스 캔버스의 왼쪽 면에서는 처음 몇 가지 가정을 만들 때 필요한 특정 파트너나 자원처럼 실무적인 가정을 확인할 수 있다. 또한 당연히 해결책을 찾는 데 필요한 가격적인 면도 무시할 수 없다.

팀 구성원들과 함께 포스트잇, 마커, 아이디어 벽과 같은 디자이너 도구를 사용하여 위의 모든 사항들에 순위를 매기자. 이 방식에 따라 어떤 것이 실패할 것인지, 어떤 것이 수행할 수 없는지를 확인하자. 위 요소들을 빨리 발견할수록 이를 검증하고 더 진전시킬 것인지, 아니면 피봇을 할 것인지를 빨리 파악할 수 있다.

199

가장 위험한 가정 캔버스

포커스
가장 위험한 가정
정의하기

± 15–30분
압력솥

3–5명
그룹당 인원

당신이 만든 수많은 가정 중에서 가장 위험한 것을 제일 먼저 해결해야 한다. 이 가정을 테스트할 때 계속해서 '잘못'이란 결과가 나오면 내기에 건 판돈을 회수할 수 없다. 이 도구는 실험으로 옮겨 가기 전에 다양한 가정의 순위를 매기는 데 도움이 된다.

가장 위험한 가정을 파악하자

가장 위험한 가정을 찾는 일은 쉽지 않다. 팀 구성원들과 가정에 관해 논의하면서 앞으로 진행할 것이 무엇인지 파악하자. 이 프로세스를 시각적으로 수행하자. 그리고 간단명료하게 만들어 필요한 결과를 찾자.

젠가

젠가는 플레이어가 차례로 나무 탑에서 블록을 제거해나가는 게임이다. 블록들이 빠지면서 탑이 무너질 수 있는데, 하단의 블록은 탑이 무너지지 않게 하는 데 중요한 역할을 한다.

당신의 아이디어를 큰 젠가로 보고 모든 블록을 가정으로 보자. 탑 하단의 가정 중 하나가 무효화되고 그 가정의 블록이 제거되면 탑이 무너질 수 있다. 탑 꼭대기 부분에 있는 가정의 블록을 제거하면 탑 전체가 무너지는 일은 없을 것이다.

타워의 기초 부분이 안전한지 확인하자. 가장 위험한 가정인 타워의 바닥 부분을 검증해야 한다. 다른 가정은 그다지 중요하지 않다.

결국, 가장 위험한 가정이 틀렸다면 다른 것은 아예 생각할 필요도 없다. 아마 새로운 사실에 비추어 아이디어 자체를 완전히 바꿔야 할 것이다.

가장 위험한 가정을 찾기 위해서는 비즈니스 모델 캔버스, 가치 제안, 디자인 기준, 그리고 앞서 배운 다른 도구들을 검토해야 한다.

당신의 가정은 무엇인가? 당신이 확신하지 못하는 것은 무엇인가? 이 템플릿을 사용하여 팀과 함께 벽면에 젠가 타워로 지도를 그려보자. 당신의 아이디어에서 무조건 '참'으로 증명되어야만 다음 작업을 가능하게 하는 가정을 젠가 타워의 맨 아래에 놓자. 덜 중요하거나 다른 가정에 의해 좌우되는 것들은 점차 그 위치가 높아진다.

실패해보기

목표는 타워를 빨리 무너지게 하는 것이다. 이를 위해 가장 위험한 타워 맨 아래의 가정을 고르자. 그 가정이 바로 당신이 더 알아야 하는 것이다. 그것이 옳다면 그다음으로 위험한 가정을 살펴보자. 실패하면 탑은 무너질 것이고, 더 나은 다른 접근 방법을 찾기 위한 계획을 새로 짜야 한다.

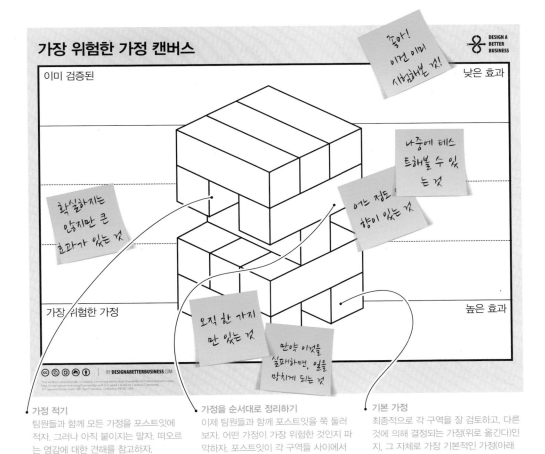

가정 적기

팀원들과 함께 모든 가정을 포스트잇에 적자. 그러나 아직 붙이지는 말자. 떠오르는 영감에 대한 견해를 참고하자.

그러고 나서 가정을 템플릿에 붙이고, 각 팀 구성원이 가장 옳다고 생각하는 중간 세 구역에 그 가정들을 배치하자. 아직 논의를 시작하지는 말자.

가정을 순서대로 정리하기

이제 팀원들과 함께 포스트잇을 쭉 둘러보자. 어떤 가정이 가장 위험한 것인지 파악하자, 포스트잇이 각 구역들 사이에서 왔다 갔다 한다면 그 중간쯤에 배치하자.

기본 가정

최종적으로 각 구역을 잘 검토하고, 다른 것에 의해 결정되는 가정(위로 옮긴다)인지, 그 자체로 가장 기본적인 가정(아래로 옮긴다)인지를 살펴보자. 15분 정도 지나면, 가장 하단에는 몇 안 되는 가정만이 남게 된다. 팀원들과 함께 어떤 것이 가장 기본적인 가정인지 투표로 결정하자.

점검표

- ☐ 가장 위험한 가정 한 가지를 확실하게 정했다.
- ☐ 가장 위험한 가정을 구체적인 방법으로 설명할 수 있다.

다음 단계

> 실험 캔버스를 사용하여 가장 위험한 가정을 테스트하기 위한 실험 설계하기.

201

과학적으로 접근하기

실험, 측정, 평가 기준 등이 모두 과학처럼 보이는가?
그렇다면 그냥 과학으로 보자.

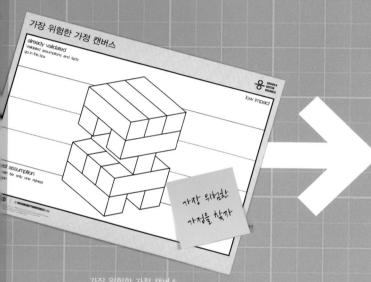

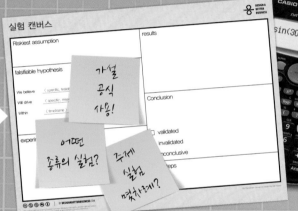

실험의 결과를 측정하자.
몇 번의 결과를 얻었는가?
어떤 주제로 실험을
했는가?

가장 위험한 가정 캔버스,
200쪽 참고.

실험 캔버스는
204쪽 참고.

1
가장 위험한 가정
우선 가장 위험한 가정이 무엇인지를 찾자. 전체 아이디어를 구축하는 가정이 틀렸다면 탑은 무너진다.

2
가설
가정에 대해 다음과 같은 가설을 세우자. 실제 의미는 무엇인가? 어떻게 이 가정을 측정할 것인가?

3
테스트 주제
실험을 위해 테스트 주제의 대표 그룹을 선정하자. 경험 법칙: 연구 대상은 적어도 20명에서 30명 고른다.

4
프로토타입
가설을 테스트하기 위한 가장 단순한 프로토타입을 만들자. 프로토타입 관련 부분에서 영감을 얻자.

일지를 사용하여 실험 결과와 단계를 추적하자. 실험 결과가 유효한지를 확인할 수 있다.

실험의 핵심은 가설을 확인하는 것이 아니다. 핵심은 가설이 틀렸음을 증명하는 것이다. 실험이 실패했을 경우에 한해 가정이 옳음을 알게 된다.

긍정적 결과를 얻었다면, 다음과 같은 질문으로 한 번 더 확인하는 것이 좋다. 옳은 질문을 했는가? 충분히 비판적이었는가? 스스로에게 너무 관대한 것은 나쁜 결과를 낳는다.

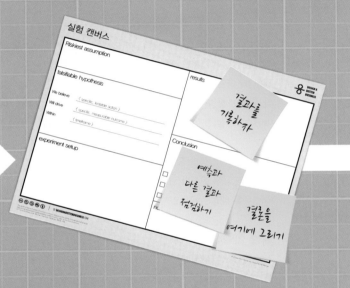

실험 캔버스

Riskiest assumption

falsifiable hypothesis

We believe (specific, testable action)
Will drive (specific, measurable outcome)
Within (timeframe)

experiment setup

results

결과를 기록하라

Conclusion

예측과 다른 결과 점검하기

결론을 여기에 그리기

옳음

지속하기

두 번째로 위험한 가정을 선정하여 그것을 평가하자.

틀림

피봇

드로잉 보드로 돌아가자. 당신의 관점을 재평가하고 다른 솔루션을 찾을 수 있는지 살펴보자.

위기

재실험

실험을 망칠 수도 있다. 설정, 실험 주제, 가설을 점검하자. 실험을 꾸준히 반복하자.

203

5

실험 운영

계획한 대로 실험을 진행하자. 계획대로 흘러가지 않더라도 걱정하지 말자. 배워나가는 것이 중요하다.

6

데이터 수집

예상했던 부분과 데이터를 서로 비교하자. 예상과 실제 데이터의 차이가 많이 나는가, 정확하게 맞아 떨어지는가, 아니면 아슬아슬하게 비슷한가?

7

결정하기

도출된 결과를 바탕으로 이제 피봇을 할지, 지속할지, 다른 실험을 진행할지 결정하자.

실험 캔버스

애쉬 모리아 개발

유형
실험하고
창조하기

± 15~30분
압력솥

3~5명
그룹당 인원

가장 위험한 가정을 찾고 나면, 이 가정을 어떻게 정량적 방법으로 잘 실험하고 측정할 수 있는지 알아야 한다.
실험 캔버스는 가정을 측정하고 관찰 가능한 실험으로 치환하는 간단한 방법을 제공한다.

옳은 실험

실험 캔버스의 목적은 제때에 올바른 실험을 설계하여 팀이 적절한 대화를 하도록 촉진하는 것이다. 실험 캔버스를 사용하면 잘 정의된 실험을 쉽게 디자인할 수 있다. 가장 위험한 가정을 파악한 다음, 명확하고 반증 가능한 가설과 실험 설정을 구체화하자. 실험을 실행한 후 결과를 확인하고 다음 단계를 계획하자.

좋은 가설 세우기

가설은 가장 위험한 가정을 진실이라고 믿고 있음을 진술하는 것이다. 실험을 실행하기 전에 적어두자. 나중에 결과 값을 맞추기 위해 조건을 변경하는 것은 쉬운 일이나, 이로 인해 통찰력을 잃을 수 있다.

예상치 수량화하기

가설의 정량적 기준을 정한다. 얼마나 많은 고객에게 실시할 것인가? 몇 번 할 것인가? 어떤 시간에 할 것인가? 이미 구체화되어 있다면 범위를 산정해도 좋다. 당신이 정의한 측정 항목은 실행 가능해야 하며(즉, 가설과 직접 관련이 있어야 하고) 접근 가능해야 한다(즉, 결과를 볼 수 있어야 한다).

테스트 중인 가정과 정량적 기준을 연관 지어보자. 가정을 검증하기 위해 왜 10가지 긍정적 결과가 필요한가? 질적 결과와 변수를 구분하자. 당신이 기대하는 다른 대답은 무엇인가? 대답들을 어떻게 묶을 것인가?

실험 진행하기

가설 준비를 마치면 실험을 시작하자. 즉시 데이터를 추적하고 모든 것을 기록하자. 결과를 올바르게 해석했는지는 나중에 확인하자.

실험 캔버스 템플릿은 애쉬 모리아가 개발했으며, 여기서는 일부를 사용했다.

가설 공식 사용하기

우리는 (구체적인 실험 가능한 행동) 이 (구체적인 측정 가능한 결과) 를 (기간) 내에 가져온다고 믿는다.

실험 캔버스

DESIGN A BETTER BUSINESS

가장 위험한 가정	결과
실패할 수 있는 가설 We believe 〈 specific, te 여기서 가설 공식 사용 Will drive 〈 specific, Within 〈 timeframe 〉	
실험 설정 프로토타이핑 관찰하기	**결론** □ 검증 통과 □ 검증 실패 □ 결론 없음 **다음 단계**

BY **DESIGNABETTERBUSINESS**.COM

The Experiment Canvas was created by Ash Maurya.

가장 위험한 가정
반드시 검증하고 싶은 가장 위험한 가정은 무엇인가? 그 가정이 중요한 이유는 무엇인가?

실패할 수 있는 가설
기대되는 결과를 미리 발표하자. 거짓으로 정밀함을 꾸며내기보다는 좋은 추정치를 얻어내기 위해 노력하자.

실험 설정
실험에 어떤 프로토타입을 사용할 것인가? 중요한 변수와 측정 기준은 무엇인가? 양적혹은 질적 평가 중 어떤 것을 사용할 것인가?

결과
실험으로 얻은 양적 혹은/그리고 질적 평가의 데이터를 입력하자.

결론
찾아낸 결과를 요약하자. 결과가 가설에 부합하는가? 혹은 결론이 나지 않았나?

다음 단계
피봇, 지속하기, 다른 실험 하기 중 어느 단계로 나아가야 하나?

점검표

□ 가장 위험한 가정을 테스트하기 위한 가설을 설정한다.

□ 가설이 구조에 부합한다.

□ 측정 가능한 결과를 설정했다.

□ 결과 값이 중요한 의미를 가진다.

다음 단계

> 실험을 지지할 프로토타입 만들기.

> 실험을 진행하고 데이터 수집하기.

> 피봇이나, 지속하거나, 다시 해보기.

205

검증 캔버스

애쉬 모리아 개발

포커스
프로세스
점검하기

± 15분
세션

팀
모두 함께하기

실험 진행과 함께 이제 테스트를 하고 진행 상황을 시간대별로 추적할 차례다. 테스트는 긍정적일 수도, 부정적일 수도 있다. 이 과정에서 추가와 변경을 반복하자. 이 도구는 시간 경과에 따른 진행 상황을 추적하는 데 도움이 된다.

피봇 추적하기

단 하나의 실험만으로는 자신이 옳다는 것을 증명할 수 없다. 스타트업은 올바른 제품-시장 적합성을 찾기 전에 많은 피봇이 필요하다. 모든 경우에 계속 전진하기 전에 현재 어디에 있는지를 아는 것이 중요하다.

결과가 마법처럼 바뀌기를 기다리면서 똑같은 실험을 반복하는 것은 시간과 자원 낭비다. 과정을 되돌아보는 것은 이전에 선택한 것을 쉽게 이해하고 이후의 진행 과정에서 무효화된 가정을 다시 다듬는 데 도움이 된다.

프로세스 검증하기

프로세스 검증의 목표는 가능한 한 빨리, 가능한 한 많이 배우는 것이다. 이 과정에서 당신은 가능한 한 적은 시간과 노력을 들여서 최대의 결과를 내고 싶을 것이다. 이를 염두에 두고 실험을 반복적으로 실행하자. 검증 캔버스가 이 프로세스의 핵심이다.

최선의 추측

이는 당신이 가지고 있는 가치 제안에서 시작된다. '최선의 추측'이란 고객이 누구인지, 당신이 어떤 문제를 해결했는지, 그리고 그 문제에 대한 해결책이 무엇인지에 관한 것이다.

이를 지나치게 복잡하게 만들 필요는 없다. 테스트할 수 있는 가장 간단한 방법으로 최소의 기준에서 시작하자. 시간이 흐르고, 여러 방향으로 다양한 모색을 하다 보면 최선의 추측에 변화가 생긴다.

실험

모든 추측은 가정에 기초한다. 가장 위험한 가정을 찾자. 만약 가정이 틀렸다면 최선의 추측도 틀렸음이 입증된다. 가정의 실험 방법을 선택하고 성공을 위한 최소 기준이 무엇인지 정의하자. 이러한 내용을 실험 캔버스에 연결하고 실험을 진행하자.

실험 방법으로는 탐구, 피칭 또는 컨시어지 모델을 선택할 수 있다. 탐구를 선택할 경우 해결하려는 문제를 자세히 파악할 수 있다.

피칭은 고객이 문제를 얼마나 중요하게 생각하는지 이해하는 데 도움을 준다. 이것은 꼭 가져야 할 것인가, 가지면 좋은 것인가?

컨시어지 모델은 처음에 고객 기대에 부응할 수 있는지 여부를 이해하는 데 도움이 된다.

검증 캔버스

	시작	피봇 1	피봇 2	피봇 3	피봇 4
가장 위험한 가정					
고객 세그먼트					
고객 니즈					
프로토타입에서 검증까지					
방법					
최소 성공 기준					
결과: 피봇 또는 보존					

가장 위험한 가정
실험으로 테스트할 가장 위험한 가정은 무엇인가?

고객
가치 제안을 정의하고 부분으로 나누자. 고객, 해결하고자 하는 고객의 니즈, 그리고 당신이 생각하고 있는 솔루션으로 고객의 문제를 해결하자.

검증
생각하고 있는 테스트 방법을 설명하자. 어떤 실험인가?

성공을 위한 최소한의 기준은 무엇인가?

결과
실험에서 가정이 유효한지, 무효화되었는지, 발견한 결과가 무엇인지를 계속 추적하자. 피봇을 결정했는가? 아니면 계속할 것인가?

시간이 지남에 따라 진행 상황을 눈으로 확인할 수 있다.

점검표

☐ 실험 과정을 추적한다.

다음 단계

〉 피봇, 보존 아니면 재실험하기.

207

애브렐라 디자인 여정 사례

 **Abrella** LET IT RAIN

3년 전 타이완의 비 오는 휴일, 앤드리아스 소가드는 소셜 벤처 사업 애브랠라를 시작했다.

5 이 가정을 테스트하기 위해 파일럿 프로젝트를 시작했다. 그는 사람들이 우산을 버리거나 훔치는지를 알고자 했다. 그는 훗날 애블렐라의 최고 홍보대사가 된 8명의 상점 주인을 찾았다.

1 앤드리아스는 비 오는 타이완에서 축축한 휴가를 보내다가 분실 우산꽂이를 발견했다. 그는 하나를 가져갔다가 비가 그치면 돌려주러 와야겠다고 생각했다.

실험 캔버스

가장 위험한 가정	결과
비 오는 날에 도 손님이 오게 하자. / 비 맞지 않고 방문할 수..	860개 우산 남음 / 홍보대사 작전 성공 / 51% 서비스 이해 22% 사용

실패할 수 있는 가설	
우산 1000개 공급 가능 / 8개의 상점 방문하기 / 효과가 나타나면 상점은 행복	

결론
- ✓ 검증 통과
- ☐ 검증 실패
- ☐ 결론 없음

실험 설정	다음 단계
스토리를 설명하자 / 47개월간 벌어지는 일 관찰하기	스케일하기

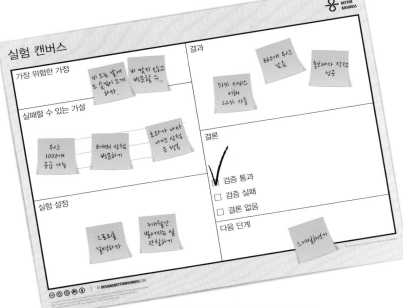

DESIGNABETTERBUSINESS.COM

171일 1년

2 그는 새로운 아이디어를 떠올렸다. 모국인 덴마크는 1년에 171일 이상 비가 내린다. 덴마크에서 우산 공유 사업을 하면 사람들이 좋아할 것이라 생각했다. 첫 번째 가정은 바로 가게 주인들이 이 아이디어를 좋아할 것이라는 데서 시작되었다. 그렇게 애브렐라가 태어났다.

3 덴마크로 돌아온 그는 첫 실험을 했다. 비 오는 날 상점 주인과 이야기하고 장사가 어떻게 되는지 질문했다. 비가 올 때는 평소 매출의 75%가 준다고 말했다.

4 두 번째 가정: 비에 젖기를 원치 않는 고객은 비 오는 날 상점을 방문하지 않는다. 우산은 그 문제를 해결해준다.

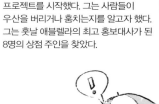  

1000

8x

-75% 매출

ÄRHUS SHOP

6 파일럿 프로젝트를 해본 결과, 사람들은 우산을 버리거나 훔치지 않았으며, 상점 주인은 비 올 때 고객들이 조금 더 편안하고 행복하게 집으로 돌아가는 것을 목격했다. 상점 주인들에게 이 프로젝트는 고객과 더 긴밀한 관계를 구축하는 새로운 방법이었다. 여기서 홍보대사는 중요한 역할을 했다.

안드레아스는 거리를 지나가는 사람 200명에게 애브렐라를 알고 있는지 물어보았고, 놀랍게도 52%가 파일럿 프로젝트 후에 "알고 있다"라고 답했다. 사람들은 애브렐라가 제공하는 이야기 거리를 좋아했고, 친구들에게 이를 전했다. 참고: 중국산 우산을 주문하고 3개월을 기다리는 대신 이케아에서 우산 100개를 구입하는 것이 훨씬 빠르고 쉽다.

9 디자인 여정 중에서 우산이 정말로 필요한 사람들은 대부분 도시 밖에 사는 사람들이라는 것을 알게 되었다. 지역 주민들은 항상 어딘가에 들어가 젖은 몸을 말릴 수 있지만 방문객과 관광객에게는 선택의 여지가 없었다. 그래서 호텔과 다른 진입 지점을 새로운 홍보대사로 추가했다.

7 » 검증하기

눈에 잘 보이는 우산꽂이에 1,000개의 우산을 비치했다. 젖은 우산에서 떨어지는 물은 우산꽂이 상단의 꽃에 공급하게 만들었다.

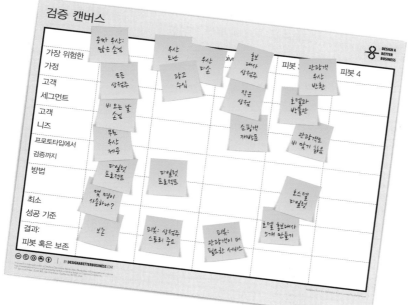

검증 캔버스

가장 위험한 가정				
고객 세그먼트				
고객 니즈				
프로토타입에서 검증까지 방법				
최소 성공 기준				
결과: 피봇 혹은 보존				

사업 확장을 통해 물류와 같은 다른 문제에도 집중하기 시작했다. 일부 지역에서는 우산이 분실되기도 했다. 어느 순간 갑자기 우산이 더 이상 우산꽂이에 남아 있지 않은 것을 알게 되었다! 결국 고객 세그먼트에서 더 중요하게 나타나는 부분으로 방향을 바꾸었고, 진정한 홍보대사였던 상점에 집중했다. 그들은 자전거를 타고 직접 우산을 배달하며 홍보대사들과 긴밀하게 연락을 유지했다.

7 파일럿 프로젝트 후 마티아스 에드스트롬이 애브렐라 공동 창업자로 참여했고, 그들은 프로젝트의 범위를 확장하기 시작했다. 더 많은 광고주, 더 많은 상점, 더 많은 우산까지… 애브렐라는 2015년 덴마크에서 가장 혁신적인 벤처 기업으로 선정되었다. 모든 것이 다 잘됐다!

8

209

검증 집중 탐구

TIP! 다음에 실험을 계획할 때는 동료 몇 명과 먼저 테스트를 해보자. 문제가 발견되면 이를 먼저 해결해야 한다. 밖에서 수천 명의 사람들에게 잘못된 질문을 하는 것은 정말 끔찍한 일이다.

양적 검증 대 질적 검증

양적 테스트 결과는 해석하기 쉽다. 오히려 무엇을 테스트할지를 찾는 것이 중요하다. 이를 찾기 위해서는 질적 테스트가 필요하다. 사람들이 어떤 활동을 전형적으로 하는가? 그 사람들은 왜 자신들이 그 일을 해야 한다고 생각하는가? 기억하자. 질적 테스트가 양적 데이터를 수집할 수 없음을 의미하는 것은 아니다.

질적 실험은 고객 경험과 관련된 다량의 데이터를 수집할 때 유용하다. 고객이 자신이 하고 있는 바를 어떻게 말하는지보다는 실제로 무엇을 하고 있는지를 확인하는 것이다. 미래의 행동에 관해 물어보지 않는 것도 중요하다. 미래란 불확

실한 것이어서 고객은 늘 추측으로 대답할 수밖에 없기 때문이다. 그 대신 현재의 행동을 관찰하고 묻자.

그리고 나서 양적 평가를 통해 실제로 얼마나 많은 사람이 동일한 행동을 보여주는지를 파악하자. 질적 테스트는 측정하고 싶은 것을 측정하는 데 양적 평가가 얼마나 잘 뒷받침될 수 있는가에 대한 통찰력을 제공한다.

아주 작은 변화에 대한 응답을 테스트하는 상황에서는 질적 평가를 사용하기가 어렵다는 점을 명심하자. 온라인에서 두 가지 색의 단추를 테스트하는 경우, 질적 평가를 통해 얻는 데이터는 거의 쓸모없다.

또한 사람들은 물건을 살지 안 살지에 대한 질문에는 매우 쉽게 대답한다. 그러나 그 정보 역시 대부분 쓸모없다. 그들이 실제로 그것을 사는 실험만이 진짜 가치가 있다.

소규모 테스트 진행하기

실험을 진행하려면 시간과 노력이 필요하다. 큰 규모의 실험을 하기 전에 테스트 자체에서 발생할 수 있는 문제를 해결하기 위해 먼저 소규모로 진행해보자.

디스커버리 채널 쇼 '미스버스터(Mythbusters)'에서 사회자는 정기적으로 소규모 실험을 시도하여 어떤 결과가 나오는지 확인한 후 대규모 실험을 통해 신뢰할 수 있는 결과를 얻는다.

결과에 영향 주지 않기

실험을 진행할 때, 당신이 무엇을 하든 간에 그 어떤 것도 실험 결과에 영향을 주어서는 안 된다. 실험 참가자에게 미리 내용을 알게 해서도 안 된다. 참가자들이 전혀 알지 못한 상태에서 실험을 경험할 수 있게 해야 한다.

온라인에서 분석학을 사용하는 것은 쉽다. 하지만 오프라인의 경우에는 많은 어려움이 있을 수 있다. 최대한 자연스러운 방법으로 프로토타입을 보

여주도록 노력하자.

이를 진행하는 데 유용한 방법은 실험 참가자에게 사전에 나누어준 카메라 또는 메모장을 사용하여 그 경험을 기록하게 하는 것이다.

경쟁자 테스트하기

테스트를 위한 프로토타입을 가지고 있지 않거나, 유리한 출발선에서 시작하고 싶다면 다음의 방법을 사용하자.

실험 참가자들이 경쟁 제품이나 서비스를 이용하게 하는 것이다. 경쟁 대상에 대해 어떤 의견을 가지고 있는지를 파악하자.

직접적인 경쟁 상품이 없더라도 이 방법은 중요한 영감을 제공한다. 자신의 생각에 대해 가지고 있는 가정 중 일부는 다른 생각에도 똑같이 적용될 수 있다.

아주 좋은 사례가 있다. 한 기계 회사는 비슷한 부엌 경쟁 제품을 사용하여 간단한 실험을 진행했고,

아주 중요한 가정 중 몇 가지가 틀렸음을 입증했다. 시간과 절차에 따른 낭비로 인해 큰 피봇이 필요함을 깨닫게 되었다.

오프라인 A-B 테스트

온라인에서는 A-B 테스트가 흔히 쓰인다. 사용자에게 동일한 광고 또는 웹페이지의 다른 버전을 보여주고 가장 많이 클릭하는 광고 또는 웹페이지를 파악하는 것이다. 이를 통해 도출되는 데이터는 실행이 합당한지에 대한 의문을 해소해준다.

오프라인에서도 똑같은 전략을 사용할 수 있다. 모든 실험 대상에게 동일한 프로토타입을 제시할 필요는 없다. 제품 광고지를 만들어 보여주거나, 가격을 변경하거나, 다른 색상을 표시하는 등 다양한 변수를 사용하여 결과에 어떤 영향을 미치는지를 확인하자. 그러나 한 번에 하나의 변수만 변경해야 한다. 그러지 않으면 혼란스러운 결과가 생긴다.

실험 중인 변수에 다른 값을 적용하여 몇 가지 실험을 동시에 진행하면 시간을 절약할 수 있다.

> **TIP!** 자신의 능력 범위를 벗어나는 상황도 몇 가지 포함하자. 가격 범위를 테스트하는 경우, 터무니없이 높거나 낮은 가격을 설정해보자. 생각했던 것보다 고객이 그 가격을 이상하지 않게 여길 가능성이 있다.

211

지금까지

> **가장 위험한 가정을 파악했다.**   200쪽

> **최소한 하나의 실험을 마쳤다.**   204쪽

> **가장 위험한 가정을 검증했다.**   206쪽

다음 단계

> **다음 실험 진행하기.**   200쪽

두 번째 위험한 가정 따져보기.

> **관점 다시 생각하기.**   68쪽

자신의 관점을 충분히 생각했는가?

생각을 다시 정리할 필요가 있는가?

> **루프로 돌아가기.**   46쪽

루프로 돌아가자.

> **준비되었나?**   244쪽

투자 준비 수준 확인하기.

요약

세계 최고의 아이디어도 테스트해보기 전까지는 아무 쓸모 없다.

첫 번째 아이디어는 쓸모없다.
빨리 그리고 자주 실패하자.

실패는 생각의 어머니다.
가장 아끼는 생각을 과감하게 죽이자.

검증이 아니다. 잘못을 입증하는 것이다.
생각이 틀렸음을 입증하려고 노력하자.

피봇을 하거나 지속적으로 시도하자.
피봇은 대부분 짜증 나는 일로 여겨진다.
단 하나의 피봇은 없다. 모든 방향을 뒤엎자.

이건
연습이
아니야!

213

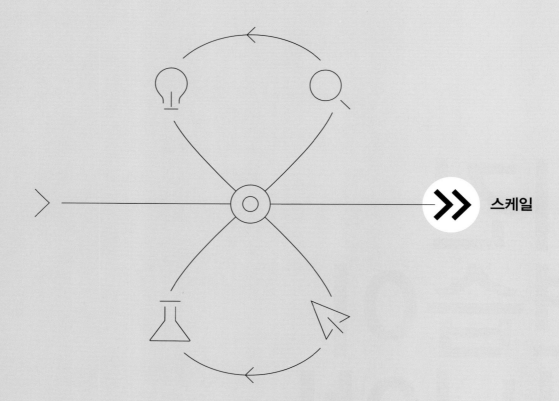

스케일

디자인 여정 스케일

스케일을 언제 하는지 배우기
스케일하는 다른 방법 보기
투자 준비 수준 파악하기

스케일 시점

스타트업이든 일반 기업이든 디자인 여정에서 확실한 것이 하나 있다. 이는 마치 롤러코스터를 타는 것과 같으며 아이디어 생성에는 끝이 없다는 것이다. 이것은 디자인 프로세스와 아이디어 실행 모두를 스케일링하는 것을 의미한다.

긴 줄의 끝

여정의 마지막 구간이다. 어찌 됐든 이번 여정은 이중 루프를 통과하고 더 나은 비즈니스를 디자인하며 고객과 세상 그리고 팀으로부터 배운 후, 자신에게 박수를 보내는 과정이다. 당신은 이미 해냈다! 적어도 한 번은.

불신은
혁신을 죽인다.

이제 안전벨트를 매고 다시 탑승할 시간이다.

하나의 혁신을 디자인하는 것으로는 충분하지 않다. 그것은 일회성이 아니다. 어떤 분야든 디자인은 실행을 필요로 한다. 반복해야 완전히 정복할 수 있고, 비즈니스 혁신을 위한 디자인 마인드세트를 가질 수 있다.

게임 조작하기

게임을 조작하면 숫자를 유리하게 바꿀 수 있다. 즉, 디자인 프로세스를 사용하여 더 나은 비즈니스를 구축하면 조직의 성공 확률이 높아진다는 말이다. 이해하기, 아이디에이션, 프로토타이핑, 검증하기 등의 디자인 마인드세트는 실행과 스케일링을 용이하게 만든다. 무엇보다도 이런 마인드세트를 갖고 자신만의 디자인 마인드로 세상을 보기 시작하면, 성공 확률을 더 높일 수 있을 뿐 아니라 더 쉽고 과감하게 베팅할 수 있다.

최근 역사적으로 입증되고 있는 것에 따르면, 조직 DNA에 대한 탐구와 학습에 드라이브를 거는 조직이 불확실성을 기회로 잘 만드는 것으로 밝혀졌다. 그들은 자신에게 유리하게 게임을 성공적으로 조작하는 사람들이다. 지금 시작해도 늦지 않았다.

타인에게서 배우자

성공적으로 디자인된 하나의 결과를 핵심 문화로 결합하기 위해서는 어떻게 스케일링을 할 것인가? 가장 좋은 출발점은 다른 사람의 여정, 성공 또는 실패로부터 배우는 것이다. 이 챕터에서 우리는 디자인을 스케일링하는 여러 가지 접근법을 탐색하고 평가한다.

우리는 코워킹(co-working) 스페이스 회사, 성공적인 액셀러레이터, 내부 혁신 연구소를 갖고 있는 대형 은행, 인수를 통해 디자인 능력을 갖춘 대형 에너지 회사 등을 살펴본다. 또한 디자인 프로세스를 적용하여 이러한 마인드세트를 기업 문화에 접목한 소프트웨어 회사 두 곳을 살펴볼 것이다.

TIP! 디자인 스케일링뿐 아니라 사람과의 네트워크 스케일링에 대해서도 생각해보자. 이는 혁신 팀이 다양한 질문에 보다 나은 답변을 하기 위해 필요하다.

구성 요소

조직 내에는 디자인 스케일링에 필요한 네 가지 요소가 있다. 앞에서도 말했지만 앞으로도 계속 말할 것이다.

첫째, 절대 혼자 하지 말자. 디자인 스케일링을 위해서는 네트워크를 구축하고 네트워크에 접근하는 방법을 찾아야 한다. 고객, 재능 있고 비슷한 생각을 하고 있는 사람들, 피드백을 주는 사람들, 전문가, 심지어 투자자에게도 접근할 수 있어야 한다. 누구나 '디자인'이란 망토를 입을 수 있다. 하지만 네트워크가 없다면, 한 무더기의 포스트잇과 마커만을 들고 있는 사람에 불과하다.

둘째, 디자인 노력에 대한 지원이 필요하다. 오토데스크의 모리스 콘티가 언급했듯이, 디자인 여정을 시작할 때 경영진과의 직접적인 연결이 있어야 한다. 그러면 시간, 공간, 자금, 인력 등과 같은 필요한 자원을 쉽게 지원받을 수 있다.

셋째, 실질적인 지식에 빠르게 접근해야 한다. 이 책에서 설명한 것

과 같은 검증된 방법론은 앞으로 나아갈 때 필요한 지원을 얻는 데 도움이 된다. 하지만 이미 여러 가지 방법으로 실수를 경험한 다른 사람들로부터도 배워야 한다.

마지막으로 중요한 구성 요소는 신뢰다. 프로세스를 신뢰해야 한다. 그리고 당신을 신뢰하는 사람들도 필요하다. 그러면 실패할 수 있는 권한을 부여받은 것이고, 위험을 기꺼이 감수하며, 실패(소규모의)가 용인되는 환경에서 마음껏 실패할 수 있다. 대부분의 회사에서는 이런 신뢰를 갖기 어렵다. 그러나 충분히 가치 있는 일이다. 불신은 혁신을 죽인다. 불신은 예산을 정밀하게 조사하고 시간을 꼼꼼하게 기록하는 등의 행동을 부를 뿐이다.

이제 투자할 준비가 되었는가?

우리는 스티브 블랭크의 투자 준비 수준(IRL, Investment Readiness Level)을 이 책에 포함했다. 당신 회사가 지금 어디에 있고, 성공적으로 지속 가능한 비즈니스로 나아갈 다음 단계가 무엇인지를 판단할 수 있는 방법으로 사용될 것이다.

투자 준비 수준에 관해서는 224쪽을 참고하자.

TIP! 스케일링을 위해서는 경영진과의 직접적인 연결이 필요하다. 지지자만이 실제로 도움을 준다.

217

Oracle

연속 스케일

에네코
큐비
226쪽

스타트업
부트캠프
223쪽

오토데스크
164쪽

사람 주도
사람의 능력을 높이면서 디자인을
스케일링하는 회사

밖에서 안으로
기업 내부의 핵심 문화 또는 프로세스에
영향을 주지 않으면서 외부 스타트업에
투자하는 회사

RBS
224쪽

매터
228쪽

연속 스케일링은
디자인 프로세스
를 스케일링하는
질문이 기업마다
얼마나 다른지를
2 x 2 매트릭스로
보여준다.

라인의 끝
스케일링은 간단한 아이디어가 최대의 실행모
드로 전환할 준비가 되었을 때 하는 프로세스다.
기존 회사는 실행을 디자인 프로세스의 종료로
생각하는 경우가 많다. 여전히 지속 가능한 비즈
니스 모델을 찾고 있는 스타트업은 스케일링을
더 크고 더 나은 제품, 아마 마침내 돈을 버는 제
품을 만드는 단계로 생각한다.

스타트업은 계속해서 이중 루프를 따라간
다. 이들은 고객에 대한 이해를 끊임없이 진화시
키면서 그들의 관점을 계속 검증하고 조정한다.

스케일링 디자인
스케일링에 관한 이야기를 할 때 이는 스타트업
과 흡사하다. 스케일링은 다른 문제와 씨름하고,
위기에서 벗어나며, 디자인 여정을 (문화로서) 계
속해나가는 것을 의미한다. 스케일링은 이 책에

과정 주도
핵심 디자인 프로세스를 구축하여
거시적 수준에서 스케일링하는 데
중점을 두는 회사

DMBA
232쪽

1871
222쪽

구글

SEB
혁신연구소
225쪽

우버

안에서 밖으로

회사 조직 문화 전반에 걸쳐
모든 팀의 에너지에 디자인이
스며들어 있는 회사.

아마존

월마트

　　서 설명한 것과 동일한 프로세스를 사용한다. 불확실성으로부터 기회를 창출하기 위한 더 나은 방법, 그리고 조직 구성원 전체가 원하고 필요로 하는 프로세스를 스케일링하는 방법을 이해하기 위해서다. 이 얼마나 대단한가!

　　조직에서 디자인을 스케일링하는 데는 여러 가지 방법이 있다. 지금까지 비즈니스

어도비
227쪽

를 디자인하고 혁신하는 도구에 대해 설명했지만, 스케일링의 경우 특정 도구보다는 조직적 마인드세트에 더 많은 설명을 할당했다. 각 조직마다 고유한 문화적 특성과 고유한 도전 과제, 기회 및 구조 등이 있기 때문에 스케일링을 위한 하나의 완벽한 과정 또는 도구란 없다. 오히려 스케일링은 조직 문화에 침투하여 디자인 도구를 풍부하게 만드는 것이다.

액셀러레이터
스케일링을 위한
새로운 사냥터 》》

다양한 **스케일** 방법

액셀러레이터, 인큐베이터, 스타트업 스튜디오 등은 스케일링에 초점을 맞춘 새로운 조직들이다. 이 프로그램에서 스타트업은 디자인을 사용하여 스케일링 방법을 찾을 때까지 피봇을 통해 다양한 실험을 한다. 조직에서 디자인을 스케일링하는 경우, 성공한 디자인이 어떻게 작동하는지를 아는 것이 중요하다.

액셀러레이터의 단면

웹에서 액셀러레이터 프로그램을 검색하면, 전 세계에서 2,000개가 넘게 존재한다. 부분적으로는 많은 자본이 필요하지 않아서, 또 부분적으로는 와이콤비네이터나 테크스타즈 등과 같은 유명한 액셀러레이터의 성공 덕분에 이 영역은 지난 몇 년 동안 폭발적인 성장을 보였다. 액셀러레이터가 만들어온 모든 언론 기사와 성공 덕분에 스코틀랜드왕립은행, 세포라, 나이키, 타깃, 구글 및 로스앤젤레스다저스와 같은 기업들이 자체 액셀러레이터를 시작했다.

액셀러레이터는 스타트업과 대기업 모두를 위해 일한다. 물론 방대한 네트워크와 거대한 자원을 가진 대기업 역시 액셀러레이터를 활용할 수 있다. 이를 통해 스타트업을 후원하고 기업가 정신을 촉진하며 창업자를 육성한다.

스타트업 액셀러레이터 프로그램이란?

스타트업 액셀러레이터 프로그램은 비즈니스와 개인을 개발하기 위한 강도 높은 프로그램으로, 성장과 영향력에 큰 야망을 가진 작은 창업자 팀을 지원한다.

프로그램은 멤버십과 함께 적절한 사무 공간을 제공하며 초기 자본을 대기도 한다. 핵심 요소는 다음과 같다.

- 모두에게 공개되는 높은 경쟁 우위 적용 프로세스
- 자본금 형태로 제공되는 프리시드(pre-seed) 투자금
- 제한된 숫자의 작은 팀에 집중
- 프로그램화된 각종 이벤트와 강도 높은 멘토링으로 구성된 한시적 지원
- 스타트업이 아이디어를 발표하고 대규모 펀딩을 이끌어내는 데 필요한 최종 데모 데이(Demo Day)

과거 투자 관리 회사는 초기 단계에 있는 가장 유망한 회사를 찾곤 했다. 그들이 바라는 것은 스타트업이 다음 단계의 투자를 유치하고, 궁극적으로는 스타트업을 인수하거나 기업공개(IPO)를 통해 투자금을 회수하는 것이었다. 그러나 지금은 새로운 마인드세트와 서로 다른 형태의 액셀러레이터 프로그램이 자리 잡고 있다. 이들은 모두 자신만의 비전과 야망을 위해 일한다.

액셀러레이터 개요

사무 공간

사업 확장에 도움이 되면서도 너무 비싸지 않은 장소에 책상, 의자, 사무 시설 등을 함께 제공한다.

스타트업 위크엔드, 해커톤, 부트캠프

이벤트는 2~3일에 걸쳐 진행되며, 제한된 시간 안에 비즈니스 아이디어 개발에 적극적으로 참여하는 새로운 스타트업 팀을 찾는다.

스타트업 액셀러레이터

소규모 창업 팀은 누구나 참여할 수 있는 신생 기업 학습 모임이나 지지자 모임 프로그램을 운영한다. 초기 아이디어는 창업자가 이미 개발한 것이다.

공동 스타트업 액셀러레이터

소규모 창업 팀이 운영하는 비영리 기업 중심의 프로그램에는 누구나 참여할 수 있다. 이 프로그램의 초점은 네트워크와 생태계를 구축하고, 기업 문화를 바꾸고, 아이디어와 기술에 접근하며, 사회에 도움이 되는 일자리를 창출하는 것이다.

스타트업 스튜디오

보다 작고 직접 경험할 수 있는 친숙한 버전의 액셀러레이터. 스타트업 스튜디오는 한 지붕 아래 몇 개의 스타트업을 수용하며 스튜디오 리더가 각 스타트업에 개인적인 시간과 노력을 투자하여 스케일링하도록 돕는다.

올바른 장소, 적당한 시기

우리는 적당한 시기에 올바른 장소에서 스타트업부트캠프를 시작했다. 세계 여러 곳에서 와준 많은 새로운 액셀러레이터를 볼 수 있었고, 그들이 기업가들을 돕는 모습을 보고는 무척 기뻤다.

액셀러레이터를 작동시키는 것은 과학이 아니다. 장기 비전, 인내심, 필요한 지식을 갖고 있는 자금 조달 파트너와 함께 생태계를 구축하려는 노력, 그리고 당신의 비즈니스를 피봇하는 능력이다. 우리가 찾아낸 것은 이것이다. 창업 파트너는 비즈니스 모델에 자금을 대야 하고, 비즈니스 모델은 새로운 매출을 일으켜야 한다. 혁신 프로그램과 기업 혁신 교육 등이 이런 사례다.

대부분의 스타트업은 빠른 시일 내에 출구 전략을 가질 수 없다. 우리는 장거리 노선을 위한 여정 위에 있다.

러드 핸드릭와 패트릭 드 지우
스타트업부트캠프 창업자

221

1871 섞여서 협업하는 공간

1871은 디자이너, 개발자, 사업가 등이 서로 배우고 격려하며 가파른 스타트업 학습 과정을 공유하기 위해 미국 일리노이주 시카고에 설립한 비영리 공동체다.

1871년으로 돌아가자

1871년 시카고 대화재는 당시 호황이었던 경제에 큰 자극이 되었다. 도시를 직접 재건축할 필요가 생겼고 이것은 거대한 혁신과 교류, 그리고 실용적인 독창성으로 이어졌다. 2012년에 이르러, 시카고의 기술 지지자 집단이 이러한 열정을 다시 불러일으켰고 이것이 1871이 되었다.

경기 호황을 어떻게 알 수 있는가? 경기 호황이 오면 대기업들이 점점 더 커지고, 창업가 정신과 혁신을 조성하는 환경이 더 많이 생긴다. 1871은 디지털 스타트업을 위한 창업가의 허브다. 그곳은 협력적이고 유연한 업무 환경을 추구하는 창업가들이 꿈의 비즈니스를 디자인하고 건설할 수 있는 곳, 시카고의 역사적인 머천다이즈 마트 12층에 위치했다.

1871에 대해 가장 흥미로웠던 점은 기업가 네트워크를 만들 수 있도록 처음부터 철저하게 디자인되었다는 것이다.

이 네트워크를 통해, 기존의 스타트업은 아이디어를 검증할 잠재 고객 기반에 빠르게 접근할 수 있다. 새로 생긴 스타트업 또는 홀로 창업한 사람들은 자신의 사업 아이디어를 확장할 공동 창업자 혹은 다른 사람들을 쉽게 찾을 수 있다. 이처럼 1871은 스케일링에 관한 모든 것이다. 네트워크를 스케일링하여 결국 디자인이 열매를 맺을 수 있는 기회를 다시 스케일링해준다.

시사점

하나의 사업을 성공으로 이끄는 것은 어렵다. 사람과 커뮤니티에 연결되지 않으면 더 힘들다. 1871은 창업자들이 회복탄력성과 인내력을 키울 수 있는 '팀과 일'을 만들도록 돕는다.

사람 중심

안에서 밖으로

업무 공간

 **스타트업부트캠프** 액셀러레이터

미국을 방문한 패트릭 드 지우는 테크스타즈의 콘셉트에 반했다. 그는 가능한 한 많은 스타트업을 돕고 싶었지만, 혼자서는 할 수 없다는 것을 깨달았다. 친구 러드 핸드릭과 함께 스타트업부트캠프를 시작했다. 이것이 그들이 배운 것이다.

사람 중심

밖에서 안으로

스타트업 액셀러레이터

어떻게 팀을 모집하나?

우리는 수년 동안 적용 기준을 다듬어왔다. 만약 다음의 4가지 질문에 제대로 답할 수 있으면 스타트업부트캠프에 합류할 수 있다.

시장   틈새시장을 명확하게 정의했나?

모델   돈을 벌기 위해 여기 왔나?

경영   앞, 뒤, 중간의 상품 담당자를 포함하여 함께 시작할 파트너 3명이 있는가?

모멘텀   지금이 바로 그때인가?

흠… 마지막 것은 약간 유동적이다.

시사점

액셀러레이터를 운영하는 것은 부동산 투자에 관한 것이 아니다. 이것은 네트워크와 지식을 통한 가치 창출에 관한 것이다. 고객 요구를 파악하고자 한다면 사무실 밖으로 나갈 것을 촉구한다.

실패하는 것을 두려워하지 말자. 경영대학원이나 대기업이 실패를 두려워하도록 가르쳤을 수도 있다. 그러나 여기서 실패란 학습이다.

말하는 것을 두려워하지 말자. "나는 모른다"도 괜찮다. 우리도 잘 모른다. 기꺼이 상처받자. 그리고 잘 모르는 것은 분명히 밝히자.

창업자의 허풍은 늘 사람들을 난처하게 만든다. 일부 회사는 내부 전투로 자멸한다. 즉시, 그리고 확실하게 중재하자. 문제가 커지기 전에 내부 문제부터 해결하자.

> **다양성은 조직화하기 힘들지만, 에너지가 넘치는 팀을 만든다.**
>
> 패트릭 드 지우,
> 스타트업부트캠프 공동 창업자

RBS 기업 스타트업 액셀러레이터

내셔널웨스트민스터은행, 스코틀랜드왕립은행(RBS), 얼스터은행 등은 미래 관심이 많다. 이들 은행의 액셀러레이터 허브는 무료 작업 공간을 제공하고, 동료 기업가 특히 비즈니스 경험이 풍부한 은행 직원과 연결해준다.

> **우리는 그들의 비즈니스 시작을 돕는다.**
> 로즈 맥이완, RBS CEO

액셀러레이터 허브

내셔널웨스트민스터은행, 스코틀랜드왕립은행, 얼스터은행은 앙트레프레뉴리얼 스파크와 파트너십을 체결하고 영국 전역에 무료 비즈니스 액셀러레이터 허브를 운영하고 있다. 이곳에서 모든 분야의 지원자를 대상으로 동종 기업, 특별히 유능한 은행 직원, 비즈니스 멘토 등과 연결해주는 기회와 공간을 무료로 제공한다.

프로그램이 끝날 때가 되면 기업가와 비즈니스 어드바이저를 함께 초대하는 '졸업식' 행사를 주최한다. 이것은 액셀러레이터 졸업생에게 잠재적 투자자를 소개하는 기회다.

RBS의 영업 및 프라이빗뱅킹 최고 경영자인 앨리슨 로즈는 "우리는 경제에 긍정적인 영향을 미치는 영국 전역의 창업가들을 지원하기로 결정했다. 국가 차원의 기업 생태계를 창조하는 것이다. 스타트업에 최고의 성공 기회를 제공하고, 사무실이나 설비에 대한 걱정으로부터 벗어나게 하는 무료 허브를 제공함으로써 이들이 비즈니스에 집중할 수 있기 때문이다."

시사점

내셔널웨스트민스터은행, 스코틀랜드왕립은행, 얼스터은행의 기업가정신 부문 최고 책임자인 고돈 메리리즈는 "5년 동안 7,000명의 기업가를 무료로 지원할 것이다. 파트너인 앙트레프레뉴리얼 스파크와 함께 새로운 사고방식, 행동, 비즈니스 모델, 발표 방법 등을 가르칠 것이다. 우리는 강한 기업가 공동체와 문화를 구축하는 데 도움이 되는 전문 지식, 네트워크, 시장에 대한 접근성을 제공하는 은행으로 그들과 함께 일한다. 중요한 것은 구성원들 역시 도움을 주기 위해서가 아니라 스스로 배우기 위해 참여한다는 점이다. 지금은 동료들이 창업가 정신에 대해 개발하고 배울 수 있는 자체적인 창업가 정신 개발 학교를 운영하고 있다. 이것은 그들이 고객과 더 나은 대화를 나누고 비즈니스에서 직면한 도전을 보다 잘 이해하고 지원할 수 있음을 의미한다."

프로세스 중심

밖에서 안으로

기업 액셀러레이터

SEB 혁신연구소 사내 인큐베이터

SEB 혁신 책임자인 마트 마시크는 혁신연구소를 '비전문적인' (비즈니스) 개발자와 다양한 팀이 협력하고 기여할 수 있는 가장 좋은 장소라고 설명한다. 우리는 외부 파트너 대학의 학생들과 실험을 시작했다.

사람 중심

안에서 밖으로

기업 액셀러레이터

우리의 포부

간단하다. 우리는 사람들에게 용기와 영감을 주고, 이들이 혁신을 만들어내기를 바란다. 그것이 다른 무엇보다도 중요하다. 혁신연구소가 솔루션을 제공함으로써 이들이 영감을 얻고, 우리가 경험한 '등대'와 같은 결과를 내면 좋겠다. 우리는 혁신연구소를 베이스캠프라고 부르는데, 사람들은 여기서 자기 계발을 하고 시스템적으로 조직의 미래를 밝힐 것이다.

시사점

혁신연구소를 시작한 후 많은 것을 배웠다. 사람들이 경험을 통해 학습한 것은 새로운 역량으로 나타난다. 첫째, 고객을 이해하고 그들의 경험을 더 큰 여정의 일환으로 보는 법을 배우는 것이다. 또한 경험의 점들을 연결하기 위한 능력을 연마한다. 문제가 되는 서비스를 다시 디자인하거나 단순화해야 한다면, 엔지니어의 모자를 쓰거나 기술에 바로 뛰어들기보다 전체 시스템을 보는 것이 좋다. 새로운 서비스 개념을 목표로 삼는다

면, 비전을 지지하는 증거물을 수집하는 능력과 전체적인 스토리를 통해 도움이 되는 균형 잡힌 비전을 설정하는 방법을 배우는 것이 중요하다. 마지막으로, 팀을 리드하는 것은 커다란 학습 곡선을 갖는 것과 같다. 특히 다양성이 높은 팀은 다기능적 리더가 되는 데 도움이 된다.

우리는 사람들이 안전한 환경에서 실제 실험을 하고 싶어 한다는 것을 알았다. 또한 처음에는 사람들이 고객 인터뷰가 어렵다고 생각했지만, 그들이 가지고 돌아온 통찰력과 스토리는 정말 강력하다는 것을 알게 되었다. 검증을 거칠수록 학습 속도가 향상된다.

> **종일 특정 과업 실행에 집중하는 사람들에게, 혁신 프로세스는 뭔가 분명치 않아 보일 수 있다.**
>
> 마트 마시크
> SEB 혁신 책임자

큐비 그리고 에네코가 함께

아이보 델 라 리브 박스가 스타트업의 스케일링을 돕기 위해 2005년에 큐비에 합류했을 때, 그는 자신이 무엇을 위해 존재하는지 전혀 몰랐다. 5년 후 몇 차례 피봇을 거치면서 에네코의 타코 벨드와 함께 자동 온도 조절 시스템을 성공적으로 론칭했다.

> 기업은 스타트업이 볼 수 있는 기회를 위험으로만 본다. 함께한다면 그 기회를 안전하게 실현할 수 있다.
>
> 타코 벨드, 큐비의 스마트 에너지 부문 책임자

우리는 숨어 있었다

조직에 합류하는 스타트업을 압박하지 않기 위해, 타코는 관료주의와 철저한 검증을 피해나갈 수 있도록 그들을 보호했다. 팀이 성공적으로 조직에 통합되고 파일럿이 성공해야만, 이사회는 다음 단계를 위한 확실한 믿음을 가질 것으로 판단했다.

시사점

서로 다른 문화와 업무 스타일을 가진 스타트업을 합병하면, 구성원들은 두 회사가 완전하게 통합될 것으로 기대하지 않는다.

물론 완전한 통합을 반대하는 것은 아니다. 그들이 적응하지 못한다면 당신이 그들에게 적응해야 한다. 그들의 일원이 되어, '불금'에는 맥주를 마시며 무엇 때문에 그들이 다르게 행동하는지를 이해해야 한다.

스타트업이 더 많은 견인력을 갖게 되면, 조직의 다른 구성원들은 빠르게 달리는 열차에 뛰어오르려 할 것이다. 작은 스타트업은 자주 변하는 팀 조직, 충성심, 교체 가능한 직무 기술서 등과 같은 기존의 기업 문화에 익숙하지 않다.

큐비 구성원들의 초기 열정과 에너지는 에네코에 널리 확산되었으며, 구성원들은 모두 새로운 제품을 자랑스러워했다. 그뿐만 아니라 스타트업의 투입은 회사 전체의 마인드세트를 바꾸는 것에도 도움이 되었다. 원자재 시장에서 에너지 회사가 되는 대신 에네코는 에너지 판매 및 에너지 절약을 지원하고 최고 품질의 제품을 제공하는 데이터 기반 - 서비스 주도 회사가 되었다.

사람 중심

밖에서 안으로

스타트업 인수

⚙ Adobe® 어도비 혁신 하이브

어도비의 액셀러레이티드 디자인·혁신 팀의 선임 매니저인 앤 리치는 입사 후, 어도비 하이브에서 사용되는 디자인 프로세스에 큰 문제가 있음을 발견하고 이에 대한 솔루션을 찾아야겠다고 생각했다.

프로세스 중심

안에서 밖으로

기업 프로그램

스케일링에서의 문제 해결

1만 4,000명 이상의 직원을 보유한 소프트웨어 회사 어도비는 다른 대기업 조직과 비슷했다. 글로벌 인력과 전 세계 시장에서 판매하는 수없이 많은 제품이 있었으며, 소비자부터 창의적 전문가, 마케팅 담당자에 이르기까지 스케일링에서 협업의 문제를 해결하는 것이 큰 도전이었다.

파일럿 단계

2014년 CTO 수석 보좌관인 조이 더링과 기획 및 사업 운영 이사인 킴 마인즈는 혁신을 가속화하고 어도비의 가장 큰 문제를 해결하기 위해 새로운 비전을 제안했다. 컨설팅 회사인 에잇워크와 제휴하여 프로토타입을 만들고 본사의 기존 공간을 하이브(HIVE)로 바꿨다. 더링과 마인즈는 스케일링을 통해 디자인 주도의 사고를 할 준비가 되었는지 테스트하고, 보다 큰 비즈니스 기회를 찾을 수 있는 솔루션을 개발하고자 했다.

400명이 넘는 사람들이 협업할 수 있도록 특별히 고안된 하이브 방법론을 사용하여 어려운 문제를 해결했다. 하이브는 대성공이었다. 이제 스케일링을 할 때가 되었다. 2015년 혁신 및 디자인 전략가 앤 리치가 조직 전체에 하이브 원칙을 스케일링하기 위해 고용되었다.

시사점

이 여정에서 얻은 교훈은 고도로 촉진된 몰입으로 일상 업무와 경험을 연결한다는 것이 어렵다는 것이다. 스케일링을 위해, 하이브는 능력 개발 그 이상을 위한 것으로 발전되어야 했다. 앤은 인도의 방갈로르에 있는 어도비 직원으로부터 아주 좋은 피드백을 받았다. "어떻게 할 수 있는지 언제 가르쳐 줄 것인가요?"

이것은 물리적 공간보다 훨씬 더 크다.

앤 리치, 액셀러레이티드 디자인·혁신 선임 매니저

매터 디자인 중심 액셀러레이터

매터의 매니징 파트너 코리 포드는 다음과 같이 말한다. "매터는 디자인 중심의 액셀러레이터 프로그램으로, 미디어를 영원히 바꾸고자 하는 기업가를 지원한다. 이는 벤처 창업을 촉진하고, 이들이 이루고자 하는 것을 빨리 성취하게 하기 위한 것이다. 치열하지만 성공한다."

벤처 액셀러레이터

매터는 벤처 액셀러레이터다. 벤처가 목표한 곳에 빠르게 도달할 수 있도록 돕는다. 단지 작업 공간만을 제공하는 것이 아니다. 기존의 사업 운영, 자금 조달, 자문 네트워크 등을 통해 적합한 제품과 시장에 보다 빠르게 도달할 수 있게 한다.

매터의 5개월 프로그램은 1주일간 이뤄지는 부트캠프로 시작되고, 1개월 단위의 디자인 스프린트가 4개월 동안 이어진다. 정말 힘든 과정이지만 마치면 성공 가능성이 높다.

디자인씽킹은 모든 것을 움직인다

디자인씽킹은 기업의 생애 주기 전반에 적용된다. 우리 프로그램은 디자인씽킹, 창업가 정신, 미디어의 미래라는 세 가지 요소의 교차점에 있다. 첫 번째가 제일 중요하다. 디자인씽킹은 근본적으로 인간 중심의 관점에서 움직인다. 따라서 스케일링 전략, 자금 조달, 지리적 확장, 고용 관행 등에 골고루 적용되는 교훈을 얻을 수 있다.

우리 프로그램에 들어온 팀은 몇 년만 지나면 남들보다 더 빠른 속도로 나아갈 수 있는 스킬을 확보하고 떠난다.

매터는 무엇이 다른가?

매터는 실험 문화를 강조한다. 전통적인 미디어 조직에 빠져 있는 사람과 기업가들이 최고의 잠재력을 발휘할 수 있도록 경험을 쌓는 데 중점을 둔다. 매터는 기업가들에게 공간과 자금 이상의 것을 제공한다. 단순히 돈을 많이 버는 방법에 관한 것이 아니다.

마인드세트가 우리 일을 움직인다

우리 삶에 녹아 있는 독특한 사고방식을 가장 명확하고 가시적으로 보여주는 메시지가 있다. "대담하고 파괴적이다", "스토리를 들려준다"는 마인드세트다. 우리는 분명한 행동과 신속한 실행을 요구한다. 이는 우리의 투자자, 전략적 파트너, 창업가, 멘토, 그리고 더 넓은 지역 공동체에 우리를 드러내 보이는 것과 같다. 그들은 우리가 원하는 문화의 '신호 발생기'다. 여러분이 하는 모든 것에 문화를 담아야 한다.

20주의 과정 중에, 바람직하고 실현 가능하며 성공할 수 있는 아이디어를 어떻게 만들어낼 것인가?

피드백이 전부다

절제된 피드백을 주기적으로 전달하는 것이 우리 프로세스의 핵심이다. 창업가들은 매달 요약 사업 설명회를 열고, 다양한 전문가 패널과 믿을 수 있는 멘토 그룹 앞에서 제품 데모를 발표하는 디자인 리뷰 시간을 갖는다. 이는 다양한 각도와 신선한 관점에서 건설적 비평을 얻을 수 있는 가장 안전한 시간이다. 이때 그들이 파악하지 못한 것들을 찾아 내야 한다. 디자인 리뷰 시간에는 모든 사람이 볼 수 있도록 벽에 9개의 질문을 걸어놓고 집중적으로 검토한다. 예를 들면 "너무 흥분해서 조급한 것은 아닌가?"라는 질문이 될 수 있다. 이때 같은 집단에 있는 사람들뿐 아니라 다른 창업가들을 포함하여 참석자 모두에게 같은 질문에 답하도록 한다. 이를 통해 보다 나은 피드백을 주고받을 수 있다.

모든 창업의 여정은 외롭다고 가정하자. 대부분의 사람은 부정적인 피드백이 두려워 너무 많은 시간을 낭비한다. 부정적인 피드백보다는 늦은 피드백이 더 나쁘다. 이 여정에서는 피드백이 전부다.

1페이지 비주얼 사업 계획서

1페이지 사업 계획서는 매우 직관적이고 분명한 질문을 가능하게 하며 이를 통해 비즈니스를 쉽게 이해할 수 있다. 이것이 실행 가능한 질문을 만드는 동력이다.

사업 계획에는 해결해야 할 많은 일들이 담겨 있다. 이를 다양하고 솔직한 질문으로 풀어보자. 비즈니스 용어를 정리하는 것에도 도움이 된다.

애지중지하는 것을 버릴 수 있는 기업이 세계 최고가 된다.

예를 들어, 창업가에게 '지속 가능한 경쟁 우위'가 무엇인지 질문해보자. 그들 중 90%는 들어본 적이 있다고 말하지만, 실제로 그 의미를 정확히 아는 사람은 거의 없다.

우리가 기대하는 것들

우리는 최초의 아이디어와 계획을 계속 가져갈 수 있는 팀을 찾는다. 버즈피드에 인수되어 현재 모바일 프로토타이핑에 애쓰고 있는 고팝 팀이 좋은 예다. 대다수의 팀은 아주 오랫동안 작동하지 않는 무언가에 집착하며 시간을 허비한다.

그렇지만 번쩍이는 순간을 재빠르게 알아차리는 팀도 있다. 그들은 한때 소중하게 생각했던 것들을 과감히 버리기도 하고, 또 다음에 어떤 일이 생길지 몰라도 자신 있게 추진한다. 그들은 앞서 이 일을 했던 사람들의 이야기를 들으며 뭔가를 이룰 수 있는 에너지와 힘을 만들고, 더 깊게 들어갈 수 있는 자신감을 갖는다. 〉〉

229

매터 디자인 중심 액셀러레이터

공감과 인적 요소

디자인 접근 방식의 장점은 모든 것이 인적 요소와 함께 시작한다는 것이다. 모든 발견 과정이 사람들의 실질적 필요에 기반한다. 만약 사람들의 욕구와 필요에 기반하지 않는 비즈니스를 하려고 한다면, 모래 위에 집을 짓는 것과 같다.

당신의 제품과 서비스를 사용하고 구매하는 사람을 이해해야만 고객 만족과 타당성, 그리고 실행 가능성을 극대화할 수 있는 올바른 프로토타입을 만들 수 있고 이를 테스트할 수 있다. 이 필수적 공감이 없는 린 스타트업은 자신이 무엇을 창조해야 하는지 알지도 못한 채 마구 결정하고 그것을 최고라로 최적화하려 한다. 본질적으로 린 스타트업은 현지에서 최고가 될 수 있는 가장 좋은 방법이다. 반드시 글로벌에서 최고가 될 필요는 없다.

단계가 아닌 속도에 관한 것이다

액셀러레이터로서 회사를 평가할 때, 제품과 서비스에 대한 흥미는 물론 팀의 실적과 기술 능력이 우리에게 적합한지를 판단한다.

무엇보다도 우리는 창업가 정신으로 짙은 안개를 헤쳐나갈 수 있는 사고방식과 추진력을 갖고 있는지 알고 싶다. 그들이 미션을 이해하고, 협력적이고, 사용자 중심이고, 프로토타입 주도로 매개체를 영원히 바꾸기 위해 기꺼이 사막에 나설 준비가 되었는지 알고 싶다.

그들은 멘토, 미디어 파트너, 투자자 등으로 구성된 생태계 안에서 모든 사람의 헌신으로 인해 생기는 아주 드문 기회를 잘 활용해야 한다. 피드백을 선물이라고 생각하자. 그리고 현재 속도로 할 수 있는 것보다 훨씬 더 빠르게 성장하여 다음 단계에 도달할 수 있도록 노력해야 한다.

피드백을 주는 멘토 및 다른 조직과 소통하는 것은 중요하다. 이들에게 헌신하자.

조직 내 디자인 스케일링과 관련하여 알려진 것들을 보면, 미래 리더는 디자인 도구와 스킬을 완전 정복하고 디자이너의 마인드세트를 갖고 있는 사람이 될 것이다. 그렇다고 예술 프로그램이 필요한 것은 아니다.

디자인씽킹은 비즈니스 경영 교육의 충실한 일꾼으로 알려진 전 세계 거의 대부분의 MBA 프로그램에 포함되어 있다. 일부에서는 디자인이 완전하고 전체적인 방식으로 비즈니스와 통합되고 있다.

세계가 변화하고 다른 기술과 새로운 사고방식이 요구되면서 MBA 프로그램은 진화하고 있다. MBA를 이수한 리더들은 기술과 디자인씽킹을 매치할 수 있는 마인드세트와 스킬을 갖고 있어야 한다. 당신이 좋아하든 그렇지 않든, 당신 회사의 미래 리더는 디자이너다. 디자인이 오고 있다. 준비되었나?

미래 리더는 디자이너다 231

비즈니스의 모호성 완전 정복

캘리포니아 예술대학

나단 셰드로프는 캘리포니아 예술대학에서 디자인 MBA 프로그램을 만들었다. 셰드로프는 완전히 다른 유형의 비즈니스 대학원 프로그램을 구상했다. 그것은 수익성뿐 아니라 지속 가능하고, 의미 있는 더 나은 미래를 디자인하고 상상하게 만드는 마인드세트와 규율 그리고 관행에 적합한 리더를 배출하는 것이다

"디자이너는 누군가 세상을 바꿀 때까지 기다릴 필요가 없다는 사실을 잘 알고 있다. 이런 맥락에서, 전 세계 60억 인구 모두가 긍정적 변화를 만들기 위해 이런 생각을 가져야 한다. 유치원 때부터 모든 교육 과정에 디자인 프로세스를 도입하자. 유치원과 12학년 사이의 어딘가에는 교육이 이제 더 이상 할 수 없는 부분이 존재한다."

나단 셰드로프

디자인 MBA 프로그램 부교수 및 프로그램 학과장

지금처럼 역동적이고 예측 불가능하며 흥미진진한 환경에서 비즈니스 리더에게 올바른 스킬을 가르치고 있는가?

> 답이 아니라 질문이 무엇인지 스스로에게 묻자

만약 2010년 이전에 경영학 석사 학위를 취득한 사람이라면 다양한 강의와 교과서, 사례 연구 및 그룹 과제 등을 통해 마케팅, 경제, 금융, 영업, 조직 행동, 리더십 등에 관한 뻔한 공부를 했을 것이다. 이들은 마케팅이 4개의 P를 중심으로 돌아가고, 경쟁이 5개의 힘(forces)으로 이루어지며, 전략이 3개의 선택(시장 리더, 빠른 추종자, 저비용 제공자) 중 하나로 요약된다는 것으로 알고 있을 것이다. 리더는 큰 그림을 그릴 수 있는 사람이고, 매니저는 프로젝트와 사람들을 제대로 감독할 수 있는 운영 스킬을 갖추고 있었다. 그러나 그 이후 세상은 너무나 변했다. 지금의 지속적 변화는 새로운 파괴자의 등장과 기존 질서의 붕괴를 부채질하고 있고, 오래된 전략은 먼지 속에 묻혔다.

혁신을 주도하는 것

경쟁이란 고정된 고객의 니즈를 가장 잘 알고 있는 사람이 아니라, 끊임없이 변하는 완전히 새로운 방식의 실제 고객의 니즈에 실시간으로 대응할 수 있는 사람을 기반으로 한다. 고객은 클릭한 번으로 자신이 원하는 모든 서비스와 제품을 찾을 수 있다. 그리고 마음에 들지 않으면, 고객은 트위터라는 글로벌 메가폰을 이용해 기업에 피해를 줄 수 있다.

오늘날 혁신을 이끌어내는 힘은 규칙에 있다. 실행 가능한 비즈니스 모델은 다양한 풍미 속에서 생겨나고, 지속적인 성공은 전통적인 MBA 과정에서 설명된 사례보다 훨씬 더 복잡하다.

이제 미래의 비즈니스 리더는 오늘날의 역동적이고, 예측 불가능하며, 흥미진진한 환경에서 성공적으로 사업을 이끌기 위해 무엇을 알고 경험해야 하는가?

직관적 스킬

10년 전, 다니엘 핑크는 우리에게 새로운 MBA로서의 순수 미술 분야의 석사학위 MFA(Master in Fine Art)를 제안했다. 그는 자신의 저서 〈새로운 미래가 온다〉에서 세상은 더 많이 자동화되고, 아웃소싱되며, 뭐든 풍부하게 제공할 것이라 예언했다. 그는 공감, 이야기, 놀이, 의미와 같은 하이 터치, 하이 콘셉트 스킬에 더 많은 조직적 관심을 기울여야 한다고 주장했다. 간단히 말해 그는 창의적이고 직관적인 스킬과 우리의 프로세스 주도의 양적 기술 개발을 지원하는 교육 훈련을 촉구했다.

핑크의 비전은 스마트폰과 우버처럼 우리가 사용하고 있는 제품이나 서비스들보다 앞선 것이다. 그의 예측은 맞았지만 얼마나 빨리 발생할지에 대해서는 틀렸다.

모든 질문에 "모른다"라고 대답했을 때 편안함을 느낀 것은 언제였나?

애매모호함

DMBA는 MBA 프로그램의 새로운 표준으로 핑크의 MFA를 채택할 때가 된 것으로 보인다. 우리는 이 프로그램의 이름을 바꿀 수 있다. 오랫동안 MBA 시대를 보냈다(우리는 더 이상 무엇을 관리하고 있나). 오늘날 우리가 가르쳐야 하는 모델은 "비즈니스의 애매모호함을 완전 정복하는 것"이라 명명하는 게 더 적절하다.

HELL NO
no, no, no!
NO
NO
NO
Find the
YES

// 에밀리 로빈,
2016년 DMBA 졸업

다른 방식으로 증명될
때까지는 모든 것이
가정에 불과하다

233

스리발크리스나 파틸,
2016년 DMBA 졸업

MBA는
과거가 되었다.

지난 6년 동안, 리사 케이 솔로몬은 디자인 전략 MBA 부분에서 신기원을 이루었다. 그녀는 지속 가능한 가치를 스케일링하고, 영향력 주도의 방법, 그리고 창조하고 포착하는 창의적이고 분석적인 문제 해결을 통합하는 데 초점을 맞추었다. 캘리포니아예술대학의 13개 진보적인 대학원 프로그램 중 하나인 DMBA 커리큘럼은 샌프란시스코 베이 지역의 창업가 정신 통합 교육으로 알려져 있다.

적응 가능한 문제

DMBA 매 4학기에는 실제 고객 또는 새로운 세계 이슈와 함께하는 실무자 참여형 코스, 이론, 베스트 프랙티스, 역동적 도구로 엮인 스튜디오 기반 코스가 포함되어 있다. 수업은 자신의 일에 대한 사회적·환경적 영향을 고려하는 데 도움이 되도록 디자인되었다. '혁신 스튜디오'에서 학생들은 복잡한 화폐의 미래, 노동의 미래, 유권자 참여의 미래와 같은 복잡한 문제들과 씨름한다. 이러한 도전은 대학원 수업 첫날 시작되며, 프로그램 전반에 걸쳐 학생들이 경험하고 실습할 수 있는 다양하고 융합된 과정의 입문 과정과도 같다.

팀을 만드는 사람들

모든 비즈니스에서의 도전과 마찬가지로 이 접근법도 단 하나의 간단한 솔루션으로 해결할 수 없는 문제다. 용기와 의지가 필요하다. 학생들은 이 책에서 보여준 것과 동일한 도구와 기술을 적용해서 필요한 해결 방법을 찾고 배운다. 그들은 이미지 및 디자인씽킹, 관점 수용, 공감, 제한 없는 열린 질문 등과 같은 창조적 스킬을 배운다. 그들은 거의 모든 종류의 커뮤니케이션 채널에서 다양한 관점을 유지하면서, 협력적이고 생산적으로 팀을 퍼실리테이션한다. 그들은 강의를 위해서뿐 아니라 공동 창작자, 멘토, 네트워크 구축자로서 학생들과 함께 배우기 위해 수업에 참여하는 다양한 업계 전문가 및 리더와 직접 협력할 수 있는 기회를 갖는다. **»**

> 디자인 스케일링을 도와줄 사람은 누구인가?

// 세바스찬 아이블러
2016년 DMBA 졸업

왜냐하면...

팀에서 일하는 것은 팀으로 일하는 것만큼 중요하다.

제니퍼 뮬러

아이디어 실행하기

매 학기에 DMBA 학생들은 다양한 이슈에 대해 독창적인 솔루션을 제시할 기회를 갖는다. 그들은 역동적인 프레임워크와 도구를 사용하여 기존 비즈니스 모델을 조사하고 새로운 비즈니스 모델을 만든다. 그들은 자신의 직관과 전략적 판단을 연마하면서 호기심 많은 조사관과 체계적인 연구자가 되어야 한다.

아이디어를 행동으로 옮기는 가설 중심의 실험에서 통찰을 만드는 새롭고 강력한 방법을 찾기도 한다. 그들은 아이디어의 경제적 면뿐 아니라 감정적 욕구를 강조하는 강력한 스토리와 경험적 프레젠테이션을 통해 아이디어를 공유한다. 불확실성과 애매모호함 속에서 성장하는 학생들은 비록 실패하더라도 새로운 역량을 구축하기 위해 위험을 감수하고 안전지대 밖으로 기꺼이 뛰어나간다.

우리의 새로운 리더들

가장 중요한 것은 DMBA 학생들이 가능성, 낙천주의, 풍요로움에 대한 사고방식을 배우는 것이다. 그들은 리더로서의 역할을 증명하는 단 하나의 '올바른' 솔루션을 전달하는 것이 아니라 근본적으로 자신의 삶에 새로운 공간과 조건을 가진 팀을 만들어가는 것이라고 확신한다. 변화의 기회를 지속적이면서 반복적으로 이용할 수 있는 새로운 언어, 새로운 도구, 새로운 기술, 그리고 새로운 능력을 모두 지니고 있다. 미래를 위해 변해야만 한다면, 이러한 마인드세트를 반드시 가져야 한다.

// 디자인
MBA
관련 도서

DMBA 졸업생
실전에서 애매모호함 정복하기

솔루션을 찾는 데 가장 곤란한 문제는 무엇인가?

아담 돌, 2010년 DMBA 졸업
손쉬운 건강 관리 시스템 디자인

첫 DMBA 수업을 마친 후, 아담은 민간 부분과의 파트너십 체결과 미국의 개인 건강 관리 산업의 성장을 촉진하는 백악관에서 대통령 혁신 펠로로 지명되어 미국 보건복지부와 함께 일하게 되었다.

수에 폴록, 2013년 DMBA 졸업
지속 가능한 공간 디자인

환경보호단체 네이처 컨저번시의 환경 보호 프로그램 개발을 위한 프로젝트 디렉터, 과학자, 환경보호 활동가, 창시자, 자금 제공자, 비영리기관의 다양한 스태프 등과 공동의 목표를 위해 작업할 수 있는 프로그램을 디자인했다. "우리 작업은 본질적으로 고약한 문제에 관한 것이다. 이해당사자를 소집하는 것, 그리고 그들과 신뢰를 쌓는 것이 작업 완성의 열쇠다."

모하메드 비랄, 2014년 DMBA 졸업
다문화 공동체 디자인

모하메드 비랄은 매력적인 스토리 작가이자 프로듀서이며 유명인이다. 아프리카계 미국인 예술 문화공동체의 이사인 비랄은 아프리카 중심의 예술적·문화적 표현, 매체, 교육, 프로그램 개발 등을 통해 커뮤니티를 지원하고 있다. 그리고 어린이와 청소년이 변화 주도자로 봉사할 수 있도록 고무하는 역할도 한다.

237

회사 생활

패러다임을

내가 과거에 일했던 회사들뿐 아니라 과거의 나 자신에게 팁을 하나 준다면, 바로 이것이다. 오늘 디자인을 시작하자. 고객을 위한 디자인을 시작하자. 비즈니스 모델과 가치 제안을 디자인하기 시작하자. 미래를 위한 전략을 디자인하기 시작하자. 지금 바로 시작하자. 비록 예전부터 이런 방법을 생각하지 않았더라도 상관없다.

저스틴 로키츠
전략 디자이너

시작

캘리포니아예술대학 MBA의 디자인 MBA(DMBA) 프로그램에 등록하기 전, 나는 오라클, 헥사곤, 오토데스크와 같은 거대 소프트웨어 회사에서 15년 동안 근무했다. 이들 회사에서 나는 엔지니어링 영업부터 소프트웨어 엔지니어, 제품 매니저 및 전략까지 다양한 역할을 했다. 제품 중심(고객 중심) 회사는 시장 요구 사항 문

서, 제품 요구 사항 문서, 제품 로드맵과 같은 이야기를 자주 한다. 특히 오토데스크에서 수석 제품 담당 매니저로 했던 일은 대부분 제품의 5년 로드맵을 기반으로 1년 주기의 제품을 출시하고 관리하는 것이었다.

그러나 오토데스크는 클라우드로 형식을 완전히 바꾸

바꾸자

어나갔고, 회사는 점진적이고 지속적인 개선을 추진했다. 나는 혼란 스러웠다. 변화는 끝이 없어 보였고, 종종 쓸데없어 보이기도 했으 며, 게임 같다는 생각도 들었다. 나는 보다 나은 소프트웨어 개발 방법이 있다는 사실을 알고 있었다.

내가 MBA를 고려하기 시작했을 때쯤, 린(lean)과 애자일(agile) 개발 같은 디자인 실습이 인기를 끌고 있었다. 오토데스크에서조차도 나와 같은 생각을 하고 있는 팀들이 애자일 개발 방법론으로 전환하기 시작했다. 나는 다년간에 걸친 로드맵을 추진하면서, 더 좋은 제품을 만드는 방법으로 디자인씽킹에 관한 책을 많이 읽었다. 그리고 나 또한 단순히 제품을 만들고 싶지 않다는 사실을 알게 되었다. 나는 중요한 제품을 만들고 싶었다.

디자인 씽커로의 변신

대부분의 사람들은 보다 많은 취업 기회를 갖기 위해 경영학 학위를 따려고 한다. 나도 다르지 않았다. 사내 기업인이 되어 오토데스크에

내 이름을 남기고 싶었다. 그러나 기업가로서 특히 샌프란시스코와 실리콘밸리에서의 기술 환경이 폭발적으로 변화함에 따라, 나는 오토데스크 외부 세계의 가능성에도 강한 흥미를 느꼈다.

일부 창업가 관점을 가진 MBA 프로그램을 찾고 있었던 나는 캘리포니아예술대학 내 DMBA 프로그램을 발견했다. 가장 주목을 끌었던 것은 DMBA 학생들이 이런 유행하는 용어 속에 포함된 이론을 배우는 것이 아니라, 전략적 함의에 대한 시각으로 디자인씽킹을 실천할 것이라는 약속이었다. **〉〉**

239

나는 대기업에서 도전과 기회를 동시에 목격했다. 이는 다른 사람들에게 거의 숨겨져 있었다.

불과 2년 만에 각 학생 그룹은 (상대적으로) 안전한 (실패한) 환경에서 적어도 6명의 실제 고객을 위한 프로젝트와 비즈니스 모델 및 전략을 개발했다. 나는 완전히 빠져들었다.

오토데스크에서 나는 하나의 큰 소프트웨어라는 배를 계속 띄워야 했다. 따라서 나는 일반적으로 다른 프로젝트에서 일할 기회를 거의 얻을 수 없었다. 나는 프로젝트에서 실패하면 안 되었다. 결국 나는 DMBA 프로그램에 등록했다.

아하!의 순간

DMBA를 통한 나의 여정은 다른 사람들과 조금 달랐다. 한 예로, 나는 대부분의 동기들보다 나이가 많았다. 동기들은 대부분 20대 중반이었다. 당시 나는 (정말로) 30대 후반이었다. 게다가 나는 창조적인 것과는 크게 동떨어진 사람이었다. 거대한 제품 중심의 회사에서 오랫동안 일하면서 내 잠재의식 속에는 사소한 디자인 스킬만이 남아 있었다. 그러나 더 놀랐던 것은 이것이 사소한 차이가 아니라는 것이었다. 나는 DMBA에 엄청나게 재능이 있고 창의적인 디자이너가 많이 등록한 것을 알고 가장 놀랐다. 디자인을 중심으로 하는 프로그램 앞에 나는 다소 겁먹은 사람이 되었다. 하지만 경험이라는 동등한 가치는 모두에게 제공되었다.

이런 깨달음으로 나를 가두었던 장벽이 무너지자 아주 새로운 방식으로 비즈니스와 삶에 대한 접근 방식을 재구성할 수 있었다. 실제로 프로그램 2개월이 지나자, 내 마인드세트는 크게 바뀌었고 다른 사람들이 몰랐던 대기업에서의 도전과 기회를 발견하게 되었다.

패러다임의 전환

어떻게 이런 일이 일어났을까? 디자인 렌즈는 다른 사람들이 볼 수 없는 것을 어떻게 볼 수 있게 만들었는가? 앞에서도 언급했듯이, 캘리포니아예술대학의 DMBA 프로그램은 모든 것이 디자인될 수 있는 (해야만 하는) 핵심 아이디어를 중심으로 개발되었다.

우리는 제품, 웹사이트, 서비스 등을 디자인할 수 있다. 그러나 혁신, 비즈니스, 미래 역시 동일한 도구와 기술 및 기법을 사용하여 디자인될 수 있다. 디자인 프로세스는 제품을 만들기 전에 고객의 요구 사항뿐 아니라 가설을 검증하고 프로토타입을 작성하는 데 초점을 맞춘 필수 프레임워크를 제공한다. 당신이 에어비앤비, 우버, 아마존, 프록터앤드갬블 등 획기적이고 패러다임 자체를 바꾸는 (의도적으로 디자인된) 비즈니스 모델을 가진 회사의 실제 사례를 보았을 때, 그것을 안 본 척하거나 무시할 수는 없을 것이다. 이것은 리사 케이 솔로몬이 가르치는 '혁신 스튜디오' 과정에서 2개월째에 일어났다.

새로운 도구와 스킬, 그리고 마인드세트는 내 기존의 비즈니스 지식을 대체했다. 내 경험(삶과 전문성)에 디자인씽킹을 실시간으로 적용할 능력이 쌓이게 되었다. 나는 새로운 디자인 안경을 착용하고 오토데스크로 돌아왔다. 그것은 팀원들의 관점을 인간 중심의 혁신에 집중하게 만드는 데 도움이 되었다. 나는 디자인 동료들과 함께 간단한 프로토타입을 만들고, 많은 질문을 통해 가정을 지속적으로 테스트했다. 또한 내가 제시했던 모든 프레젠테이션을 폐기했고, (내가 지금 부르는) 전략적 대화(많은 "어쩌고저쩌고" 없이)를 촉진하는 데 사용하는 새로운 시각적 언어를 만들었다. 나는 날마다 내 벨트에 새로운 도구를 추가했다.

내가 당시 관리하고 있던 제품을 (고객 중심의 디자인 사고 원칙을 사용하여) 우리의 방식대로 혁신한 것 역시 패러다임의 전환이었다. 이러한 기술 혁신 중 일부는 특허 출원 중이다. 고객 중심 디자인의 혜택이다.

케케묵은 ~~사고방식이~~ 보인다

2015년에 나는 오토데스크를 떠나 샌프란시스코에서 비즈니스모델주식회사를 만들었다. 작년에 대형 자동차 제조업체에서부터 비영리단체, 대형 데이터회사에 이르기까지 다양한 고객과 함께 일했으며, 그들이 얼마나 많은 도움이 필요한지를 알게 되었다.

나 자신의 디자인 패러다임을 근본적으로 바꾼 후, 내 일은 대부분 다른 사람의 마인드세트(및 프로세스)를 바꾸도록 돕는 게 되었다. 두 가지 제품 단계에 – 실행을 위한 아이디어 – 집중하는 것에서부터 디자인 중심, 고객 우선의 마인드세트을 채택하는 쪽으로 옮겨 갔다. 우리는 함께 고객의 니즈를 찾고, 아이디어를 내고, 가설을 검증하고, 이를 지속적으로 실행한다.

디자인 도구와 프로세스를 신뢰하자. 물론 프로젝트가 항상 성공하지는 않는다. 그러나 미래에는 올바른(디자이너) 마인드세트와 집중(고객에 대한)으로 당신이 어떻게 반복하는지 그 방법을 알게 될 것이다. 최고의 팁은 바로 이것이다. 오늘 디자인을 시작하자. 고객을 위한 디자인을 시작하자. 비즈니스 모델과 가치 제안을 디자인하기 시작하자. 미래를 위한 전략을 디자인하기 시작하자.

241

당장 시작하자!

투자 준비 수준 소개

인큐베이터를 운영하는 투자자든, 스타트업 기업가든, 아니면 대기업 매니저든 모두가 알고 싶어 하는 지표가 있다. 프로젝트나 제품 혹은 초기 단계 회사의 성공과 실패를 구분하는 데도 도움이 되는 그런 지표 말이다.

직감으로는 더 이상 안 된다

그동안 투자자와 기업 관리자들은 초기 프로젝트 또는 스타트업에 투자하는 것이 바람직한 것인지를 직관적으로 판단해왔다. 대부분의 경우, 투자 의사 결정 과정에서 사용되는 유일한 지표는 제품 데모, 프레젠테이션 자료, 프로젝트 팀의 구성과 같은 질적인 것이었다. 물론 일부 사람들은 다른 사람들보다 더 나은 직관을 가진 경우도 있다. 그러나 스티브 블랭크는 "판단에 도움이 되는 객관적 방법이 없었다"라고 고백했다.

투자 준비 수준

현재 대부분의 프로젝트, 제품, 회사 등은 데이터라는 탑의 꼭대기에 세워져 있다. 프로젝트, 제품, 회사의 성공을 검증하고 수량화하기 위해 이런 데이터를 사용할 수 있다면 어떻게 될까? 우리는 할 수 있다.

스티브 블랭크가 개발한 투자 준비 수준(IRL, Investment Readiness Level)을 통해 누구나 프로젝트, 제품, 그리고 회사를 간단하고 쉬운 방법으로 다른 프로젝트, 회사 또는 투자 포트폴리오와 비교할 수 있다.

머니볼

이 책 앞부분에서 이미 비즈니스 혁신 디자인을 위해서는 적합한 팀을 모으고, 적합한 기술과 마인드세트를 갖추며, 적절한 시기에 올바른 도구와 과정을 적용해야 한다고 설명했다. 현실에서는 이러한 특성이 실체가 없어 보인다. 게다가 벤처의 궁극적인 성공 또는 실패를 어떤 기준으로 측정할 수 있겠는가?

흥미롭게도 미국 야구 매니저들은 이와 유사한 신념을 갖고 있었다. 2003년에 나온 마이클 루이스의 소설을 각색한 영화 '머니볼'에서 묘사한 것처럼, 오클랜드어슬레틱스의 감독 빌리 빈은 경쟁 팀보다 우수한 팀을 만들기 위해 선수들의 성과를 분석적으로 측정할 수 있는 기준을 이용했다.

타격과 출루율 두 개를 통계적으로 분석한 빈은 이 데이터가 다른 팀들이 했던 질적 평가보다 공격 성공률을 더 잘 정의하고 있음을 증명했다. 결과적으로, 팀은 당시 전혀 알려지지 않은 선수들을 대거 영입함으로써 수천만 달러를 절약할 수 있었다.

머니볼을 할 시간이다!

많은 투자 의사결정이 '멋진 프레젠테이션' '우리를 홀린 제품 데모' '훌륭한 팀' 등과 같은 성급한 판단을 토대로 이뤄져왔다. 스타트업에 필요한 실제 데이터의 부족, 동일 집단 혹은 포트폴리오를 비교 분석할 수 있는 데이터의 부족이라는 20세기의 유물이 계속 이어져왔다. 그런 시절은 이제 끝났다.

우리는 이제 인큐베이터와 액셀러레이터를 다음 단계로 끌어올릴 수 있는 도구, 기술, 데이터를 보유하고 있다. 스타트업은 반복적이고 확장 가능한 비즈니스 모델이 있다는 증거를 투자자에게 보여줌으로써 자신의 역량을 입증할 수 있다. 우리는 투자 준비 수준을 가지고 측정 기준을 투자자에게 제공할 수 있다.

투자자는 머니볼 게임을
할 시간이다.

스티브 블랭크
연쇄 창업가, 작가, 강사

본인 스스로 하자

제대로 된 디자인 스케일링 결과를 구하고자 한다면 사람, 기술, 도구, 마인드세트, 프로세스 등의 올바른 조합이 필요하다. 투자 준비 수준을 사용하면 머니볼을 플레이하는 능력이 생긴다. 이를 통해 성과 평가 지표가 프로젝트, 제품, 회사에 어떤 영향을 주는지 파악할 수 있다.

다음 페이지에서는 투자 준비 수준을 사용하여 디자인 프로젝트를 측정 지표에 따라 쉽게 평가하는 방법을 보여준다. ■

추가 정보가 필요하면 스티브 블랭크의 저서
〈기업 창업가 매뉴얼〉을 참고하자.

243

투자 준비 수준

투자 준비 수준은 스티브 블랭크가 개발했다.

포커스
수준 정의하기

± 15분
세션

팀
그룹당 인원

투자 준비 수준에 대한 보다 상세한 내용은 steveblank.com을 방문하여 스티브 블랭크의 블로그 글을 참고하자.

투자 준비 수준은 제품, 프로젝트, 회사의 모든 프로세스를 계량화하여 팀장, 매니저, 투자자 누구나 쉽게 투자 의사 결정을 내리도록 돕는다.

아이디어를 분류하자

프로젝트, 제품, 회사의 생애 주기는 지금 어느 단계에 있는가? 이 책의 모든 도구와 마찬가지로 투자 준비 수준은 대화의 기초로 공통의 측정(문제의 프로젝트, 제품, 회사의 비즈니스 모델과 관련된) 기준을 사용하고 전략적 대화를 가능하게 만든다.

다음 단계는 무엇인가?

투자 준비 수준 또한 규범적 도구다. 프로젝트, 제품, 회사가 디자인 프로세스 어디에 있든 상관없이 다음의 이정표는 분명하다.

많은 프로젝트 책임자, 제품 매니저, 기업가 등은 다음 제품을 출시하거나 중요한 프레젠테이션, 제품 데모 등을 준비하는 데 많은 신경을 쓴다. 그러나 디자인 프로세스를 이용할 때는 학습 최대화에 중점을 두어야 한다.

얼마나 많은 인터뷰, 반복, 피봇, 재시작, 실험, 실행 가능한 최소한의 제품 등을 검토했는가? 이들로부터 배운 것은 무엇인가? 이들은 결정에 어떤 영향을 주었나? 다음 단계를 뒷받침하는 증거는 무엇인가?

투자 준비 수준을 사용하여 투자자에게 프로젝트를 업데이트하거나 프레젠테이션을 제공하는지와 상관없이, 어떻게 증거를 수집하고 근본적인 비즈니스 모델에 대한 이해에 어떤 영향을 미치는지를 파악하는 것이 중요하다.

교훈

> 투자 준비 수준은 "우리는 어떻게 하고 있는가?"의 측정 기준을 제공한다.

> 또한 투자자, 기업 혁신 그룹, 기업가가 공유할 수 있는 공통의 언어와 측정 기준을 만든다.

> 산업별 비즈니스 모델에 맞게 수정될 만큼 유연하다.

> 기업 혁신, 액셀러레이터, 인큐베이터 등의 관리자를 위한 훨씬 더 큰 도구 세트의 한 부분이다.

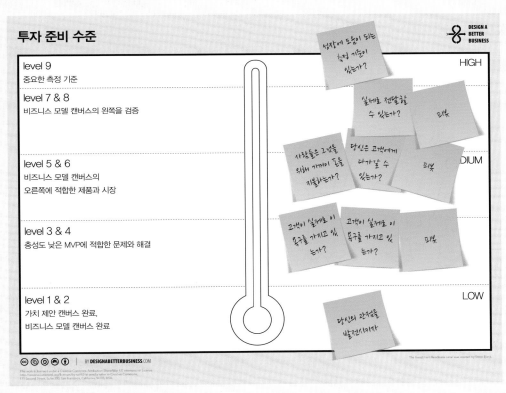

투자 준비 수준

level 9
중요한 측정 기준

level 7 & 8
비즈니스 모델 캔버스의 왼쪽을 검증

level 5 & 6
비즈니스 모델 캔버스의
오른쪽에 적합한 제품과 시장

level 3 & 4
충성도 낮은 MVP에 적합한 문제와 해결

level 1 & 2
가치 제안 캔버스 완료,
비즈니스 모델 캔버스 완료

HIGH

MEDIUM

LOW

성장에 도움이 되는 측정 기준이 있는가?

실제로 전달할 수 있는가? / 피봇

사람들은 그것을 위해 기꺼이 돈을 지불하는가? / 당신은 고객에게 다가갈 수 있는가? / 피봇

고객이 실제로 이 욕구를 가지고 있는가? / 고객이 실제로 이 욕구를 가지고 있는가? / 피봇

당신의 관점을 발전시키자

LEVEL 1 & 2
바꾸고 싶은 것을 정의하자. 비즈니스 모델 캔버스를 채우고 당신의 가설을 분명히 만들자.

LEVEL 3 & 4
사무실 밖으로 나가 고객을 이해하자. 발견과 통찰을 보여줄 수 있게 만들자.

LEVEL 5 & 6
시장에 꼭 필요한 상품을 찾자. 고객의 흐름, 채널, 그리고 얼마나 매력적인지, 고객을 얼마나 유지할 수 있는지를 이해하자.

LEVEL 7 & 8
비즈니스 모델의 왼쪽을 이해하자. 자원, 비용과 같은 핵심 부분을 어떻게 조정할 것인가?

LEVEL 9
비즈니스와 매트릭스에서 집중했던 변화들을 스케일링하자.

TIPS
무엇이 당신의 학습 여정인가? 회사와 산업에 맞는 투자 준비 수준을 만들자. 수많은 가정과 인터뷰가 있는 게임을 살펴보자.

점검표

☐ 투자 준비 수준을 정의했다.

☐ 투자 준비 수준으로 되돌아와서 이를 계속 개선한다.

다음 단계

〉 다음 수준에 도달하기 위해 해야 할 것이 무엇인지 생각하기.

〉 투자자 찾기.

245

투자 준비 수준 완전 정복

아이디어가 있다…

단지 하나의 아이디어로 시작하더라도, 투자 준비 수준을 사용하여 진행 사항을 추적할 수 있다. 또는 이미 구축한 스타트업이 있다면 이를 이용하여 다음에 수행할 작업을 파악하자. 여러 변수가 많다. 이에 대비하자.

레벨 1 & 2: 가설을 명확하게 만들자

자신의 관점에서 시작하자. 비즈니스 모델 캔버스와 가치 제안 캔버스를 작성하자. 비전과 디자인 기준을 정의하자. 이 모든 것은 가정으로 가득 찰 것이다. 200쪽에 나온 가장 위험한 가정 찾기를 활용하여 이를 파악하자. 가설을 명확하게 만들자.

레벨 3 & 4: 적합한 문제 해결책을 찾자

잠재 고객과의 인터뷰를 통해 어떤 문제가 있는지를 확인하자. 그들의 욕구를 진정으로 이해하려고 노력하자.

검증된 결과(고객 통찰력을 가지고 스스로를 열광시키는)를 수집하는 데 충분한 기능(대략적인 표현)을 가진 최소 실행 가능한 제품을 프로토타입으로 만들자.

고객이 원하고 필요로
하는 것이 무엇인가?
고객은 무엇에 기꺼이
돈을 지불할 것인가?

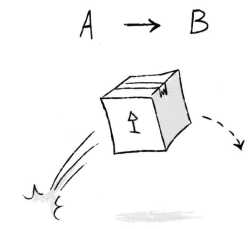

이것은 하나의 숫자
게임이다. 그러나
반드시 따져야 할
분명한 숫자다.

레벨 5 & 6: 오른쪽을 확인하자

비즈니스 모델 캔버스의 오른쪽 측면을 확인하자. 실행 가능한 최소한의 제품을 통해 시장 적합성을 검증하자. 고객의 가치 제안, 고객 세그먼트, 채널, 실험 등과의 관계를 검증하고 그다음 위험도 높은 가정을 지속적으로 테스트한다.

레벨 7 & 8: 왼쪽을 확인하자

마지막으로 이제 비즈니스 모델 캔버스의 왼쪽 면을 검증하여, 최종 제품에 매우 근접한 최소 실행 가능 제품을 개발할 때다. 실제로 구현하고 운영하면서도 약속한 가치를 제공할 수 있는가?

주요 자원, 주요 활동, 비용을 검증하자. 올바른 파트너와 협력하고 있는지 확인하기 위해 파트너 실사를 하자.

레벨 9: 중요한 측정 기준

스타트업과 기업이 성공하거나 투자를 유치할 수 있도록 측정 기준을 정의하자. 올바른 측정 기준은 보안에 대한 잘못된 인식을 주는 '무의미한 측정 기준'과는 반대로 올바른 방향을 보여주는 기준이다. 비즈니스 성장과 가장 관련성이 높고 스케일링에도 도움을 주는 기준을 찾자!

지금까지

다음 단계

요약

불신은 혁신을 죽인다.

**액셀러레이터는 스케일링을 위한
새로운 사냥터다.**

미래 리더는 디자이너다.

바로 시작하자!

**스타트업이 발견한 기회를
일반 기업은 위험으로 생각한다.**

**뭔가를 실행하고 있는 사람에게,
혁신 프로세스는 호들갑처럼 보인다.**

모
아니면
도

새로운 미래
새로운 회사
새로운 사람

세상이 너무 빠르게 변하고 있어, 지금 대학생들이 졸업할 때가 되면 학교에서 배운 것들이 대부분 당시 상황과 동떨어져 있거나 쓸모없이 되는 경우가 많다. 이는 지식과 경험이 더 이상 주된 상품이 아님을 의미한다. 앞으로 더 가치 있는 것은 학습하는 능력과 새롭고 독특한 시나리오를 적용하는 능력이다.

제이콥 모건, 〈제이콥 모건의 다가올 미래〉

실시간으로 의사소통하고, 공동으로 작업하고, 서로를 연결하고, 정보를 추적할 수 있는 디지털 매체가 급격히 발달했다. 이런 상황에도 불구하고, 디자인 스킬과 마인드세트를 갖고 있다면 포스트 잇과 마커 같은 간단한 도구만으로도 미래의 불확실성을 극복할 수 있을 것이라 누가 상상이나 했겠는가?

그동안의 기업 환경은 변화를 빠르게 파악하고 대처하기 좋았던 적이 한 번도 없었다. 변화의 확산은 더욱 빨라지고 있다. 대기업들은 아직도 오래전에 알려진 비즈니스 모델을 계속 실행하고 있지만, 스타트업과 디자인 중심 기업들은 현재의 상황에 도전하고 있다. 산업 전체로 보면 부상하고 있는 게 맞지만 일부는 붕괴되고 있다.

학위를 넘어서

지난 20여 년 동안, 거대 조직이 새로운 시장을 만들고 성장한 토대는 바로 특별한 학위와 비즈니스 감각이었다. 그러나 인터넷이 지식에 대한 개방적이고 즉각적인 접근을 제공하면서 공식적인

식으로 문제를 해결하고 인간의 욕망을 처리할 것이다. 협력과 디자인을 통해 누구나 그렇게 할 수 있게 되었다. 변화는 고독한 천재 또는 개인의 지식과 경험에서가 아니라 대중의 지혜에서 시작된다. 결국 그것은 더 열심히 일하는 것에 대한 것이 아니다. 더 똑똑하게 일하는 것에 대한 것이다.

디자이너처럼 생각하고 일하자

더 똑똑하게 일하는 새로운 방식은 디자이너가 하는 것과 같다. 디자인을 수용한 기업이라면, 성장은 변화에 반대하거나 수익 증가를 위해 지속적으로 비용을 절감하는 데서 나오지 않는다는 것을 알게 될 것이다. 오히려 고객에게 초점을 둔 인간 중심의 관점을 갖도록 권한을 부여함으로써 조직 내 소규모 팀이 훨씬 더 많은 것을 성취할 수 있게 된다.

이러한 회사들은 불확실성이 높은 상황에서도 큰 기회를 발견한다. 다재다능한 디자인 팀(색다르게 의심하는 팀)이 사람들의 삶과 수익뿐 아니라 세상을 향상시키는 새로운 제품과 서비스를 만들어

자격은 점차 중요하지 않게 되었다. 지금도 교육이 비즈니스 지식을 전달하고 있다는 생각에는 많은 도전이 있다. 누구나 유튜브 동영상을 시청하여 제품 디자인과 개발, 마케팅 및 판매를 배울 수 있다. 공식적인 학위와 학연이 덜 중요해진 이유다. 사실 흐름은 이미 바뀌었다. 지금은 실용적인 디자인 기술을 가진 사람이 비즈니스 이론을 알고 있는 사람보다 훨씬 더 인기다.

세계가 계속해서 더 많이 연결되면서 사람들은 완전히 새로운 방

낼 것이다. 이러한 변화를 창조하는 사람(디자이너)은 사무실의 책상보다 개인적인 상호작용을 중요하게 생각한다. 그들은 획일적이고 선형적인 전략까지 주기적으로 신속하게 반복하는(이해하고, 생각하고, 프로토타입하고, 유효성을 검사하고, 실행 축적하는) 것을 가치 있는 일로 생각한다.

모든 것은 당신에게서 시작된다.

회사, 제품, 서비스, 마인드세트 등 모든 변화는 당신에게서 시작된다.
진정한 변화는 당신이 안전지대에서 벗어나 반항아가 되는 것에서 시
작한다. 작게 시작할 수도 있고 크게 시작할 수도 있다. 그러나 무엇
을 하든지, 조직이 원하는 변화를 포함해야 한다. 그래야만 진정한 변
화를 만들 수 있다.

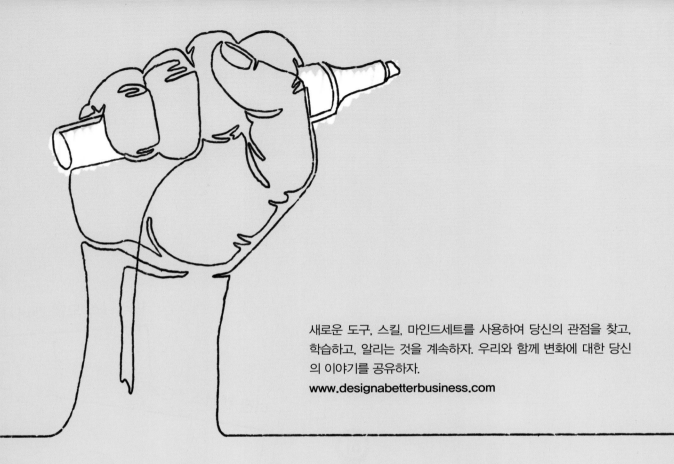

새로운 도구, 스킬, 마인드세트를 사용하여 당신의 관점을 찾고, 학습하고, 알리는 것을 계속하자. 우리와 함께 변화에 대한 당신의 이야기를 공유하자.

www.designabetterbusiness.com

100일 내에 책 만들기

암스테르담에서 3개월간 '지하 감옥'에 숨어 이 책을 만든 것 자체가 긴 여정이었다. 우리가 겪었던 이 골치 아팠던 과정을 함께 나누고자 한다. 우리가 만든 이중 루프를 따르는 과정에서 많은 사람들이 아꼈던 것들을 버렸다. 되돌아보면, 우리의 디자인 여정에 이중 루프가 나타난 것을 분명히 목격했다. 또 그렇게 되어야만 했다.

DAY 01

2016년 1월 1일, 1일차 (100일 중...)

우리의 비전을 보여주기 위해, 비전 캔버스 5단계로 소규모 팀 회의를 했다(58쪽).

비즈니스 모델 캔버시

주요 파트너	주요 활동

비전 캔버스 5단계

지지

bold steps

5.
4.
3.
2.
1.

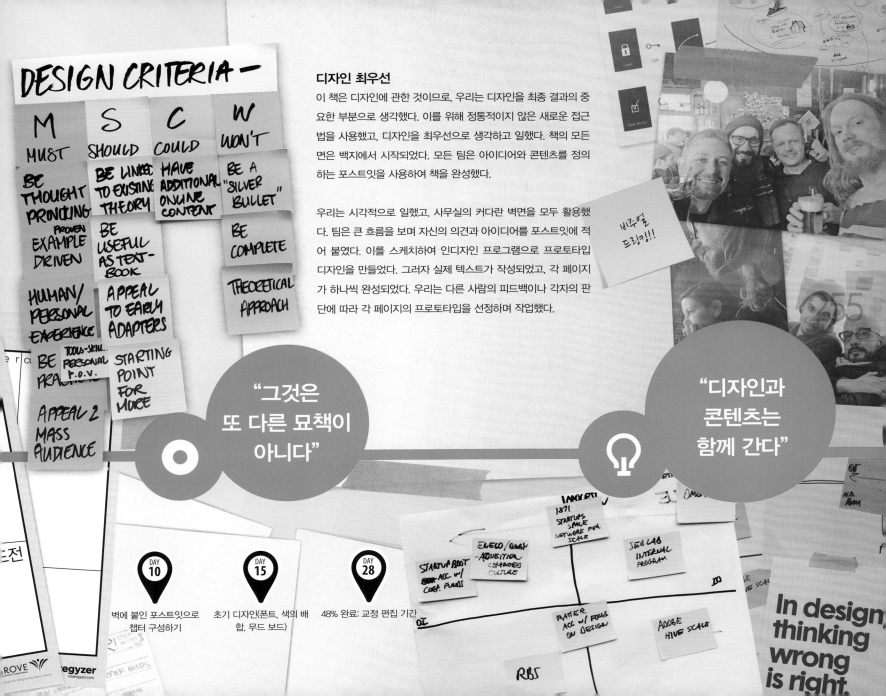

DESIGN CRITERIA —

M	S	C	W
MUST	SHOULD	COULD	WON'T

BE THOUGHT PROVOKING

PROVEN EXAMPLE DRIVEN

HUMAN/ PERSONAL EXPERIENCE

BE PRACTICE...

APPEAL 2 MASS AUDIENCE

BE LINKED TO EXISTING THEORY

BE USEFUL AS TEXT-BOOK

APPEAL TO EARLY ADAPTERS

TOOLS-SKILL. PERSONAL P.O.V.

HAVE ADDITIONAL ONLINE CONTENT

BE A "SILVER BULLET"

BE COMPLETE

THEORETICAL APPROACH

STARTING POINT FOR MORE

디자인 최우선

이 책은 디자인에 관한 것이므로, 우리는 디자인을 최종 결과의 중요한 부분으로 생각했다. 이를 위해 정통적이지 않은 새로운 접근법을 사용했고, 디자인을 최우선으로 생각하고 일했다. 책의 모든 면은 백지에서 시작되었다. 모든 팀은 아이디어와 콘텐츠를 정의하는 포스트잇을 사용하여 책을 완성했다.

우리는 시각적으로 일했고, 사무실의 커다란 벽면을 모두 활용했다. 팀은 큰 흐름을 보며 자신의 의견과 아이디어를 포스트잇에 적어 붙였다. 이를 스케치하여 인디자인 프로그램으로 프로토타입 디자인을 만들었다. 그러자 실제 텍스트가 작성되었고, 각 페이지가 하나씩 완성되었다. 우리는 다른 사람의 피드백이나 각자의 판단에 따라 각 페이지의 프로토타입을 선정하며 작업했다.

비주얼 드로잉!!

"그것은 또 다른 묘책이 아니다"

"디자인과 콘텐츠는 함께 간다"

DAY 10 벽에 붙인 포스트잇으로 챕터 구성하기

DAY 15 초기 디자인(폰트, 색의 배합, 무드 보드)

DAY 28 48% 완료: 교정 편집 기간

In design thinking wrong is right

첫인상

우리는 30개 이상의 표지 디자인을 프로토타이핑하여 서점에 진열된 다른 책 사진에 붙여보며 비교했다. 노란색이 가장 눈에 띄었다. 또한 실제 서점 매장에 모형 책을 놓고 사람들의 반응을 살폈다.

도와줘! 섬 구조는 너무 복잡해!

섬

디자인 여정을 설명하기 위해 섬(island)을 은유로 사용했다. 사람들은 흥미를 보이기 시작했고, 우리는 보다 세부적인 작업을 시작했다.

섬이란 구조물로 책을 만들기 시작했지만, 편집자는 너무 복잡하고 기괴한 느낌이라 말했다. 스토리를 은유로 표현하는 것은 어려운 일이었다.

의사 결정 도구

DAY 29

교정 편집 기간: 검토할 만한 다른 책이 필요함

아꼈던 것을 버리자

우리는 쉽게 탐색할 수 있고 명확한 구조를 가진 책을 만들고 싶었다. 우리 생각대로 만들기 위해 모두가 노력했다. 편집자는 우리가 책에 너무 빠져 있다고 세 번이나 지적했다. 그래서 책을 재구성하고 방향을 바꾸는 일을 세 번 했다. 그럴 때마다 우리는 더 많이 배웠고 책의 품질을 향상시킬 수 있다. 그러기 위해서는 좋은 것을 버려야만 했다.

섬이여
안녕

안녕
이중 루프

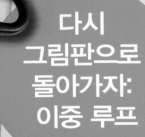

섬을 버리자

아끼는 것을 버리자

정상 궤도에 오르다

다시 그림판으로 돌아가자: 이중 루프

DAY 30

불확실성 다루기

DAY 33

원점으로 돌아가기. (새로운) 이중 루프를 사용하여 다시 시작하기

DAY 45

15% 완료. (다시) 이해하기 챕터 끝마치기

DAY 57

25% 완료. 준비 챕터 끝마치기

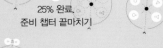

5 BOLD STEPS VISION

편집자
말 듣기,
구글 행아웃
하기

우리는
결국 아주 전통적인
독자였다!

☐ TOCS CHECK
☑ END CHAPTER CHECK
☑ PAGE NRS
☑ REFERENCES / BOOKS
☐ BIOS & FACES
☐ ACKNOWLD.
☑ COVER
☑ WRAP UP PAGE /END CH.

☐ FAST PASS

STILL
NOT DONE

☐ MAKING OF
☐ COMMERCIAL PAGE

서명한
양식을
배포했나?

페이지 수

카피가
더
필요함

UNDERSTAND YOUR CUS...
UNDERSTAND **YOUR CONTEXT**
UNDERSTAND **YOUR BUSINESS**

SEEK TO UNDERSTAND
...STER OBSERVATION
...ER QUESTIONING
...OVES PLUMBERS

TOOL   CUSTOMER JOURNEY
TOOL   VALUE PROPOSITION CANVAS
TOOL   CONTEXT CANVAS
TOOL   BUSINESS MODEL CANVAS

DAY 67
43% 완료.
관점 챕터 끝마치기

DAY 70
72% 완료.
(계획된) 삽화 끝마치기

DAY 77
82% 완료.
검증, 인트로, 프로토타입 챕터
끝마치기

DAY 82
다음의 교정 편집을 위해
6개의 모형 도서
출력하기

스케일링
마지막 스케치는 좀더 세밀하게 이뤄졌다. 힘들었다. 체크리스트를 만들고 텍스트와 비주얼을 점검하고 메시지의 일관성을 확인하며 픽셀 단위까지 모든 것을 확인했다.

check!

NEW TOOLS, SKILLS, AND MINDSET FOR STRATEGY AND INNOVATION

DESIGN A

> BETTER BUSINESS

Written by Patrick van der Pijl, Justin Lokitz, and Lisa Kay Solomon
Designed by Erik van der Pluijm & Maarten van Lieshout

이것은 선형적 프로세스가 아니다

책에 포함된 모든 것을 디자인하는 것은 선형적으로 이뤄지지 않았다. 반복, 피봇, 올바른 방향 찾기뿐 아니라 계획과 프로세스 등 모든 측면에서 그랬다.

진전은 기하급수적으로 이뤄졌다. 첫 번째 장은 꼬박 한 달 걸렸다. 두 번째 장 완성 시간은 두 배 빨라졌고, 최종 단계에서 우리는 일주일 만에 책 전체를 재구성했다. 맨 처음에 우리는 결정하고 탐구하면서 많은 시간을 보냈다. 결국 청사진이 분명하게 드러났다. 그것을 깨닫게 되자 우리는 마감에 맞출 수 있는 디자인 프로세스를 계획할 수 있었다.

DAY 83

94% 완료.
아이디에이션
챕터 끝마치기

DAY 92

96% 완료.
스케일링 챕터 끝마치기

DAY 93

98% 완료.
중복 페이지 통합/삭제

DAY 98

98.5% 완료.
페이지 레퍼런스 정리

DAY 100

99.9% 완료.
마지막 챕터 끝마치기

드디어 출간!

INDEX

261

INDEX

INDEX

사람

INDEX

저자

패트릭 반 더 피즐 PATRICK VAN DER PIJL

비즈니스모델주식회사 CEO이자 세계적인 베스트셀러 〈비즈니스 모델의 탄생〉 프로듀서. 기업가이자 리더로서 기업이나 비영리 조직의 비즈니스 모델 혁신과 미래 전략을 디자인하고 있다.

저스틴 로키츠 JUSTIN LOKITZ

비즈니스모델주식회사의 마케팅 이사. 다양한 전략 디자인 작업과 디자인 프로젝트 경험을 바탕으로 기업의 디자인 혁신, 지속가능한 비즈니스 모델 개발, 미래 전략 수립 등의 프로젝트에 참여하고 있다.

리사 카이 솔로몬 LISA KAY SOLOMON

전문 디자인 전략가이자 교육 전문가로 캘리포니아예술대학과 싱규렐러티대학 디자인 전략 경영학 석사 과정에서 몰입형 리더십 모델을 만들었다. 〈모멘트 오브 임팩트〉 공동저자.

마아르텐 반 리에샤우트 MAARTEN VAN LIESHOUT

써티엑스 파트너. 비주얼 씽킹을 적용하여 네덜란드의 아이디어 팩토리를 설계하고 가시적인 성과를 냈다. 항상 새로운 관점을 제시하고 사람들을 행동하게 만드는 능력이 있다.

에린 반 더 프루이즘 ERIK VAN DER PLUIJM

써티엑스의 크리에이티브 디렉터. 복잡한 것을 단순하게 만들고 사물의 감춰진 구조를 발견하기 좋아한다. 예술, 디자인, 인공지능, 컴퓨터 게임, 스타트업 등에서의 경험을 바탕으로 디자인과 코딩, 전략 프로젝트에 참여하고 있다.

조나스 루이스 JONAS LOUISSE

뼛속 가득 디자인 씽커. 신경심리학 학사 학위 후 디자이너와 기업가로 사회생활을 시작했고, 디자인과 심리학 스킬을 이용하여 복잡한 일을 해결하고 사람들을 참여시키기를 좋아한다.

역자

김시내

에어버스 아태평양 대표 비서실장

글로벌 항공기 제작 회사인 에어버스에서 4차 산업혁명에 관한 시장의 패러다임과 다양한 미래 항공우주 신사업 전략 및 프로젝트에 참여하고 있다. 카이스트 졸업 후 유럽 및 아시아 10개국을 돌아다니며 글로벌 시장의 변화를 몸소 체험하고, 미래 산업을 준비하는 각 국가와 기업과의 역동적인 교류를 통해 디자인씽킹의 중요성에 대해 배웠다. 지금은 이 같은 경험을 신사업 프로젝트 및 경영에 적용하고 있다. 번역 작업을 통해 디자인씽킹의 효용성과 실행 방법을 재검토하고 팀원 및 프로젝트 관계자들과 그 가치를 공유하고자 한다.

김종옥

미국 버라이젼 본사 수석 컨설턴트, BDJ컨설팅 대표

LG전자 주재원으로 미국에 첫 발을 들였고, 삼성전자 핸드폰 사업부에서 상품기획 업무를 한 후, ADT 글로벌본부에서 마케팅 부분 경영혁신팀장을 역임했다. 현재 버라이젼에서 디자인씽킹을 활용한 전략 컨설팅 및 디자인씽킹 강의를 하고 있으며, 디자인씽킹을 좀더 체계적으로 배우고자 스탠포드에서 디자인씽킹 과정을 이수했다. 여러 다국적 기업에서의 경험을 바탕으로 BDJ컨설팅을 창립하여 디자인씽킹을 영업, 마케팅, 프로세스 최적화 등에 적용하고 있다. 진정한 기업가 정신을 사랑하며 이를 통해 많은 기업을 돕고 있다. 이 책을 통해 디자인씽킹이 주는 매력을 더 많은 사람들과 공유하고자 한다.

김현주

피플앤인사이트 대표

미국에서 경영학 석사 학위를 받고, 2000년 지인들이 의기투합하여 세운 회사의 창업 멤버로 합류한 후, 14년간 직장 생활을 했다. 이때 얻은 소중한 지식 자산과 인적 네트워크를 기반으로 2013년 교육 전문기업 ㈜피플앤인사이트를 세워 스스로를 고용했다. '사람과 지식을 통한 성장'을 모토로 보다 많은 기업과 사회에 사람 중심의 혁신 방법을 전파하고자 디자인씽킹 랩(LAB)을 만들어 신나게 활동 중이다.

이경숙

명지병원 케어디자인센터장

경희대학에서 의료경영학 박사학위를 취득하고 의료계 혁신의 아이콘이라 불리는 명지병원에서 케어디자인센터장, 병원문화혁신 본부장, 상장사인 캔서롭의 사내이사, 헬쓰케어디자인학회 대외협력이사를 맡고 있다. 경희대학교 공공대학원에서 병원 혁신 사례, 병원 혁신과 디자인씽킹에 대한 강의를 하고 있으며 특히 디자인씽킹 방법론을 활용한 의료서비스 혁신 사례를 만들고 전파하는데 선도적인 역할을 하고 있다. 대한민국 모든 의과대학과 간호대학에 디자인씽킹 과정이 개설되길 희망한다.
이유종

한국디자인씽킹연구소 창립자 겸 연구소장

디자인씽킹과 4차 산업혁명에 관한 교육, 프로젝트, 플랫폼 서비스를 기업, 기관, 대학, 초중고에 제공하고 있다. 디자인씽킹 분야에서 90년 이상의 연구를 이어오고 있는 미국 IIT(일리노이 공과대학) 디자인혁신경영전문대학원(ID)을 졸업하고 현재 한국디자인씽킹연구소, 한국창업교육협의회, 서울시 벤처창업금융투자 특별위원회의 멤버로 활동하고 있으며, 중앙대학교에서 관련 과목들을 학생들에게 가르치고 있다. 저서와 역서로는 〈혁신모델의 탄생〉, 〈혁신모델의 탄생 워크북〉, 〈기술창업론〉, 초중고 교과서 〈창의적 디자인 사고와 비즈니스 모델〉 등이 있다. 생각의 기술을 다루는 디자인씽킹 분야는 급속히 변해가는 패러다임 가운데 미래 사회를 준비하는데 있어서 필수적인 분야라고 생각된다. 이 책을 접하는 모든 독자들이 디자인씽킹의 철학과 방법을 공유하고 혁신의 방향을 제시하여 좋은 성과를 얻기 바란다.
정선미

롯데마트 인재육성 담당 상무

한국항공대학교에서 경영학 박사학위를 받았고 대한항공 인력개발센타에서 근무했다. 디자인씽킹은 사용자와 깊이 공감할 수 있는 인간 중심적 사고방식으로 다양한 아이디어를 종합적으로 개선해나갈 수 있는 혁신 방법론이다. 창의적 인재들의 협력적 일하기를 통해 생각과 행동의 변화를 이끌어낼 수 있고 이를 조직문화와 성과로 연결할 수 있다. 이 책이 어려운 비즈니스 환경 속에서도 끊임없이 답을 찾아가는 모든 조직의 리더들에게 실용적인 지침서가 되기를 기대한다.